Generationengift

Ich danke meinen drei Kindern. Ihr habt mich dazu gebracht, meine Augen zu öffnen.

Angela Sh.

Generationengift

Warum ich es besser versuchen musste

Wie Narzissmus meine Familie über Generationen zerstörte

Bibliographische Information der Deutschen Nationalbibliothek: Die Deutsche Nationalbibliothek verzeichnet diese Publikation in der Deutschen Nationalbibliothek; detaillierte bibliographische Daten sind im Internet über dnb.dnb.de abrufbar.

Herstellung und Verlag: BoD – Books on Demand, Norderstedt

ISBN: 9783756838844

Prolog

Ich sitze weinend in Unterwäsche im Gitterbett in der Wohnung meiner Großeltern, mein Bett ist abgedeckt mit einer Zimmertür, ich fühle mich wie in einem Käfig. Ich esse Tapetenschnipsel von der Wand und kaue die Watte meiner Windel. Neben mir sehe ich die alte auf Spanplatten aufgebaute Eisenbahn meines Großvaters und darunter baumelnde Kabel. Dies ist meine erste Erinnerung. Ich bin etwa 2 Jahre alt.

Ich heiße Angela.

Meine Mutter erzählte mir, ich habe bei meiner Geburt ausgesehen wie ein Püppchen. Daher entschied sie sich für den Namen Angela, die „Engelsgleiche". Die Hebamme, die mir in einem katholischen Krankenhaus auf die Welt half, trug einen Bart und dies sollte Unglück bringen. So wurde es mir jedenfalls überliefert. Es war im Sommer 1976, es war heiß wie nie zuvor. Straßendecken platzten von der Hitze und die Temperaturen stiegen weit über 30°. Es sollte für lange Zeit der heißeste Sommer aller Zeiten bleiben.

Nach meiner Geburt kam ich zu meinen Großeltern. Meine Mutter war ein Mädchen, das angeblich 1975 unter unbekannten Umständen nach Hamburg weggelaufen und nach einigen Wochen wieder zurück nach Bielefeld gekommen war. Bei meiner Geburt war sie 16 Jahre alt. Dies allein war zur damaligen Zeit schon eine Katastrophe. Die Umstände meiner Zeugung und meiner Herkunft bleiben bis heute eine Frage, auf die ich wohl keine Antworten mehr erhalten werde.

Mein Start ins Leben

Das Jugendamt entschied, dass ich ab meiner Geburt bei meinen Großeltern leben sollte. Sie sahen meine Mutter nicht dazu imstande, für mich zu sorgen. Mutter erzählte mir später, dass sie meinen Großeltern Geld dafür geben musste, um mich sehen zu dürfen. Meine Oma war eine kleine, zierliche und etwas schrullige Frau mit ständig neuer Haarfarbe und sehr lautem Organ. Ich erinnere mich an viele Einzelheiten: Meistens entschied sie sich für die Farbe Rot oder Aubergine auf ihrem Kopf. In der Wohnung roch es oft nach Rosen- oder Blumenkohl und auf dem Tisch stand immer eine Kanne Kaffee neben einem Zuckerstreuer aus Glas und Metall sowie ein überfüllter Aschenbecher oder eine Untertasse mit ausgedrückten Kippen. Opa war mit seinen etwa 1,90 m sehr groß und dabei dürr. Sein lichtes, aber langes, schwarzes Deckhaar trug er fettig und nach hinten gekämmt und er hatte ein sehr vorstehendes Kinn. Opa lag die meiste Zeit auf dem Sofa und schaute Fußball. Dabei sollte es möglichst still in der Wohnung sein.

1979, ich war 3 Jahre alt, wurde ich in ein Krankenhaus eingeliefert, weil ich mir eine kochend heiße Glaskanne mit frisch aufgebrühtem Kaffee, die an der Kante der Arbeitsplatte stand, über den Arm gekippt und schwerste Verbrennungen erlitten hatte. Im Krankenhaus blieb ich tagelang allein und erinnere mich nur an einen einzigen Besuch von meinem Großvater, der viele Jahre später noch davon erzählte, wie sehr ihn dieser Anblick gequält hatte.

Meine Großeltern zogen in kurzen Abständen immer wieder um. Ich weiß noch, wie ich an einem dunklen, verregneten Tag auf einer Fensterbank saß und unten auf der Straße die Straßenbahnen beobachtete. Überall im Zimmer waren Kartons gestapelt - es ging mal wieder woanders hin. Auf den Kartons waren kleine Kängurus mit zwei Reifen anstatt Füßen abgebildet.

Wenn ich an meine Oma denke, fällt mir schnell Maggi ein - Maggi stand immer auf dem Tisch und sämtliche Gerichte wurden mit Maggi verfeinert. In meinem kindlichen Experimentiersinn fand ich es großartig, möglichst viele Maggitropfen in meine Suppe plumpsen zu lassen; so viele Tropfen, dass die Suppe am Ende braun und ungenießbar war. Aufessen musste ich sie dennoch - da waren meine Großeltern konsequent.

Am liebsten war ich mit Oma in der Stadt unterwegs, denn dort gab es viel zu entdecken. In der Stadtmitte Bielefelds stand ein großes Kunstobjekt: meine geliebte „Sonile". Man konnte einzelne Stangen, auf denen oben große, blaue Kugeln angebracht waren, anschubsen und die Sonile belohnte dies mit einer Art Glockenklang. Ich war gerne an diesem Ort und konnte Stunden damit verbringen, die Stangen anzuschwingen und ihren Klängen zu lauschen. Irgendwann in den 1990ern wurden die Stangen dann festgeschweißt, da viele Unfälle damit passiert waren, aber für mich bleibt es eine der schönsten Erinnerungen.

Mein Großvater arbeitete damals als Nachtwächter in einem großen holzverarbeitenden Betrieb und meine Oma zeitlebens als Hausdame bei wohlhabenden Leuten oder als Reinigungskraft in privaten Haushalten und Geschäften. Nur zu gern brüstete sie sich mit dem Reichtum ihrer Arbeitgeber. Manchmal bekam sie kleine kostbare Geschenke von ihnen. Daher zierten kleine Vasen und so manches „Stehrümchen" ihre eigene Wohnung. Außer mir wohnte auch noch mein Onkel dort bei meinen Großeltern. Er war lediglich 8 Jahre älter als ich. Er wurde immer sehr verwöhnt und ist bis heute nicht eigenständig geworden.

Als kleines Kind hatte er eine schwere Mittelohrentzündung, durch die er einen Großteil seiner Hörfähigkeit verlor. Meine Oma hatte sich daran immer schuldig gefühlt und ihn über allen Maßen verhätschelt. Ab einem gewissen Zeitpunkt hatte sie sich zu seinem Eigentum machen lassen. Mehr als einmal wurde die Feuerwehr gerufen, weil er wieder auf der Fensterbank saß, um zu springen, weil er seinen Willen nicht bekam oder irgendetwas nicht nach seinen Vorstellungen verlief. Außerdem hatte meine Mutter noch einen weiteren älteren Bruder und eine jüngere Schwester. Die Beziehung zwischen diesen Geschwistern war schlecht oder eher gar nicht vorhanden.

Ich schlief gerne im Bett meiner Oma, denn ich liebte ihre himmelblaue Tagesdecke und die dazu passenden Gardinen. Mein Opa nächtigte ohnehin dauerhaft auf dem Sofa. Links vom Bett war das Fenster und vor dem Bett stand ein riesiger glänzender weißer Kleiderschrank mit goldfarbenen Zierleisten. In der Ecke war eine Schminkkommode mit großem aufklappbarem Spiegel positioniert. In jedem Schubfach waren kleine Avon-Lippenstifte, die wohl damals zu Demonstrationszwecken eingesetzt worden waren. Wenn Oma sich hübsch machte, bewunderte ich ihre schönen Kleider und ich liebte es, in ihren Schuhen durch die Wohnung zu klappern, obwohl sie mir viel zu groß waren.

Manchmal lagen Oma und ich zusammen im Bett und erzählten uns Geschichten. Nach meinen wilden Geschichten sagte sie oft „Mal mir nicht den Teufel an die Wand!" Sie hatte einen kölschen Akzent und das machte es umso lustiger für mich.

Eines Nachts wurde ich mit einem lauten Knall aus dem Tiefschlaf gerissen. Die himmelblauen Gardinen wehten weit in das Zimmer hinein und der Wind klapperte an allen Ecken. Ich stieg voller Angst aus dem Bett und lief ins Wohnzimmer. Es war niemand da. Ich suchte die ganze Wohnung ab, aber sie hatten mich allein gelassen. Das Telefon klingelte und ich nahm zögerlich den Hörer ab, denn eigentlich wusste ich, dass ich nicht ans Telefon gehen durfte.

Opa war dran. Er rief von der Nachtschicht aus an, um sich nach dem Rechten zu erkundigen. Ich sagte ihm, dass niemand da sei und erinnere mich daran, wie er sehr wütend wurde, dass Oma mich allein gelassen hatte. In diesem Moment kamen meine Oma und Mutter herein und schimpften mich aus, weil ich ans Telefon gegangen war.

Meine Todesangst und dass ich ja allein gelassen worden war, interessierte beide nicht. Vielmehr ärgerte sie, dass ich es überhaupt bemerkt hatte.

Omas Plattenschrank war prall gefüllt und mit einem geübten Blick, fasste ich regelmäßig hinein, um Vader Abrahams „Schlümpfe" herauszuziehen. Ich liebte diese Schallplatte und spielte sie hinauf und herunter. Noch heute erinnere ich mich sehr genau an die Stelle, wo die Schallplatte irgendwann einen Sprung hatte und die Nadel einfach weiterhüpfte. Auf dem Schallplattenschrank stand eine alte Buddha-Figur mit goldfarbenem Kopf, und Oma ermahnte mich immer wieder, vorsichtig damit zu sein und an dieser Figur niemals den Kopf zu berühren, denn das würde Unglück bringen. Die Figur war ein Erbe ihrer Mutter gewesen und ich behandelte sie ehrfürchtig und sorgsam. Oma war in jeder Hinsicht abergläubisch. Ihre Mutter kannte ich nur von einem einzigen Foto und ich himmelte es an. Meine Ur-Oma war eine wunderschöne Frau gewesen.

Oma selbst liebte Roger Whittaker und ihre Augen leuchteten auch noch Jahrzehnte später, wenn sie seine

Lieder über Liebe und Erinnerungen hörte. Sie tanzte dazu wie ein junges Mädchen.

Als ich vier Jahre alt war, gab es einen Sorgerechtsstreit, der darin gipfelte, dass ich mit meinem Onkel eingesperrt in einer Gerichtstoilette auf das Urteil wartete. Warum wir dort eingesperrt waren, wusste ich nicht, aber ich weinte und mir wurde der Mund zugehalten. Vermutlich hatten sie mich dort versteckt, damit meine Mutter mich nicht entdeckt. Bis heute ertrage ich keine Dunkelheit und mag nicht festgehalten werden.

Ein neuer Anfang

Von nun an lebte ich bei meiner Mutter in einer kleinen Wohnung mit drei Zimmern und einem Balkon in einem Stadtteil von Bielefeld. Ich hatte mein eigenes kleines Zimmer, wir hatten eine kleine Küche und ein gemütliches Wohnzimmer mit einem orangenen Wählscheiben-Telefon, welches immer mit einem kleinen Schloss verriegelt war, denn ich durfte ab sofort keinen Kontakt mehr zu meinen Großeltern haben. Ich liebte es, wenn meine Mutter mir mit duftender bebe-Creme das Gesicht eincremte und rückblickend war diese kurze Zeit wohl eine der ruhigsten in meinem Leben. Mama war eine hübsche, schlanke Frau mit braunem schulterlangem Haar und ebenso schönen braunen Augen. Sie trug schöne Kleider und manchmal ein Schiffchen auf dem Kopf, passend zum Kleid. Ihr Gesicht war übersäht von vielen Sommersprossen und ich wünschte mir, auch welche zu bekommen, wenn ich einmal groß bin. Ich liebte ihre Hände mit den perlmutt-lackierten langen Fingernägeln und genoss es sehr, wenn sie mein Gesicht streichelte. Ich kannte sie nicht sehr gut, aber ich liebte sie.

Unsere direkten Hausnachbarn waren eine jugoslawische Familie mit vielen „rotgefärbten" Töchtern. Ich weiß nicht, warum die Mutter allen Mädchen, die eigentlich dunkelblonden Haare regelmäßig rot gefärbt hatte, aber ich fand es lustig. Manchmal spielte ich mit ihnen auf dem Spielplatz hinter dem Haus, aber daran erinnere ich mich nicht mehr sehr gut. Ohnehin spielte ich lieber allein; mein Lieblingsspielzeug war ein aufklappbares Puppenhaus mit vier Zimmern und einer Garage mit Rolltor. Ich liebte es, mir Familiengeschichten auszudenken und konnte mich viele Stunden damit beschäftigen.

Alles war ganz plötzlich anders als bei den Großeltern und ich besuchte einen Kindergarten im Nachbarort in der Nähe der Arbeitsstelle meiner Mutter, wo sie für ein Telekommunikationsunternehmen Spulen lötete. Ich erinnere mich gerne an tägliche Abstecher in aller Herrgottsfrühe bei dem kleinen Kiosk, wo ich ein Salamibrötchen für den Kindergarten bekam. Der Geruch von Salamibrötchen mit Papiertüte, beim Öffnen meiner Frühstückstüte, hat sich bis heute positiv in meiner Geruchserinnerung verankert.

Auf dem Weg zum Kindergarten begegneten wir jeden Tag einer kleinwüchsigen Frau im Bus, die mich wahnsinnig faszinierte und ich fragte meiner Mutter Löcher in den Bauch.

„Hat sie denn auch kleine Stühle, eine kleine Küche und eine kleine Toilette?"

Ich glaube, meiner Mutter war das verständlicherweise ein bisschen peinlich, aber sie bejahte alle meine Fragen und ich war zufrieden.

Der Freundeskreis meiner Mutter bestand fast ausschließlich aus Jugoslawen, bei denen wir oft zu Besuch waren. Sie kniffen meine Wangen gerne und ausgiebig zwischen Zeige- und Mittelfinger. Auch wenn dies schmerzhaft war und es dort komisch roch, mochte ich diese herzlichen Leute. Sie wohnten in einer alten Villa in einer Wohnung unter dem Dach und die Treppen ins Obergeschoss knarzten und knackten. Eines Tages, als wir dort zu Besuch waren, und ich hohes Fieber hatte, servierte mir eine Frau dort in der kleinen Küche eine sehr fettreiche Hühnersuppe, auf der dicke Fettaugen wie lange Haare schwammen. Daher verschmähte ich sie, was mit sehr bösen Blicken von Seiten meiner Mutter quittiert wurde.

Über ihre Arbeitskollegin lernte Mutter deren zwei Töchter kennen. Brigitte war eine hübsche Frau mit lockigen, braunen Haaren. Sie war immer ruhig und still, während die wasserstoffblonde Susanne eher die flippigere der beiden war. Die Freundschaft zu beiden hielt sporadisch über mehrere Jahre mit immer wiederkehrenden Unterbrechungen. Mutter lästerte einfach zu häufig bei der einen über die andere, was nicht sehr gut bei beiden ankam.

Wir waren viel in der Stadt unterwegs, wo Mutter sich mit Bekannten oder Freunden in Lokalen traf. Unvergessen in diesem Zusammenhang ist für mich eine große, goldene Kugel an der Fassade eines Kaufhauses mitten in der Fußgängerzone. Diese Kugel spielte zu bestimmten Zeiten eine Melodie und öffnete sich dabei langsam. Zum Vorschein kam ein kleiner, blonder Junge, welcher sich drehte und auf seinem nach oben ausgestrecktem Arm einen kleinen Ball tanzen ließ, bevor sich die Kugel nach wenigen Minuten wieder langsam schloss. Ich liebte diesen kleinen Jungen und er war mir sehr vertraut.

Im Herzen des Einkaufszentrums wurden zur Weihnachtszeit kleine geschäftige Engel ausgestellt. Hinter einem Zaun, unerreichbar für mich, bewegten sie sich fleißig am Backofen, in der Schneiderei oder beim Einpacken der Geschenke, alles in Vorbereitung auf das Weihnachtsfest. Ich konnte Stunden damit verbringen, die Engelchen zu beobachten, während Mutter direkt dahinter am Tisch im Lokal saß und sich mit Freunden unterhielt.

Mamas Freund Milan, ein kleiner, etwas untersetzter, aber gutaussehender blauäugiger Mann mit vollem, schwarzem Haar, ging bei uns ein und aus. Er war deutlich älter als sie. Ich glaube, meine Mutter liebte ihn sehr und wurde ebenso sehr von ihm enttäuscht. In einer

Straßenbahn sagte er eines Tages zu mir: „Du bist mein Kind!" Meine Mutter ermahnte ihn, dies nicht vor mir zu sagen, denn wie sich später herausstellte, war er als Gastarbeiter in der Stadt und hatte Frau und Kinder in Jugoslawien zurückgelassen.

Welche Bedeutung dieser Satz eines Tages haben würde, wusste ich zu diesem Zeitpunkt noch nicht. Ich erinnere mich deshalb so gut an diese Situation, weil er einige Minuten später meinen geliebten Monchhichi nahm und ihm mit einem Kugelschreiber eine 4 auf die Stirn mit den Worten „Er ist 4 Jahre alt - genau wie Du" malte. Damit war mein kleines Äffchen für immer zerstört.

Milan brachte mich gerne ins Bett und las mir auch ab und zu eine Geschichte vor.

An einem Tag jedoch war dieses „Ins Bett bringen" anders als sonst.

Er hatte sich aus dem Wohnzimmer den Brieföffner meiner Mutter aus dunklem Holz geholt. Meine Mutter staubsaugte den Flur, als er den Brieföffner an meine Genitalien hielt „Das ist alles meins! Du bist mein Kind! Da lässt Du keinen dran, sonst schneide ich das ab!"

Ich war schockiert und bekam Angst, aber meiner Mutter sagte ich nichts.

Nach einigen Monaten durfte ich wieder bei meiner Oma zu Besuch sein und vertraute mich ihr an. Ich hatte große Angst vor der Reaktion meiner Mutter.

Nachdem meine Oma meiner Mutter von diesem Vorfall erzählt hatte, bezeichnete Mutter mich als Lügnerin und sagte, ich hätte eine blühende Fantasie. Sie glaubte mir nicht und ich fühlte mich wie eine schreckliche Verräterin.

Offenbar trennte sie sich dennoch von Milan, denn einige Tage später brachte sie einen anderen Mann mit nach Hause. Bogdan - ebenfalls ein Jugoslawe, groß, gutaussehend und immer daran interessiert, mich möglichst schnell und lange loszuwerden.

So brachte er mir bei jedem Besuch jede Menge Malbücher und Stifte mit, mit denen ich mich dann in mein Zimmer setzen musste und auch erst wieder raus durfte, wenn ich geholt wurde.

Bogdan wurde wenige Wochen später vor meinen Augen von Mutter aus der Wohnung geworfen – fliegendes Geschirr begleitete ihn.

Mein neuer Papa

Über Arbeitskolleginnen lernte Mutter kurze Zeit später erneut einen anderen Mann kennen.

Kurt.

Kurt war so ganz anders als alle bisherigen Männer. Er humpelte ein bisschen, denn wegen eines Autounfalls vor ein paar Jahren hatte man ihm eine künstliche Hüfte eingesetzt. Er war dunkelblond, trug Dauerwelle und die typische 80er-Jahre Brille. Kurt fuhr einen gelben Opel Rekord und eine 500er Yamaha und alles wurde einfacher, denn wir mussten nicht mehr mit der Straßenbahn fahren. Schnell lernten wir auch den Rest seiner Familie kennen und es war eine schöne Zeit. Seine Eltern, Frieda und Albert, lebten zusammen mit ihrem jüngsten Sohn, der an Trisomie 21 erkrankt war, und Friedas Mutter in einem Vierfamilienhaus am Rande von Bielefeld. Frieda war eine mollige, stets mit bunten Kitteln gekleidete Dame, mit dauergewelltem Haar und einer Hornbrille. Albert hatte lichtes schwarzes Haar, eine knollige rote Nase, buschige Augenbrauen und einen Schnauzbart. Kurt lebte mit seinem zweiten Bruder in der Nachbarwohnung und seine Schwester oben in der Dachkammer des Wäschebodens. Unten vor dem Haus war Omas metallicblaues Mofa geparkt, mit dem sie los knatterte, wenn sie Termine hatte oder Erledigungen machte. Es war eine große und liebevolle Familie.

Eines Tages fuhren wir in seinem Auto im Dunkeln nach Hause und Mutter flüsterte mir ins Ohr, dass ich Kurt doch einmal fragen solle, ob er nicht mein Papa werden will.

Ich hatte es erst nicht verstanden und fragte nochmal nach, was genau ich nun sagen solle. Meine Mutter schaute mich böse und geradezu wütend an und zischte mir mit einem giftigen Ton dasselbe noch einmal ins Ohr. Ich verstand es zwar nicht, denn eigentlich war ja Milan mein Vater- so hatte er es jedenfalls gesagt und schließlich war er ja nicht tot, aber ich tat, was sie von mir verlangte und Kurt war ja auch nett.

Kurt freute sich sehr, war aber für den Moment etwas überfordert mit meiner Frage.

Es dauerte nur wenige Wochen, bis meine Mutter schwanger war und auch die Hochzeit sollte nun ganz schnell stattfinden. Vom Tag des Kennenlernens bis zum Tag der Hochzeit waren gerade drei Monate vergangen.

Ich trug ein dunkelblaues Cord-Kleidchen mit vielen kleinen bunten Blumen und es wurde in einem Lokal ein großes Fest gefeiert. Die meisten Menschen kannte ich nicht, denn sie gehörten zur neuen angeheirateten Familie.

An diesem Tag endete die Schwangerschaft meiner Mutter mit einer Fehlgeburt und sie kam direkt am nächsten Morgen ins Krankenhaus.

Ich war ein bisschen traurig darüber, aber ich verstand nicht so wirklich was geschehen war. Kurt ging mit mir in ein Spielzeuggeschäft, wo ich mir zum Trost eine Puppe aussuchen durfte, irgendeine - egal wie teuer. Ich war im Paradies gelandet. Hier gab es hohe Regale mit dutzenden Puppen in jeglicher Farbe, Größe und Frisur. So etwas hatte ich zuvor noch nie gesehen. Ich war überwältigt und zunächst überfordert von diesem riesigen Angebot.

Dann zog ich einen blondgelockten Jungen, mit Klappaugen und Pipi-Funktion, aus dem Regal und trug ihn stolz nach Hause. Er trug einen bunt gestreiften Pullover und eine gelbe Hose.

Nach der Hochzeit bekam ich auch einen neuen Nachnamen und wir zogen wieder um in eine kleine Wohnung in einem anderen Stadtteil.

Es war ein Zweifamilienhaus in einer sehr ruhigen Siedlung, in dem unten der Besitzer - ein Friseur mit seiner Familie - wohnte. Sie hatten zwei Mädchen, mit denen ich ab und zu spielen konnte. Im Garten des Hauses matschten wir mit Puppengeschirr, Waschpulver und Wasser herrlich duftende Breie zusammen. Mein neuer Papa kaufte mir ein rotes Fahrrad mit dicken weißen Reifen und übte das Radfahren mit mir. Er kümmerte sich liebevoll um mich und es war schön, Zeit mit ihm zu verbringen.

Unsere Wohnung war nicht optimal geschnitten, denn der Vermieter ging ständig auf den Dachboden, sein Weg führte durch unsere Wohnung. Die WC-Tür zum Flur hatte einen Glaseinsatz. Mich gruselte es immer, wenn ich dorthin musste, denn es kam mehr als einmal vor, dass der Vermieter plötzlich durch die WC-Tür schaute. Meine Mutter ermahnte mich, das Licht ausgeschaltet zu lassen und die Beine zusammen zu lassen, damit der Vermieter nichts sehen kann.

In unserer schönen Wohnküche gab es Platz für Max und Moritz - meine neuen Schildkröten, die ich manchmal mit Papa zusammen zu einem Wettrennen gegeneinander antreten ließ. In der Küche hatten wir orangefarbene Stühle und die üblichen 80er-Jahre Küchenschränke in weiß mit Aluminiumschienen-Griffen. Auf der anderen Seite standen ein altes Sofa und ein weiterer Tisch. Neben Max und Moritz auf einem alten Schrank stand der kleine wuchtige Röhrenfernseher.

Eines Abends wachte ich wiederholt von einem lauten Knall auf. Es gewitterte und schepperte, blitzte und donnerte wild und laut. Ich verließ mein Zimmer, um zu meinen Eltern zu gehen, aber wieder war niemand da. Schon wieder hatte ich Todesangst und war allein.

Ich schrie und weinte laut, bis die Frau des Vermieters kam und mich mit in ihren Keller nahm, wo sich die ganze Vermieterfamilie versammelt hatte, bis zum Ende des Unwetters. So war das damals. Bei Gewitter wurden alle Stecker gezogen und es wurde ausgeharrt, bis es vorbei war. Etwa eine Stunde später kamen meine Eltern, um mich abzuholen.

Meine Mutter schimpfte mich aus und fragte mich, was das Theater denn sollte. Schließlich sei ich fast sechs Jahre alt und könne ja schon ein paar Stunden allein bleiben.

Ich verstand die Welt nicht mehr, wo Gewitter doch gefährlich waren.

Es war 1981 und ich musste zur Einschulungsuntersuchung. Dorthin ging mein neuer Papa mit mir. Seit der Hochzeit machte er sowieso alles mit mir. Meine Mutter schob sämtliche Aufgaben und die gesamte Verantwortung an ihn ab. schließlich habe er das alles so gewollt, also solle er auch seine Verantwortung tragen.

Nur noch selten beschäftigte mich die Frage nach meinem „richtigen" Vater. Hin und wieder dachte ich daran und suchte nach einem passenden Zeitpunkt, danach zu fragen. Wenn sich die Gelegenheit ergab, traute ich mich manchmal und bekam immer wieder dieselben Antworten. „Dein Vater ist Berti Kramer aus Hamburg. Er wollte Dich nicht haben. Er ist ein Verbrecher und sitzt in Hamburg im Gefängnis. Wenn Du wissen willst, wie er aussieht, dann schau in den Spiegel!"

Mein Vater war also ein Verbrecher und ich sah aus wie er. Ich schaute oft in den Spiegel und versuchte mir sein Gesicht vorzustellen. Alles, was nicht aussah wie das Gesicht meiner Mutter, musste also mein Vater sein. Ein Foto von ihm hatte sie nicht und so blieb mir nur meine Fantasie und dort sah er aus wie ein bärtiger, alter Seemann, der in Hamburg auf einem Schiff lebte. Irgendwann würde ich ihn finden und mit dem Schiff auf's große Meer fahren. An dieser Idee hielt ich viele Jahre fest und ich war sicher, dass es irgendwann Wirklichkeit würde.

Mein neuer Papa und ich besichtigten zusammen die Schule und er meldete mich an. Es war eine schöne Schule mit langen Fluren in gelb und blau und an Fenstern und Wänden hingen gemalte Bilder und Basteleien. Ich freute mich schon auf meine Einschulung.

Meine Mutter war allerdings unzufrieden mit unserer Wohnsituation gewesen und wir zogen wieder um;

wieder in einen anderen Stadtteil und alles begann von vorn.

Eine spannende Zeit

Unsere neue Wohnung befand sich in einem Haus in der ersten Etage auf der linken Seite. Es stand an einer ruhigen und wenig befahrenen Straße. Vor dem Haus war eine Rasenfläche und um das Eck-Grundstück herum stand ein dunkelbrauner Jägerzaun. Gegenüber, auf der anderen Straßenseite, war eine kleine Druckerei und direkt davor ein riesiger Walnussbaum. Wir hatten drei Zimmer, Bad und Balkon. Links gab es ein schmales Bad mit Badewanne und die Küche, geradeaus waren mein Zimmer mit Fenster zur Straße und ein kleiner Abstellraum. Rechts war dann das große Wohnzimmer mit schönem Balkon zum Garten hinaus und vom Wohnzimmer aus kam man ins Schlafzimmer. In der Küche auf dem Schrank stand ein Vogelkäfig mit unserem hellblauen Wellensittich Peter! Max und Moritz, meine Schildkröten, hatte meine Mutter ohne mein Wissen weggegeben und stattdessen nun diesen Vogel angeschafft. Ab und zu ließen wir ihn in der Wohnung fliegen, aber ich fand den Anblick eines Vogels in einem Käfig damals schon schrecklich. Ein Vogel musste doch immer und zu jeder Zeit frei fliegen können. Das war doch seine Bestimmung. Jedes eingesperrte Tier tat mir schrecklich leid. Diskussionen darüber gewöhnte ich mir schnell ab, denn meine Einwände verspottete meine Mutter zu gerne hämisch.

Zu diesen Zeiten waren die Hauptfarben in Wohnungen bahamabeige und grün. Im Wohnzimmer standen Möbel in Eiche rustikal. Das war Standard und in fast jeder Wohnung so zu finden. Dicke Berber-Teppiche in braun und beige oder moosgrün lagen auf der Auslegware. Zinnteller und Zinnbecher zierten Wände und Schränke.

Es war schön in der neuen Wohnung, die Nachbarn waren nett, das Haus war sauber und ordentlich und im Nachbarhaus wohnte die Tante meines Papas, der mich auch schon bald adoptieren wollte.

Tante Else. Bei ihr war ich oft zu Besuch. Sie hatte einen Papagei „Coco". Coco sprach unentwegt. „Coco ist lieb". Ich mochte dieses neue Familienleben mit den ganz normalen Menschen ohne Dramen und Theater. Papas Familie hatte mich inzwischen gänzlich akzeptiert und sie wohnten alle in der Nähe. Meine Tante - Papas Schwester - holte mich gerne für einen Stadtbummel oder einen Theaterbesuch ab, ließ mir Ohrringe stechen und ab und zu durfte ich bei ihr übernachten. Ich fühlte mich sehr wohl bei ihr. Ihr Mann brachte mir das Binden der Schleife bei, aber als ich es meiner Mutter danach stolz zeigte, war sie beleidigt und fühlte sich in ihrer Ehre gekränkt, statt sich über meinen Erfolg zu freuen. Alles lief geregelt und geordnet bei meiner Tante ab. Bis heute mag ich geregelte Ordnung. Es gibt mir Sicherheit und Zufriedenheit.

Meine Mutter wurde zunehmend depressiv, lag oft weinend im Bett. Ich erinnere mich an eine Situation, als sie dort mal wieder lag, das Fernsehen zeigte die Hochzeit von Diana und Charles und ich weiß nicht mehr, warum oder ob ich etwas angestellt hatte, aber sie lehnte mich komplett ab und wies mich zurück. Ich begann zu weinen, weil ich mit ihr kuscheln wollte, durfte aber nicht zu ihr ins Bett. Ich musste in der Ecke im Schlafzimmer sitzen. Ich habe diese Situation als sehr schlimm in Erinnerung.

Heute vermute ich, dass sie wieder eine Fehlgeburt hatte, aber darüber gesprochen wurde nie.

Die Schwester meiner Mutter und ihr Mann nahmen meinen Onkel und mich in den letzten Ferien vor der Einschulung mit in den Urlaub. Wir fuhren nach Spanien. Ja richtig - wir fuhren! Mit einem nagelneuen, feuerroten Golf 1. Wir waren ewig unterwegs.

Als wir in unserer Ferienanlage ankamen und in unser Haus wollten, bekamen wir einen Schreck. Eine riesige Schlange lag eingerollt direkt vor unserer Tür. Erst ein herbeigerufener Ranger konnte sie sicher entfernen, damit wir eintreten konnten. Etwas mulmig war mir schon. Wer wüsste denn, ob diese Schlangen nicht sonst noch irgendwo herumliegen würden?

Wenn ich an Spanien denke, dann denke ich an Hitze und an den Geruch von Kokos- Sonnencreme am Strand. Die Ferienanlage verfügte über einen Pool, in dem ich nach Herzenslust plantschen konnte. Jedoch rutschte ich am letzten Tag auf den glitschigen Stufen aus, während ich auf allen vieren herauskrabbelte, und fügte mir eine schlimme Platzwunde am Kopf zu. Es blutete stark und ich hatte Schmerzen, aber es kam niemand zu mir. Ich musste meine Tante suchen, die mich dann mit einer Cola tröstete.

Oft blieben wir den ganzen Tag am Meer. Ich durfte bis zum Bauch ins Wasser und erinnere mich an den Geschmack von salzigem Meerwasser in meinem Mund, wenn ich das Tauchen übte. Nach einer Weile wollte ich das Wasser verlassen, hatte aber beim Spielen die Orientierung verloren. Ich ging zurück in Richtung Strand, als ich erschrak. Auf der Wasseroberfläche schwamm ein toter Fisch. Mit jeder meiner Bewegungen trugen die Wellen ihn näher an meine Beine heran. Ich stand stocksteif voller Panik im Wasser und begann zu weinen. Ich muss einige Minuten dort gestanden haben, bis ein fremder Mann kam und mich aus dem Wasser holte.

Meine Tante suchte ich vergebens. Ich konnte sie lange nicht finden und suchte den ganzen Strand ab. Dann plötzlich war sie hinter mir, packte mich fest am Arm und schimpfte, weil ich verloren gegangen war.

Es gab immer wieder diese Situationen, in denen ich mir keiner Schuld bewusst war und auch eigentlich gar nichts falsch gemacht hatte, aber es wurde mir Boshaftigkeit oder Ungehorsam angekreidet.

Am Abend gingen mein Onkel und meine Tante Essen. Sie erklärten genau, wo sie waren und hinterließen eine Telefonnummer für den Notfall. Mein 8 Jahre älterer

Onkel und ich waren allein im Haus, als er plötzlich tobte, weil die beiden fortgegangen waren. Ich hatte keine Angst, denn ich wusste ja genau Bescheid und ich war ja nicht allein. Aber ich konnte den Onkel nicht mehr bändigen. Bis heute weiß ich nicht so richtig, warum er damals so ausflippte, aber inzwischen denke ich, dass es dafür keinen Grund brauchte. Es passte ihm einfach alles nicht. Der Urlaub ging zu Ende und wir fuhren den weiten Weg wieder nach Hause. Dies sind die Erinnerungen an meinen ersten Urlaub.

Im Juni 1982 kam mein Bruder gesund und munter nur wenige Tage vor meinem 6. Geburtstag zur Welt. Es war eine spannende Zeit für mich. Da war er nun, mein kleiner süßer Bruder. Gespannt beobachtete ich alles ganz genau: wickeln, füttern und alles, was ein Baby so macht. Ich war eine richtig stolze, große Schwester.

Ich fand es spannend, dass er nicht aussah, wie ich als Mädchen und schaute offenbar einmal zu lange genau hin, als meine Mutter ihn wickelte. Sie zischte mich harsch an, ich solle weggehen und nicht weiter zuschauen. Einmal mehr wusste ich nicht, was ich falsch gemacht hatte.

Die Sommerferien vergingen sehr schnell und es kam der Tag der Einschulung. Da stand ich nun mit meiner metallicblauen Schultüte, deren Geruch nach Traubenzucker und Schokolade, gemischt mit Radiergummi, noch heute in meine Nase steigt, wenn ich daran denke.

Ich kannte diese Schule nicht, denn angemeldet wurde ich ja in eine andere. Und so fühlte ich mich schon zu Beginn dort fremd und verloren. Andere Kinder kannte ich nicht, denn wann immer ich irgendwo Freunde gefunden hatte, zogen wir wieder um.

Ich bekam eine tolle und liebevolle Lehrerin, an die ich noch heute herzlich zurückdenke. Sie war einfach nur großartig in ihrer ganzen Art. Zu gerne übernahm ich auch den Milchdienst der Klasse, was bedeutete, dass ich zum Hausmeister gehen und die kleine Plastikkiste mit Mich- und Kakaoflaschen holen durfte. Dabei machte es mir viel Freude, mit dem Hausmeister ein Schwätzchen zu halten. Während unserer Unterhaltungen erzählte ich ihm eines Tages, dass ich drei Väter hätte. Meinen neuen Papa Kurt, meinen Vater Milan und meinen echten Vater Berti Kramer. Ich sehe noch heute seine Verwirrung vor mir.

Im Dezember 1982 hatte mein kleiner Bruder gerade das Krabbeln gelernt und nichts war mehr sicher vor ihm. Es war spannend zuzuschauen, wie er immer aktiver wurde. Weihnachten stand vor der Tür und dies war für jedes Kind doch das Schönste. Im Wohnzimmer stand der große Weihnachtsbaum in der Ecke zur Schlafzimmerwand. Ich bekam Ohrenschützer, einen dunkelblauen Schal mit eingearbeiteten Silberfäden, einen Regenschirm und einen Pferderoman geschenkt. Einen Pferderoman! Wusste sie denn nicht, dass ich für Pferde gar nichts übrig hatte? Pferde interessierten mich absolut nicht und ich hatte sogar Angst vor ihnen. Ich versuchte, mich trotzdem zu freuen, damit meine Eltern nicht enttäuscht sein würden und setzte mich auf den Sessel, um mir mein Buch anzuschauen, als ich aus dem Augenwinkel sah, wie der Weihnachtsbaum zu kippen drohte. Mein kleiner Bruder krabbelte auf dem Fußboden und ich sprang blitzschnell auf, um den Baum abzufangen. Es ging gerade noch einmal gut und ich war sehr stolz auf mich, dass meinem Bruder nichts passiert war. Fortan wurde der Weihnachtsbaum jedes Jahr an einem Haken in der Wand festgebunden.

Das erste Schuljahr verging wie im Flug, auch wenn ich mich heute kaum noch daran erinnern kann. Ich fügte mich in die neue Klassengemeinschaft ein, lernte schreiben, rechnen und lesen.

Ich liebte meine kleine Schiefertafel, denn auch wenn diese längst aus den Schulen verschwunden waren, hielt meine Klassenlehrerin noch an ihnen fest. „Baumi", wie wir unsere Lehrerin nannten, hatte kurzes, blondes Haar. Unter ihren meist sehr flauschigen, rosafarbenen Pullis trug sie immer eine Bluse oder Poloshirts mit hochgeklapptem Kragen. Sie war eine elegante Frau.

Der Türkisch-Lehrer der Schule, der mich eines Tages fragte, warum ich denn nicht zum türkischen Sprachunterricht erscheinen würde, verwunderte mich sehr. Zugegeben - ich sah nicht sehr Deutsch aus. Meine Mutter erklärte mir dies immer damit, dass ich ja in Spanien gewesen war und die Bräune nie mehr ganz verschwand. Diese Theorie erzählte ich auch noch Jahrzehnte später jedem, der mich auf mein Aussehen ansprach.

Als der Wind sich drehte

Zu Hause nahmen die Probleme zu. Ich spürte, wie ich meiner Mutter mehr und mehr zur Last wurde und sie mich ablehnte. Ich wurde permanent gegängelt, machte alles falsch, war plötzlich nicht mehr gut. Es gab kaum noch Streicheleinheiten oder ein liebes Wort und sie betitelte mich zunehmend als faul und fett. Über meine geliebte Lehrerin redete sie schlecht, weil sie eine alleinerziehende Mutter war und unterstellte ihr hinter verschlossenen Türen, auf Elternsprechtagen auf Männerfang zu gehen, weswegen mein Papa nicht mehr an ihnen teilnehmen durfte.

In meinem Zeugnis vom Juli 1983 sollte später stehen:

„Angela fiel es zunächst nicht ganz einfach, den Anforderungen im Schulalltag gerecht zu werden. Sie neigte dazu, schnell ermüdet oder lustlos zu werden. Die Konzentration war über einen kurzen Zeitraum belastbar. Angela benötigte noch stärker Spiel- und Erholungspausen. Sie zeigte stets ein ruhiges, freundliches Wesen. Sie fand Kontakt zu den Mitschülern. Die Teilnahme am Unterricht war häufig nicht interessiert genug. In der Regel zeigte Angela aber eine rasche Auffassungsgabe. Sie erledigte die geforderten Arbeiten recht ordentlich und in der Regel zügig. Ihr Verhalten wirkte oft noch sehr kindlich."

Ein freundliches Wesen also. Ja, das hatte ich wirklich. Ich war eher zurückgezogen, fast schon verschüchtert und hatte noch nicht so richtig meinen Platz gefunden. Und auch in der Schule war es tatsächlich bis zum Schluss so, dass ich Dinge, die mich einfach nicht interessierten, nicht verstanden habe. Da hatte ich eine totale Blockade, die das Verstehen unmöglich machte. Zu gerne hätte ich an Blockflöten- oder Klavierunterricht teilgenommen. Derartige Instrumente zogen mich geradezu an, aber auch dies wurde von meiner Mutter abgelehnt, obwohl ich augenscheinlich talentiert war. Im Laufe der Jahre stellte sich immer deutlicher heraus, dass es nicht die logischen Dinge waren, die mein Gehirn aufnehmen konnte, sondern besonders ausgeprägt waren mein Kunstsinn und das Interesse an lebenspraktischen Dingen.

In meiner Freizeit lernte ich deutlich mehr als in der Schule. Ich verbrachte die meiste Zeit mit Sandra und Stefan, die schräg unter uns mit ihrer Mutter wohnten. Beide waren etwa in meinem Alter und ab und zu spielte Guido aus dem letzten Haus vor dem Bauernhof noch mit. Guido besuchte mit mir zusammen dieselbe Klasse. Auf dem benachbarten Bauernhof, auf dem ich mich gerne aufhielt, lernte ich viel über Schweine und das Leben auf dem Bauernhof. Meine Freunde und ich liebten es, im Schweinestall zu spielen und der Gestank machte uns nichts aus. Der große weiße Hofhund „Fee" lief uns Kindern immer hinterher und tobte auf dem Heuboden mit uns.

Wir schmarotzten Zuckerrüben und aßen sie roh an Ort und Stelle, während wir auf dem riesigen Zuckerrübenberg saßen.

Der Bauerssohn Dieter, der den Hof inzwischen führte, besaß ein kleines Frettchen, welches mir zugegebenermaßen etwas Angst einflößte, da es wirklich spitze Zähne hatte. Einmal am Tag führte er das Frettchen mit einer kleinen Leine über den Hof, bevor es wieder in der Scheune in den Käfig musste. Die Scheune war eigentlich die Diele des Hauses, groß, kühl und dunkel. Hinter der Scheune hatte die Familie einen großen Gemüsegarten, durch Betonplatten voneinander abgetrennte Gemüsesorten und knorrige, alte Obstbäume.

„Ditzi" wie wir Dieter nannten, war nicht nur unser Freund, sondern auch ein alter Schulfreund meines Papas, weshalb ich eines Tages die wundervolle Idee hatte, ihn mit nach Hause zu bringen. Papa würde sich bestimmt riesig darüber freuen. Meine Mutter war nachmittags noch im Nachthemd und tobte wegen des unerwünschten Besuchs, doch darüber hatte ich nicht nachgedacht, denn ich wollte Papa nur eine Freude machen, weil er mir doch gesagt hatte, dass er Ditzi so lange nicht gesehen hatte. Papas große Freude darüber, seinen alten Freund wieder zu treffen, wurde ebenso wie meine im Keim erstickt. Die Situation war ihm sehr unangenehm und er verabschiedete ihn zerknirscht schon nach wenigen Minuten.

Wir Kinder fuhren manchmal stundenlang mit ihm auf dem Traktor über die Felder, um sie zu pflügen und uns war niemals langweilig dabei. Der Hof war nicht sehr groß, hatte einen Stall, Wohnhaus und eben diese große Scheune. Hinter dem Wohnhaus gab es noch einen Teich mit einer Schleuse, die in einen Bachlauf führte. Wasser zog uns magisch an und wir entschieden mit Ditzi zusammen, ein Floß zu bauen. Er schaffte alle Materialien heran, Holz, Kanister, Schrauben und alles, was für den Bau eines Floßes notwendig war. Es dauerte nur wenige Tage, bis wir auf unserem selbstgebauten Floß standen, uns mit einem großen Holzpfahl abstießen und uns auf dem Teich fortbewegten. Ditzi ermahnte uns vorsichtshalber mehrfach, das Floß niemals ohne einen Erwachsenen zu betreten.

Im Winter 1984 war es eisig kalt und es schneite. Auf dem Bauernhof war Winterruhe eingekehrt und vom geschäftigen Treiben des Sommers war nichts mehr zu spüren.

Sandra, Stefan und ich steuerten den Teich an, um nach unserem Floß zu schauen. Der Teich war komplett zugefroren und mittendrin: unser Floß. Stefan hielt es für eine großartige Idee, das Floß frei zu stoßen und ein paar Runden damit zu fahren. Was sollte schon passieren?

Gesagt, getan, Stefan ging voraus und ich folgte ihm auf das schwankende Holz. Das Floß war rutschig und mit Eis überzogen und es war schwierig, Halt darauf zu finden. Als Sandra dazu kam, passierte, was passieren musste. Das Floß kippte, und wir drei rutschten ins eiskalte, freigestoßene Wasserloch.

Voller Panik strampelten wir im Wasser, im Eis und tiefem Schlamm um unser Leben und schafften es nach einigen Minuten ans rettende Ufer, denn unsere Hilferufe hatte niemand gehört.

Nass bis auf die Knochen und unter Schock stehend, liefen wir nach Hause. Meine Eltern waren nicht zu Hause und Barbara, die Mutter meiner Freunde, steckte uns, begleitet von einer heftigen Standpauke, alle direkt in die heiße Badewanne. Schnell stellte sich heraus, dass mir für dieses Unglück die Schuld gegeben wurde, und genau so wurde dies dann später meiner Mutter vorgetragen. An diesem Abend hat meine Mutter mich heftig geschlagen und ich bekam für mehrere Wochen Hausarrest. Ich war unschuldig, aber davon wollte sie nichts hören. Das Urteil war gefallen und ich durfte auch nicht mehr mit Sandra und Stefan spielen.

Barbara war eine alleinerziehende Mutter. Frisch getrennt vom Vater der beiden Kinder, war sie in diese Wohnung eingezogen. Sie hatte dunkelblonde, lange Haare eine gute Figur und eine bemerkenswerte Oberweite, die sie auch hin und wieder zu bedecken vergaß, wenn es an der Tür klingelte. Jeder wusste, dass Barbara eigentlich nur einen wohlhabenden Mann suchte, mit dem sie ihren Hobbies wie Solarium, Squash und Tennis weiter nachgehen konnte. Ab und zu kam ein Typ mit einem Sportwagen vorbei, um sie abzuholen. Sie war sehr auf sich selbst fixiert, das fiel sogar mir als Kind auf und hin und wieder ermahnte sie mich, den Bauch einzuziehen, denn so mache ein Mädchen das.

Somit war es rückblickend nicht verwunderlich, dass meine Mutter nicht amüsiert war, als sie erfuhr, dass Papa eines Abends in ihrer Abwesenheit von Barbara angesprochen worden war, ob er ihr nicht ein Regal anbohren könne.

Papa, gutmütig wie immer, zögerte nicht, schnappte seinen Werkzeugkoffer und begab sich ins Erdgeschoss, um seinen Auftrag zu erledigen. Als meine Mutter heimkam, warf sie ihm eine Affäre mit der hübschen Nachbarin vor. Unsinnig, da Papa weder Sonnenanbeter noch sportbegeistert oder reich war; und nichts anderes wollte Barbara. Diese Diskussionen, Beschuldigungen und die Fantasie meiner Mutter beschäftigten unsere Familie noch einige Wochen. Kurze Zeit später zog die Familie aus der Wohnung aus.

Verstanden habe ich das alles nicht, denn Papa tat einfach alles für Mama, er liebte sie abgöttisch und hätte wahrscheinlich auch dann nicht gemerkt, dass er angeflirtet wird, wenn eine Frau nackt vor ihm gestanden hätte. Er war einfach zu lieb und von Grund auf ein herzensguter Mensch. Ihn interessierte nur seine Familie, seine Arbeit und dass er an seinem Auto herum schrauben konnte. Papa reparierte alles selbst. Er konnte einfach alles. Eifersucht war immer wieder ein Thema, denn meine Mutter war auf alles eifersüchtig und sie musste ständig alles bis zum Erbrechen ausdiskutieren. Sogar Papas Exfreundinnen waren immer wieder stundenlanges Thema für meine Mutter und sie quälte Papa stundenlang mit Fragen zur Figur, zu ihrem Wesen und sogar zu ihrer Sexualität.

1984

Im Sommer 1984 war ich für ein paar Tage bei Oma zur Übernachtung und war gut gelaunt, als ich nach Hause gebracht wurde. Ich freute mich wahnsinnig auf meinen kleinen Bruder, der inzwischen zwei Jahre alt war. Papa hatte ihn am Tag zuvor mit nach draußen genommen, als er etwas am Auto reparierte. Meine Mutter empfing mich weinend im Bett und erzählte mir erst nach mehrmaligem Nachfragen, was passiert war. Mein Bruder hatte aus einer Plastikflasche mit Einfüll-Halm getrunken, die wie ein Getränk aussah, aber tatsächlich Bremsflüssigkeit beinhaltete.

Papa hatte ihn direkt ins Auto gepackt und war ins Krankenhaus gefahren, wo mein Bruder einige Tage bleiben musste. Ich fühlte mich schuldig, obwohl ich nicht einmal dort gewesen war. Aber wäre ich nicht bei Oma gewesen, um eine schöne Zeit zu haben, hätte ich besser auf meinen Bruder aufpassen können und es wäre nichts passiert. Gott sei Dank ging alles gut und er hatte keine Schäden zurückbehalten.

Meine Traurigkeit und Angst kommentierte meine Mutter mit: „Tu nicht so scheinheilig mit Deinen Krokodilstränen - Du hättest Dich doch gefreut, wenn er gestorben wäre!" Sie warf mir Eifersucht vor, die meine Oma bei meinem Besuch noch zusätzlich geschürt hätte.

Ich war völlig geschockt. Wie konnte sie so etwas sagen? Wie könnte ich froh sein, wenn mein kleiner Bruder stirbt? Ich verstand die Welt nicht mehr und stellte mich selbst in Frage. Hatte sie etwa recht?

Meine Welt war einmal mehr erschüttert. Zu dieser Zeit begann ich feine Antennen für die Gemütszustände meiner Mutter zu entwickeln und konnte ihre Stimmung schon erspüren, wenn ich den Raum betrat. Zu meinen Großeltern durfte ich für die nächsten Jahre nun nicht mehr, weil sie einen schlechten Einfluss auf mich hätten und mich aufhetzten.

In diesem Sommer bekam ich ein Paket. Meine Mutter nahm es an sich und ich musste in meinem Zimmer verschwinden. Meine Eltern saßen in der Küche und öffneten es. Ich lauschte an der Kinderzimmertür und hörte, wie sie über eine Puppe sprachen. Mein echter Vater Berti Kramer, hatte sie mir geschickt. Dazu einen Brief, in dem stand, dass er mich gerne sehen würde. Meine Mutter tobte, es käme nicht in Frage. Auch sein Paket könne er wiederhaben, denn immerhin hätte er niemals Unterhalt für mich gezahlt.

Wenige Wochen später erreichte uns ein Brief vom Jugendamt, in dem meine Mutter darüber informiert wurde, dass mein Vater im Alter von nur 33 Jahren verstorben war.

Nun würde ich ihn niemals kennenlernen. Meine Mutter hatte es versaut und ich hatte nicht einmal diese Puppe von ihm.

Demütigungen

Inzwischen war die Erdgeschosswohnung wieder bewohnt. Wieder zog eine alleinerziehende Mama ein. Sie hatte einen Sohn. Johann war ein Jahr älter als ich und fortan verbrachten wir jede freie Minute miteinander. Wir waren die allerbesten Freunde und auch, wenn er für meinen geliebten Bauernhof nichts übrighatte, konnten wir uns stundenlang die Zeit vertreiben. Wir streiften um die Häuser, schaukelten stundenlang auf dem Spielplatz, fuhren mit dem Rad durch die Gegend oder saßen ewig in seinem Zimmer und er erzählte mir alles über Automarken und sämtliche Modelle. Ich war schon ein bisschen verliebt in ihn, aber habe es ihm nie gesagt. Wie schnell es das letzte Mal sein würde, dass ich mit ihm spiele, hätte ich zu diesem Zeitpunkt nicht gedacht.

Seine Mama war das komplette Gegenteil von Barbara. Sie war klein, schon leicht ergraut und eine liebe Mama, die alles für ihren Sohn tat. Es war immer sehr ruhig und gemütlich bei ihnen zu Hause. Ich mochte das. Meine Mutter sah diese Freundschaft weniger gern, denn ihrer Meinung nach war es zu früh für „Jüngelchen" und ich solle aufhören, mich dermaßen an ihn zu hängen.

Eines Tages wurde ich krank und konnte für einige Tage die Schule nicht besuchen. Eine heftige Mandelentzündung mit Fieber suchte mich heim. Mama fuhr mich in ihrem blauen Auto zum Arzt. Auf dem Rückweg hielten wir an einem Haus, stiegen aus, klingelten und summend wurde die Tür geöffnet. Nach einigen Stufen durch ein altes und enges Treppenhaus erreichten wir das Obergeschoss, wo ein junger Mann, bekleidet mit Unterhemd und Boxershorts in der Tür stand. Ich war verwirrt, aber ich stellte keine Fragen. Er wollte meine Mutter küssen, was sie abwehrte mit den Worten „nicht vor dem Kind!"

Was war hier los? Sie stritten sich in leisem flüsterndem Ton darüber, dass er uns nicht in seine Wohnung lassen wollte und sie warf ihm vor, eine Frau zu Besuch zu haben. Ich hatte ihn nie zuvor gesehen und konnte mir das alles nicht erklären. Ich schwieg und stellte keine Fragen, weil ich wusste, dass mir das nur Schwierigkeiten bringen würde. Wir verließen diesen Ort und meine schlecht gelaunte Mutter fuhr uns nach Hause.

Meine Mutter begann mehr und mehr, Fehler an mir zu suchen. So behauptete sie plötzlich aus dem Nichts heraus, ich würde mich nicht waschen und stinken.

Ich bekam also „Waschunterricht" von ihr. Ich stand nackt vor dem Waschbecken und wusch mich unter ihrer Anleitung. Ab sofort führte sie tägliche Kontrollen meines Intimbereiches ein, wo ich mich nackt vor sie stellen, mich bücken und mein Geschlechtsteil öffnen sollte, damit sie Einblick bekommt. Dies tat sie auch, wenn Besuch daneben saß und es war ihr völlig egal, wie demütigend ihr Handeln war. Im Gegenteil, noch während ich den Raum verließ, konnte sie mit kicherndem Spott nicht an sich halten.

Eines Tages war sie der Meinung, dass ich mich nicht gründlich genug gewaschen hatte und trat offiziell in den Streik. Sie schrieb Zettel, auf denen stand: „Ich streike, weil meine Tochter sich nicht wäscht!"

Diese hing sie im Hausflur und der Straße an Laternen auf. Es war meine eigene Schuld, denn in ihren Augen hatte ich ihr Handeln provoziert.

Ich schämte mich und traute mich kaum noch raus. Alle würden denken, dass ich ein dreckiges Schwein und eine Schande für meine arme Mutter bin. Und genauso fühlte ich mich auch inzwischen. Hätte ich mich doch besser gewaschen.

Ich habe gestohlen

Da unsere Wohnung etwas abgelegen und entfernt von der Schule lag, wurden die Kinder unserer Siedlung täglich mit dem Schulbus abgeholt.

Der Busfahrer verkaufte auch Süßigkeiten und all meine Freunde bekamen Taschengeld und erwarben täglich wunderschöne, süße, bunte und duftende Wunderkugeln.

Sie änderten beim Lutschen mehrmals ihre Farbe, was von allen auch regelmäßig kontrolliert wurde, indem die Kugel aus dem Mund genommen und angeschaut wurde. Das Ende der Kugel gipfelte dann in einer flüssigen Lakritz-Füllung.

Schon des Öfteren hatte ich von Freunden eine geschenkt bekommen und die Frage danach, wann ich denn mal eine Kugel spendieren würde, konnte ich nur mit Achselzucken beantworten.

Ich hörte, wie sie hinter meinem Rücken über mich redeten. Sie fühlten sich ausgenutzt und wendeten sich mehr und mehr von mir ab.

Immer wieder versuchte ich mit meiner Mutter über Taschengeld zu sprechen. Schließlich war ich schon 8 Jahre alt und wollte mir auch mal etwas kaufen. Meiner Mutter war dies ein Dorn im Auge. „Du hast alles, was Du brauchst! Wozu brauchst Du denn schon Geld? Wen willst Du aus der Telefonzelle anrufen? Gibt kein Taschengeld!" waren ihre Antworten.

Eines Morgens ging ich an die Geldbörse meines Vaters und nahm etwas Kleingeld heraus. Insgesamt habe ich ihn drei Mal bestohlen und im Bus alle meine Freunde mehrfach mit Wunderkugeln beschenkt. Endlich gehörte ich wieder dazu. Ich wurde sogar zu einem Kindergeburtstag eingeladen. Bei Mara. Mara fand ich toll, auch wenn ich niemals so richtig ihre Freundin wurde, weil sie alles nur mit Insa machte. Ich kam stolz auf diesen Geburtstag und wurde durchs Haus in den Garten geführt. Es war ein wunderschönes altes Haus; im Wohnzimmer stand ein Klavier und dort roch es nicht nach Zigarettenrauch wie bei uns. Mara hatte noch eine jüngere Schwester und ihre Eltern waren Ärzte, ihnen fehlte es an nichts und sie kümmerten sich liebevoll um sie. Im naturbelassenen Garten standen knorrige Obstbäume und ein alter, bunt bemalter Bauwagen, der für die Kinder zum Spielen hergerichtet worden war.

Es wurden Würstchen gegrillt und zum Nachtisch gab es leckeren Obstsalat, bestreut mit Mandeln. Obstsalat hatte ich noch nie gegessen und er schmeckte mir unheimlich gut. Noch heute denke ich bei jedem Obstsalat an diesen Tag und an Mara mit ihrer beneidenswerten Familie.

Beim letzten Mal, als ich mich an der Geldbörse meines Vaters bediente, fiel der Diebstahl auf und meine Mutter schlug mich windelweich. Sie schrie mir ins Gesicht, ich sei ein Rabenaas und genau wie mein Vater ein Verbrecher. Inzwischen war sie wieder schwanger und ermahnte mich, still zu halten, während sie mich schlug, weil es sonst meine Schuld wäre, wenn sie auch dieses Kind verlieren würde.

Die Wahrheit darüber, warum ich das getan hatte, wollte sie nicht hören. Vielmehr glaubte sie an irgendwelche Geheimnisse, die ich ihr verschweige: Treffen mit meinen Großeltern, das heimliche Benutzen einer Telefonzelle oder was auch immer.

Sie schleifte mich zu verschiedenen Psychologen, anderen Fachleuten und Ärzten. Sie sollten meine kranke, verlogene Psyche wieder korrigieren. Außerdem würde ich mich in sexuelle Gedanken hereinsteigern und wäre zu dick.

Nach vielen Terminen in etlichen Praxen wurde entschieden, dass ich im Februar 1985 zur genauen Diagnostik in eine Psychiatrische Kinderklinik eingewiesen werden soll.

Psychiatrie

Im Januar 1985 kam meine Schwester zur Welt und ich hatte nur wenige Tage mit meinem neugeborenem Schwesterchen, bevor ich für lange Zeit in die Klinik sollte.

Vestische Kinderklinik in Datteln. Papa fuhr mich dorthin. Im Gepäck hatte ich eine rote Briefmappe im Krokodesign und die Worte meiner Mutter, ich könne ja mal schreiben.

Das war also jetzt mein Zuhause. Ich weinte, vermisste meine Familie und meine Schulfreunde und vor allem vermisste ich Johann.

Mein Bett stand direkt in einer Ecke, zwischen Glastür und einem Kleiderschrank und ich teilte mir mit zwei anderen Mädchen das geräumige Klinikzimmer. Sie waren inzwischen sehr gut befreundet und hatten ihre Betten in der Mitte des Raumes zusammengeschoben. Ich weinte stundenlang in meinem Krankenhausbett, nachdem Papa gefahren war. Die Station war sehr groß und mittig durch eine Milchglastür getrennt. Es gab eine Küche, ein Arztzimmer, einen Waschraum und einen großen Aufenthaltsraum mit vielen Spielen und Bastelmaterial.

Sämtliche Türen waren verschlossen, es gab kein Entkommen, es war eine geschlossene Station. Im Küchenbereich hatte jedes Patientenkind ein Kühlfach, wo Süßigkeiten gelagert werden konnten.

Zum Schulunterricht wurden die jeweiligen Jahrgänge in den Unterrichtsraum begleitet. Dort saß ich mit zwei anderen Drittklässlern und bekam so etwas wie Unterricht.

Jeden Sonntag wurde zum kollektiven Wiegen aufgerufen und einmal in der Woche ging es in den Keller zum Trampolin springen, was wohl ein generelles Highlight war. Der Weg dorthin führte an einer dunklen Bäderabteilung vorbei. Es roch nach Chlor und Desinfektionsmittel.

Gesprächstermine, Psychotests und Arztgespräche gehörten jetzt zu meinem Alltag, zwischen geistig Behinderten, Magersüchtigen und stark Traumatisierten anderen Kindern.

Es verging Woche für Woche. Ich lebte mich dort ein und passte mich an die neue Situation an.

Mit der Jungenstation kommunizierten wir Mädchen durch die Fenster des über Eck stehenden Hauses per Zeichensprache. Schnell hatte ich sämtliche Buchstaben gelernt und hatte die Möglichkeit, mich wie alle anderen Mädchen mit ihnen auszutauschen.

Einmal pro Monat bekamen wir Taschengeld und es ging in Begleitung in die Stadt zum Bummeln. Mit 5 DM in der Tasche, schaute ich mich im ganzen großen Laden um. Ich wollte ein Geschenk für meinen kleinen Bruder kaufen. Vieles war viel zu teuer und ich hätte ihm am liebsten das größte und gewaltigste Geschenk aller Zeiten gemacht, aber ich hatte ja leider nur 5 DM. Also zog ich eine reduzierte Kindergartentasche aus dem Regal. Sie war weiß und glänzend, mit einer blau/weiß gestreiften Paspel an den Kanten und vorne links unten ein kleines Segelboot. Auf einem runden, roten Aufkleber war mit schwarzem Stift der Preis aufgemalt: 5 DM. Ich hatte das perfekte Geschenk gefunden und gab dafür mein ganzes Taschengeld her.

Stolz trug ich die Tasche in die Klinik und freute mich darauf, sie endlich meinem Bruder zu schenken, denn schon bald durfte ich zu Besuch nach Hause. Der Tag des Heimatbesuches kam und Papa holte mich ab. Zu Hause angekommen, fühlte ich mich fremd. Die Kindergartentasche wurde mit einem müden Lächeln in die Ecke gelegt und meine Mutter fragte mich, ob ich glauben würde, dass sie nicht selbst in der Lage sei, eine Kindergartentasche zu kaufen.

Johann war nicht da, er war zu Besuch bei seinem Papa. So hatte ich mir das alles nicht vorgestellt. Mir war schnell klar, dass ich ihn nicht sehen würde, bevor ich zurück in die Klinik musste. In meiner Familie lief ich nur so nebenher. Es interessierte sich niemand dafür, was ich erlebt hatte und ich bekam das Gefühl, einzig ein Störfaktor zu sein.

Bevor ich bald entlassen werden sollte, sah der Klinikleitfaden vorher noch eine sechswöchige gemeinsame Mutter-Kind Unterbringung mit gemeinsamen Therapien in einem kleinen Gebäude auf dem Klinikgelände vor. Dort feierte ich auch meinen 9. Geburtstag.

Inzwischen war ich seit fünf Monaten in der Klinik und nach Ende der sechs Wochen in der Mutter-Kind-Einrichtung durfte ich endlich wieder nach Hause zu meinen Schulfreunden in meine alte Klasse und zu Johann. Ich freute mich so, meinem Freund endlich alles erzählen zu können, was ich erlebt und wie viel Heimweh ich gehabt hatte. Ende Juli 1985 wurde ich entlassen. Meiner Mutter wurde eine Therapie angeraten, weil festgestellt worden war, dass bei mir alles in bester Ordnung war und sie diejenige wäre, die dringend Hilfe benötigte. Dafür machte sie mich verantwortlich und warf mir vor, mich sechs Monate lang verstellt und nicht mein wahres Gesicht gezeigt zu haben. Sie strafte mich dafür tagelang schweigend mit Missachtung, bezeichnete mich als hinterlistig und falsch und gab meiner Oma die Schuld dafür, dass ich so geworden war.

Ich durfte nach Hause.

Alles auf Anfang

Mein Zuhause gab es nicht mehr. Sie waren kurz bevor ich zurückkam wieder umgezogen, wieder in einen anderen Stadtteil. Ich kam nicht in meine alte Klasse zurück und auch Johann würde ich nie mehr wiedersehen. Mein Herz schmerzte und ich glaubte zu ersticken, denn gerade die Freude auf meine Freunde hatten mich doch die letzten Monate überstehen lassen. Niemand hatte mir vorher davon erzählt und das neue Zuhause sollte wohl eine Überraschung sein.

Dort angekommen, war Mutter aus heiterem Himmel fest davon überzeugt, ich hätte Geschlechtsverkehr mit einem 16jährigen Jungen in der Klinik gehabt und redete Stunden auf mich ein, damit ich ihr sage, wie tief sein Penis in mich eingedrungen war. Dazu nutzte sie ihren Zeigefinger, an dem ich ihr genau die Tiefe aufzeigen sollte. Ich hatte überhaupt keine Ahnung, wovon sie da überhaupt sprach und hatte noch nie von so etwas gehört. Sie betitelte mich als Flittchen und schleifte mich zu einem Gynäkologen, der ihre Überzeugung selbstverständlich nicht bestätigen konnte. Vielmehr war es so, dass ich mit einem etwas älteren Mädchen in der Klinik einen Zungenkuss geübt hatte.

Nun wohnte ich also hier, umgeben von großen Plattenbauten in Waschbeton in einem Sechsfamilientrakt. Vor dem Haus ein riesiger Parkplatz, über die kleine Straße eine Bäckerei und ein Getränkeladen.

Die Wohnung war groß. Wir hatten vier Zimmer, die allesamt von einem langen Flur, ausgelegt mit dunkelbraunem Teppich, abgingen: ein Bad, Gäste-WC, eine große Abstellkammer und ein kleiner Balkon im Erdgeschoss.

Meine Eltern hatten eine sandfarbene gestreifte Sofagarnitur und eine neue Eiche-Schrankwand für das Wohnzimmer gekauft. Außerdem zierte jetzt ein schwerer Travertin-Tisch die Mitte des Raumes. Ich erkannte nichts mehr wieder. Alles, was mir vertraut war, war ausgetauscht worden. Meine Geschwister waren inzwischen auch ein halbes Jahr älter und ich hatte das Gefühl, dass ich nicht mehr zu ihnen gehörte. Nicht zuletzt, weil Mutter mir nur zu gerne vorschwärmte, endlich ein richtiges Mädchen bekommen zu haben, statt einen halben Jungen, wie ich es sei, der nur Hosen tragen wollte.

Eine braun-beigefarbene Küche hatten sie einbauen lassen und in der Mitte der Küche stand ein Tisch mit vier Stühlen vor dem Fenster, das zum Parkplatz zeigte. Es war sehr eng in der Küche und wenn alle am Tisch saßen, war es nicht mehr möglich, irgendwelche Schränke zu öffnen. Es störte niemanden und war eben so.

Ich bekam ein eigenes Zimmer. Meine Geschwister teilten sich das größere der beiden Kinderzimmer. Nach den Ferien sollte ich das dritte Schuljahr wiederholen. Der sporadische Klinikunterricht hatte keinen

Lernerfolg gebracht und ich war einverstanden. Eine Wahl hatte ich auch nicht.

Nach den Ferien kam ich also in eine neue Grundschule, die 5 Minuten fußläufig entfernt war. Es war eine kleine gemütliche Schule. Auch hier fand ich mich schnell zurecht und einige unserer Nachbarskinder hatte ich in den Ferien schon kennengelernt, so dass es mir ein wenig leichter gemacht wurde, den Einstieg in die neue Schule zu finden. Ich passte mich neuen Situationen immer sehr schnell an. So hatte ich es gelernt. Es half ja alles nichts und ich konnte weinen, aber das würde nichts verbessern. Meine Klassenlehrerin war eine kleine, alte, etwas rundliche Dame. Sie war das komplette Gegenteil von Baumi, nett, aber streng. Ich kam gut durch das Schuljahr, denn einiges vom Lernstoff hatte ich ja schon einmal durchgenommen.

Nach einigen Gesprächen im Jugendamt und bei Psychologen wurde ich im Mai 1986 von Papa adoptiert und war nun auch vor dem Gesetz seine richtige Tochter.

Unterbrochen wurde der Alltag durch seltene Besuche von Oma Meyer. Sie war Mamas Oma und wurde hin und wieder aus einem Pflegeheim aus Bad Salzuflen abgeholt, um Ferien bei uns zu machen. Ich liebte diese alte, warmherzige Frau. Sie hatte schlohweißes, kurzes Haar, war sehr schlank, trug altersentsprechende Kleider, eine verdunkelte Brille und immer einen weißen Baumwollhandschuh an einer Hand. So nannte ich sie immer „Die Oma mit dem weißen Handschuh". Diesen trug sie, weil sie nach diversen Herzinfarkten und Schlaganfällen eine gelähmte Hand hatte, die sehr schnell erkaltete. Darum hatte sie sich angewöhnt, immer einen Handschuh zu tragen. Oma Meyer war nicht sehr oft bei uns. Das laute Familienleben strengte sie sehr an, aber gerne überließ ich ihr mein Zimmer, während sie bei uns war. Sie roch nach 4711, nach Pfefferminz und Traubenzucker und dieser Geruch hielt sich noch lange auch nach ihrer Abreise in meinem Zimmer. Uroma war sehr gütig und verständnisvoll und hatte immer ein offenes Ohr für mich. Oft nahm sie mich beiseite, um mir meine Sorgen zu entlocken. Sie verstand mich ohne Worte und wusste sehr genau, was ich durchmachte, aber sie kannte eben auch meine Mutter und hätte nie gewagt, sich einzumischen; schon aus Sorge darüber, dass sich meine Situation verschlimmern könnte. Als ich eines Tages hungrig und ohne Abendessen ins Bett musste, weil ich zu spät nach Hause gekommen war, schlich sie sich zu mir ans Bett und versteckte einen Apfel unter meinem Kopfkissen, mit dem Zeigefinger vor den Lippen. Ich war mit den Nachbarskindern im Schwimmbad gewesen und als ich dort meine Tante traf, die mich mit nach Hause nehmen wollte, hatte ich die Zeit vergessen.

Oma Meyer starb im Dezember 1985, nach einem Besuch bei uns, auf dem Weg zurück ins Pflegeheim. Unterwegs im Auto erlitt sie einen weiteren Herzinfarkt. Selbst der direkte Weg in ein nahegelegenes Krankenhaus konnte ihr Leben nicht mehr retten.

Uroma wurde in unserer Nähe auf dem Waldfriedhof beerdigt und hat niemals einen Grabstein bekommen. Mit 10 Jahren bemalte ich Steine, um sie auf ihr Grab zu legen und auch noch viele Jahre später, war ich meist die Einzige, die sie regelmäßig dort besuchte. Meine Mutter ging ein bis zwei Mal im Jahr dorthin, um das Grab neu zu bepflanzen, aber darüber hinaus hatte sie keinen Antrieb, mich zu begleiten. Einen Großteil meiner Freizeit verbrachte ich auf dem Friedhof. Es war ruhig und friedlich dort, ich las die Namen auf den Gräbern, während ich dort unter hohen Nadelbäumen spazieren ging. Ihrer Beerdigung folgte ein heftiger Familienkrieg zwischen meinen Großeltern und meiner Mutter. Jeder beanspruchte das Erbe für sich und dass meine Großeltern direkt nach Omas Tod das Pflegeheim aufgesucht hatten, um sich den wertvollen Schmuck zu sichern, machte die Situation nicht besser. Opa war Oma Meyers leiblicher Sohn und meine Oma hielt es für sein gutes Recht, sich sämtliche Wertgegenstände anzueignen.

Missbrauch

Unterdessen waren Schläge zuhause an der Tagesordnung. Bei jeder Gelegenheit gab es Prügel; wenn ich irgendetwas falsch machte, etwas Falsches sagte, meine Geschwister Blödsinn gemacht hatten oder ich einfach nur falsch schaute. Grund für Prügel gab es immer. Dafür benutzte sie allzu gerne Kochlöffel und

Hausschuhe, aber auch sonst alles andere, was ihr in die Finger kam. Gerne sagte sie dazu: „An Dir mache ich mir nicht meine Knochen kaputt". Wenn sie auf dem Sofa saß und mich schlagen wollte, zitierte sie mich zu ihr mit den Worten: „Hände hinter den Rücken und bücken!"

Sie war sogar zu faul aufzustehen, um mich zu schlagen. Stattdessen hatte sie sich einen Spielautomaten zugelegt, wie man ihn aus Kneipen kannte und stellte ihn sich ins Wohnzimmer. So brauchte sie bloß noch zwischen Spielekonsole und Automat zu wechseln.

Ich wollte seit langer Zeit nur noch eines: erwachsen werden und raus hier. Alternativ wünschte ich mir immer wieder eine schlimme Krankheit, denn dann müsste sie mich ja lieben, weil sie sich um mich sorgen würde.

Eines Tages saßen wir beim Abendessen in unserer kleinen Küche. Meine Mutter aß mal wieder nicht mit. Das kam häufig vor, aus vielfältigen Gründen. Meistens hatte ich ihr mit meiner Anwesenheit schon den Appetit verdorben, sie war wegen anderer Dinge verärgert oder mal wieder auf Diät, denn sie bildete sich permanent ein, zu unattraktiv für unseren Vater zu sein, der sich ja garantiert eine jüngere, schlankere Frau suchen würde.

Ich schaute sie an und bat sie, doch mit uns zu essen. Sie rastete aus, schlug mir ins Gesicht und sagte: "Guck nicht wie Dein Vater, Du Rabenaas!" Sie drohte mir, mich ins Internat zu stecken, wenn ich so weiter machen würde.

Mir blieb das Essen wie ein Kloß im Halse stecken und ich kämpfte mit den Tränen. Wie schaute denn mein Vater? Ich wusste es nicht. Ich hatte ihn nie gesehen und hatte mal wieder keine Ahnung, was ich falsch gemacht hatte. Schnell gewöhnte ich mir daraufhin an, sie nicht mehr direkt anzuschauen, wenn sie mit mir sprach.

Von heute auf morgen begann ich zu stottern. Ich schaffte es einfach nicht mehr, flüssig zu sprechen. Zeitweise war es so heftig, dass ich kein einziges Wort mehr ohne Probleme herausbrachte, was mich sehr anstrengte. Der Gang zum Bäcker löste vorher schon Unbehagen aus und ich hatte die meisten Probleme mit „F" und „V". Musste ich fünf Brötchen holen, kaufte ich nur drei und ging ein weiteres Mal in die Bäckerei, um noch zwei Brötchen nachzukaufen. Auf diese Weise trickste ich mich durch die nächsten Jahre.

Meine Mutter hielt mein Sprechproblem für Theater und ermahnte mich ständig, damit aufzuhören, denn ich wolle ja doch nur im Mittelpunkt stehen.

Meine Eltern hatten alte, neue Freunde. Anne und Franz. Sie kannten sich den Aussagen meiner Mutter nach schon ewig. Ich hatte sie zum ersten Mal in der alten Wohnung gesehen, und zwar an dem Tag, als Mutter ihre Intimkontrolle bei mir durchführte, während die beiden daneben saßen.

Anne war eine kleine dickliche Jugoslawin, mit kurzen Haaren und roten Pausbacken. Franz war ein deutlich älterer, großer, dünner, grauhaariger Mann. Anne hatte aus einer alten Beziehung einen Sohn mitgebracht und in früherer Zeit bereits einen Sohn verloren.

Anne und Brigitte wurden die Patentanten meiner Schwester und diese Leute gingen bei uns ein und aus. Meine Mutter erzählte ihnen restlos alles, auch wenn ich daneben saß. Sie wussten ebenso über das Wachstum meiner Brust Bescheid wie über den Kauf meines ersten BHs und das Einsetzen meiner Periode. Mir war das peinlich und ich schämte mich, denn ich entwickelte mich sehr früh und bekam schon in der Grundschule eine recht große Oberweite. Dies allein hatte mich schon so manches Mal zur Zielscheibe gemacht. Wenn ich badete, wurde durch das Schlüsselloch geschaut, um eventuelle Selbstbefriedungsversuche mitzubekommen, und es brühwarm an Freunde und Nachbarn weiter zu tragen. Mein Tagebuch, welches ich sorgfältig versteckt hatte, war immer wieder eine gesellige Pflichtlektüre am Küchentisch, bis ich es zerstört hatte und meine Gedanken ab sofort für mich behielt. Meine Privatsphäre war meiner Mutter nicht wichtig, so lange sie neue intime und persönliche Stories von Angela am Küchentisch zu vermelden hatte.

So kam es, dass Franz an Rosenmontag 1986, nachdem meine Mutter mich als „gute Fee" mit reichlich Schminke verkleidet hatte, die Gelegenheit beim Schopfe packte und ins Kinderzimmer kam, wo ich mal wieder auf meine Geschwister aufpassen musste.

Ich stand vor dem Fenster, und schaute hinaus, als Franz mich von hinten an meinen Brüsten anfasste.

Was sollte ich tun? Ich wand mich heraus aus dieser Situation und setzte mich auf den Fußboden. Die Option, zu meiner Mutter zu gehen, kam mir nur kurz in den Sinn, aber das hatte ja schon einmal nicht funktioniert und so gut, wie sie befreundet waren, war es sinnlos, den Mut aufzubringen. Sie würde mir sowieso nicht glauben. Ich war nur jemand, der ständig neuen Geschichten erfand, log und nicht vertrauenswürdig war.

Sie hielt sehr große Stücke auf Franz, weil er so ein feiner Kerl war. Seine Übergriffe nahmen von Woche zu Woche zu und inzwischen machte er auch nicht mehr halt vor meinem Intimbereich.

Eines Tages entdeckte ich nach seinen Übergriffen Blut in meinem Slip, als ich auf dem WC saß und bekam Panik. Ich konnte niemandem davon erzählen und war heilfroh und erleichtert, dass es schnell vorbei war.

Zwischen Brigitte und meiner Mutter geriet die Freundschaft ins Wanken. Mutter war sehr eifersüchtig und neidisch auf Brigittes neues Leben mit einem Bauunternehmer. Sie wohnte jetzt in einem schicken Haus mit Kamin und großem Pool im Garten, in einer gehobenen Siedlung. Natürlich sagte sie ihr das nie, sondern wetterte hinter ihrem Rücken über sie. Als Brigittes zweite Tochter geboren wurde und meine Mutter ihre Patin werden sollte, kaufte sie ein hübsches Kleid für ihr Patenkind. Hinterher redete sie sich ein, dass Brigitte das gekaufte Kleid nicht gefallen würde, da es ja nur ein billiges Versandhauskleidchen war, dabei wurde so etwas nie gesagt. Es fand nur in der neidischen

Fantasie meiner Mutter statt. Die Freundschaft zwischen den Freundinnen zerbrach daraufhin endgültig.

Inzwischen ging ich in die vierte Klasse. Am 10.Oktober 1986 fuhren wir auf eine Klassenfahrt nach Bad Berleburg. Meiner Mutter passte dies überhaupt nicht und sie versuchte bis zum Schluss, meine Mitfahrt zu torpedieren. Erfolglos. Auf der Ferienanlage gab es einen kleinen See mit Wasserspiel und ein Floß. Für Flöße hatte ich ja nun eine Schwäche und wie sich herausstellte, ging es allen anderen genauso. Viele Stunden verbrachten wir dort und hatten jede Menge Spaß. Nach wenigen Tagen ging es zurück nach Hause. Mit Koffern voll mit nasser Wäsche, erreichten wir an einem Freitagnachmittag mit dem Bus unsere Schule, wo die Eltern bereits sehnsüchtig und gespannt warteten, um ihre Kinder abzuholen.

Meine nicht. Niemand holte mich ab und niemand erwartete mich voller Freude. Ich trug meinen Koffer nach Hause und wurde dort sehnsüchtig erwartet mit den Worten: „Oh, Du bist schon da? Mach mal Kaffee!" So, als wäre ich kurz in der Schule oder beim Bäcker gewesen. Beim Ausräumen des Koffers beschimpfte Mutter mich als alte Drecksau, die nur drei Mal in vier Tagen den Schlüpfer gewechselt hatte und überhaupt diese Schweinerei mit der ganzen nassen Wäsche solle. Ich wurde stundenlang mit immer denselben Monologen beschimpft und angeschrien und sie fragte mich immer wieder, ob ich mit „Jüngelchen" herumgefummelt hätte. Ja, es war schön, wieder zu Hause zu sein. Ging es doch nur um ein bisschen nasse Kleidung in einem Koffer. Ich hatte so viel erlebt, habe Bergwerke besucht und an einer Nachtwanderung teilgenommen. Ich kam mit viel Freude im Herzen heim und wollte alles erzählen, aber sie hörte mir nicht zu. Es war zum Verzweifeln. So war es immer. Wenn ich glücklich oder erfolgreich war, wurde diese Stimmung schnell zerstört, indem sie mich auf den Boden der Tatsachen zurückbrachte. Es gelang ihr mit spitzen Bemerkungen, untermalt von Beleidigungen oder durch vermeintliche Schandtaten aus der Vergangenheit, die sie hervorkramte und die mit der jetzigen Situation nicht das Geringste zu tun hatten.

Rosenmontag 1987 wurde Bielefeld von einem heftigen Eisregen heimgesucht. Bäume bogen sich mit ihren langen Eiszapfen bis tief auf den Boden herunter und Papa konnte nicht auf Montage fahren, da die Fahrzeuge dick vereist und Straßen nicht befahrbar waren. In der Schule wurde dennoch Karneval gefeiert und alle Kinder schlitterten zur Schule. Ich freute mich immer, wenn Papa zu Hause war. Dann war Mutter beschäftigt und ich war ihr egal, solange ich mich unauffällig verhielt. Es war ein schöner Tag, denn die Welt da draußen stand still, im TV lief das Karnevalsprogramm, auf dem Tisch standen mit Marmelade gefüllte, gezuckerte Berliner und alles verlief ruhig.

Irgendwann im Frühjahr 1988 buchten Anne und meine Mutter eine Butterfahrt. Es sollte früh morgens losgehen und erst für den Abend war die Rückkehr geplant. Ich sollte nach der Schule zu Franz gehen. Als ich das hörte, geriet ich in Panik und bettelte regelrecht darum, zu unserer Nachbarin gehen zu dürfen, aber ich hatte keine Chance. Am Ende musste ich einfach darauf hoffen, dass Annes Sohn ebenfalls in der Wohnung sein würde. Mit ihm würde ich sicher sein, denn Franz würde unter diesen Umständen nicht wagen, mich anzufassen.

Der Tag kam und ich konnte mich den ganzen Vormittag nicht auf die Schule konzentrieren. Dann wurde es Mittag und damit nahte der Zeitpunkt, zu ich Franz schutzlos ausgeliefert war. Die Wohnung war etwas geschmacklos eingerichtet und befand sich im vierten und letzten Stock eines Mehrfamilienhauses. Überall Gold, Spitzengardinen, eine derbe altmodische Sofagarnitur und jede Menge Nippes rundeten das Bild ab.

Es begann harmlos und ich bekam eine Suppe, welche ich bei einem Kinderfilm auf dem Sofa vom klassischen Fliesentisch mit Häkeldeckchen und goldfarbener Blumenvase gefüllt mit pinkfarbenen Kunstblumen zu mir nahm. Annes Sohn war nicht dort. Als ich meine Hausaufgaben begann, legte Franz einen Pornofilm in den Videorekorder, den er schamlos vor meinen Augen abspielte.

Ich wusste nicht mehr, wohin ich schauen sollte, drehte mich immer wieder weg und versuchte den Fokus einfach auf meine Hausaufgaben zu richten. So etwas hatte ich noch nie gesehen und es widerte mich an. Franz zog sich aus und ging direkt gegenüber vom

Wohnzimmer ins Bad und duschte bei offener Tür. Ich sollte ihm dabei zuschauen.

Warum ich nicht einfach gegangen bin, weiß ich bis heute nicht. Ich denke, ich hatte einfach zu viel Respekt vor meiner Mutter, die mich durchprügeln würde, weil ich einfach abgehauen wäre. Ich spielte sämtliche Szenarien in meinem Geist ab, aber das Ergebnis war immer dasselbe. Prügel.

Nach dem Film und der Dusche forderte er ich mich auf, mich ins Schlafzimmer zu legen, welches direkt am Wohnzimmer anschloss und verging sich an mir. Er vergewaltigte mich nicht, aber er sorgte auf andere Weise für seine Befriedigung.

Ich wollte nur noch nach Hause. Ich wollte dort weg und hatte Angst. Franz drohte mir, dass ich es niemandem sagen dürfe, sonst würde meine Mutter mich ins Internat stecken. Ja das war ein beliebtes Druckmittel meiner Mutter. Sie würde mich ins Internat stecken, wenn ich mit solch einer Lüge ankommen würde, das wusste ich genau und schwieg einmal mehr.

Urlaub in Bayern

Mein Leben war alles andere als schön, zu Hause wurde ich unentwegt geschlagen, und psychisch misshandelt. Ich wurde sexuell missbraucht und hatte keinen Menschen, der mir geholfen hätte. Obwohl viele

Nachbarn in unserem hellhörigen Haus lebten, wollte niemand meine Schreie hören, wenn ich mal wieder durch die Wohnung geprügelt wurde. In der Schule lief es auch nicht gut. Meine Noten gingen steil bergab. Manchmal versuchte ich, in der Nacht meine Hausaufgaben zu erledigen, weil ich tagsüber einfach keine Zeit dafür fand, beim Arbeitspensum, welches meine Mutter mir auferlegt hatte. Immer wieder hoffte ich, dass Oma und Opa kommen und mich da rausholen würden. Aber sie kamen nicht. Und auch die ständig wiederholte Behauptung meine Mutter, meine Großeltern würden mir jeden zweiten Tag vor der Schule auflauern, ist leider nicht so eingetreten.

Im Sommer 1988 planten meine Eltern, zusammen mit Franz, Anne und deren Sohn, einen Urlaub in Bayern. Es sollte nach Gotteszell in der Nähe von Passau gehen.

Früh morgens brachen wir auf. Nach einer achtstündigen Autofahrt erreichten wir unseren Urlaubsort und bezogen unsere Zimmer im Obergeschoss einer kleinen, alten Pension in einer ruhigen Straße. Ausgestattet war das Haus mit sehr alten Möbeln, Geweihen an den Wänden und es muffelte etwas. Wenn ich heute an diesen Urlaub denke, fallen mir nur Bauchschmerzen und Tränen ein. Mitten in unserer Urlaubswoche bekam ich völlig überraschend meine Periode und war hilflos, da ich keine Hygieneartikel mitgenommen hatte. Ich war zwölf Jahre alt und hatte mir einfach vorher keine Gedanken darüber gemacht. In meiner Not half ich mir mit WC-Papier, da ich dies nicht zum Thema machen wollte, was dann wieder für Tratsch und Gelächter mit Anne und Franz sorgen würde. Meine Unterhosen wusch ich, so gründlich es mir möglich war, mit Seife aus und hing sie zum Trocknen auf die Heizung unseres Schlafzimmers. Wenn wir am Abend von unserem Tagesausflug wiederkommen würden, könnte ich sie in die Wäschetüte stecken.

Zurück in der Pension, hörte ich meine Mutter im Obergeschoss toben und mein Name fiel. Wie immer in diesen Situationen, schlug mir das Herz bis zum Hals, denn ich wusste, was mich erwartete, als sie mich rief. Heute vergleiche ich diese Situationen gerne mit der Reaktion eines Kaninchens, wenn es sich erschreckt. Die Todesangst springt diesen kleinen Tierchen regelrecht aus den Augen, aber sie können sich vor lauter Angst nicht mehr rühren. Als ich oben angekommen war, zerrte sie mich an den Haaren ins Schlafzimmer, wo sie mich durch den ganzen Raum schleifte und prügelte. Sie schleuderte mich voller Wucht in die Ecke neben das Bett, wo ein kleiner Nachtschrank stand, dem die Beine wegbrachen. Zu diesem Zeitpunkt hatte ich keine Ahnung, warum sie das tat und was ich angestellt hatte. Sie prügelte weiter auf mein Gesicht ein, riss mir die Haare aus, bis ich zusammengerollt mit den Händen über dem Kopf am Boden lag und wimmerte.

Erst danach erfuhr ich, dass ich selbst schuld war, dass meine Mutter so ausrastete, weil ich meine Unterhosen auf die Heizung gehängt hatte. Auch die Anwesenheit der Besitzerin im Haus konnte sie nicht davon abhalten, mich sogar im Urlaub zu verprügeln. Ich war einfach nirgendwo mehr sicher. Annes besorgtes Hereinstürmen beendete mein Martyrium. Allerdings galt ihre Sorge nicht mir, sondern meiner Mutter, die sicher angezeigt würde von der Vermieterin. Danach musste ich brechen und bekam starke Kopfschmerzen. Mir ging es elend und ich konnte mich vor Schmerzen im ganzen Körper kaum bewegen. Meine Mutter erkannte meine Situation und mahnte mich, mit dem Theater aufzuhören, denn so schlimm sei es ja nicht gewesen und ich sei selbst schuld, weil ich sie permanent bis zur Weißglut reizen würde. Sie drückte mir 2 DM in die Hand und ich solle runter zur Vermieterin gehen und mir eine Limo holen. Für meine Mutter war die Sache damit vom Tisch und ich ersehnte die Heimfahrt herbei.

Drangsal

Zu Opa Albert und Oma Frieda hatten meine Eltern seit Monaten auch keinen Kontakt mehr, da meine Mutter für einen vollständigen Abbruch zu Papas kompletter Herkunftsfamilie gesorgt hatte. Sie bildete sich ein, dass ihre Schwiegermutter sie einfach nicht akzeptierte und so durfte auch mein Vater seine Familie nicht mehr sehen. Bei anderen Leuten erzählte sie, dass ich nicht als Papas Tochter akzeptiert worden wäre. Zugegeben - meine Großeltern hielten nicht sehr viel von meiner Mutter, denn sie hatten sie schnell durchschaut und sich einfach eine andere, passendere Frau für meinen Papa vorgestellt. Er war zu lieb für sie und ihrer schwierigen Persönlichkeit nicht gewachsen.

Einige Jahre später, hatte mein Papa sich mit seinen Eltern wieder angenähert. Auch wenn meine Mutter sich aus diesen Familientreffen immer herauswindete, um nicht dabei zu sein und ihrer Schwiegermutter nicht unter die Augen treten zu müssen. Daher kam Opa Albert uns manchmal für ein paar Tage besuchen, um Zeit mit uns zu verbringen. Ich liebte Opa mit seinem schütteren Haar und den buschigen Augenbrauen. Er verteilte allzu gerne 5 DM Stücke an meine Geschwister und mich oder ging über die Straße zum Bäcker und kaufte palettenweise Überraschungseier für uns. Oma beklagte sich immer über seinen Geiz - aber der galt nie den Kindern der Familie. Da war er spendabel und großzügig. Er spielte viel und gerne mit uns und wir alle genossen die Zeit mit ihm. Gerne ließ er sich von uns seine drei Deckhaare kämmen oder zückte verschmitzt seinen braunen Leder-Knobelbecher, um uns zu einem Würfelspielchen herauszufordern. Wir spielten immer um Geld und natürlich gewannen wir auch immer und unsere Taschen füllten sich.

Meine Mutter kassierte mein Geld regelmäßig ein, denn schließlich fehlte es mir an nichts und ich solle nicht heimlich in der Telefonzelle mit meinen Großeltern telefonieren oder mir Süßigkeiten beim Bäcker kaufen, weil ich viel zu dick war. Es sei alles nur zu meinem Besten, denn mich würde sie am allermeisten lieben, da sie so sehr um mich hatte kämpfen müssen in der Vergangenheit. Fotos aus dieser Zeit, zeigen mir ein normal gebautes, gut genährtes, aber keinesfalls dickes Kind. Regelmäßig bot Opa meiner Mutter die Stirn, wenn sie mich ungerecht behandelte, anschrie oder schlug. Eines Tages bekam ich ein Gespräch zwischen Papa und Opa mit, wo Opa ihm erklärte, dass er nicht mehr kommen werde, weil er es nicht ertrug, wie meine Mutter mich behandelte.

Zu Hause wurde der Ton mir gegenüber immer schärfer. Da ich in den Augen meiner Mutter immer aufsässiger wurde, versuchte sie, mich mit einer neuen Qualität der Strenge weiter unter Kontrolle zu halten. Schließlich sollten sich meine Geschwister nichts von meiner Art abschauen und am Ende ebenso wie ich werden. Eines Tages, als meine Mutter auf dem Sofa eingeschlafen war, ging ich in die Küche, um mir ein leckeres Glas Kakao zu machen. Als sie aufwachte und das leere Glas auf dem Tisch stehen sah, gab es Konsequenzen für mein Handeln, denn ich hatte vorher nicht gefragt und wurde in die Küche zitiert, wo ich mich an den Tisch setzen musste. Sie nahm die Kaffeedose aus dem Schrank und forderte mich auf, das Pulver zu essen. Ich weigerte mich unter Tränen und erhielt einen Schlag mit der flachen Hand ins Gesicht. Unter Würgen aß ich das Kaffeepulver. Löffel für Löffel quälte ich mir unter Tränen das braune, bittere und trockene Pulver den Hals herunter. Meine Mutter schaute zufrieden lächelnd zu, als ich zu würgen begann und drohte mir mit einer weiteren Ohrfeige, falls ich es wagen sollte, mich auf dem Tisch zu erbrechen. Mir war noch Stunden später elend, während ich in meinem Zimmer lag und ausharrte.

Ein anderes Mal waren es eine Handvoll Weingummis, die ich ohne Erlaubnis aus dem Schrank genommen hatte. Sie schleifte mich an den Haaren in mein Zimmer, schlug mir ins Gesicht und prügelte auf meinen Kopf ein, bis ich zwischen Kleiderschrank und Wand am Boden lag. Dann setzte sie sich auf mich und drückte mir mit beiden Händen den Hals zu. Meine Mutter war inzwischen erneut schwanger und wieder drohte sie mir, dass sie meinetwegen das Kind verlieren würde und ich solle gefälligst stillhalten.

Ich gab auf und hielt still, bis es dunkel um mich herum wurde. Ich wollte nicht mehr so leben und sie sollte mich endlich umbringen, damit es vorbei ist. Alles war besser als das hier. Doch es wurde wieder hell und ich sah meinen Vater, wie er sie von mir herunterzog. Aber es war noch nicht vorbei. Sie forderte ihn auf, mich an den Beinen hochzuhalten, damit sie weiter auf mich einprügeln konnte. Mein Vater tat alles was sie sagte und sein Wesen hatte sich in den letzten Jahren verändert. Aus einem lebensfrohen und liebevollen Papa war ein Mann geworden, der seiner Frau nichts mehr entgegenzusetzen hatte. Zu sehr schwächten ihn die regelmäßigen, monotonen und einseitigen, stundenlangen Gehirnwäschen meiner Mutter. Selbst geschlagen hatte er mich niemals, aber er hatte meine Prügel auch nie verhindert.

Völlig erschöpft wurde ich mit Schmerzen am Boden liegen gelassen. Ich hatte keine Tränen mehr.

Ein neuer Bruder

Die Nachricht vor einigen Monaten zum erneuten erwarteten Nachwuchs, hatte ich weniger erfreut hingenommen. Meine Mutter interessierte sich nicht einmal für ihre vorhandenen Kinder und wälzte alles auf mich ab, was irgendwie möglich war. Wollte ich zum Spielen raus, musste ich meine Geschwister mitnehmen. Sie waren viel jünger als ich und hatten komplett andere Interessen und so wollte mich keiner von meinen Freunden dabeihaben. Manchmal wurden wir auch stundenlang nach draußen geschickt, wenn zu Hause mal wieder dicke Luft zwischen meinen Eltern war. Standen Kinderarzttermine an, musste ich diese mit ihnen wahrnehmen. Im Haushalt wurde ich Vollzeit eingesetzt und selbst nachts, wurde ich aus dem Schlaf gerissen oder der Mülleimer wurde in meinem Bett ausgekippt, wenn ich vergessen hatte, ihn rauszubringen. Nun sollte noch ein Kind kommen und ich brach innerlich zusammen. Wie sollte ich das noch schaffen?

Viele Jahre später sollte ich von meinem Papa erfahren, dass sie versucht hatte, abzutreiben, während er auf einem Außendiensttermin in Hannover war. Ein jugoslawisches Rezept mit Rotwein, Kaffeesatz und anderen Zutaten sollte diese Schwangerschaft abbrechen.

Mein Bruder kam im Januar 1988 zur Welt und obwohl ich mich ganz und gar nicht auf seine Ankunft gefreut hatte, liebte ich ihn.

Lügen und Neid

Es war 1989, ich war 13 Jahre alt und ich besuchte die siebte Klasse einer Hauptschule. Inzwischen hatte ich einige Freundschaften auf der weiterführenden Schule geschlossen und meinen Freunden entgingen meine andauernde Traurigkeit und die blauen Flecken natürlich nicht. Immer wieder wollten sie mir helfen, aber ich traute mich inzwischen gar nichts mehr. Wann immer ich in den letzten Jahren versucht hatte, Hilfe zu bekommen, verdrehte meine Mutter die Tatsachen und ich stand am Ende als größte Lügnerin da, die sich mit ihrer blühenden Fantasie ausschließlich in den Mittelpunkt drängen wollte. Und jeder glaubte ihr, weil sie sich sehr gut verkaufen konnte und ihre Klagen über mich, über das schwierige und von den Großeltern verzogene Kind, glaubten. Stattdessen ließ sie sich selbst bemitleiden. Sogar unsere Kinderärztin konnte sie immer wieder davon überzeugen, dass sie eine aufopferungsvolle und besorgte Mutter war und ich ein unmögliches und ungeschicktes Kind, wenn ich mal wieder eine Gehirnerschütterung oder blaue Flecken hatte. Und inzwischen glaubte ich selbst daran, dass es einfach an mir selbst lag. Vielleicht war ich einfach zu gedankenlos oder ich hatte eine schwarze Seele.

Unsere Haare schnitt sie ausschließlich selbst und ich sah regelmäßig aus wie der letzte Depp. Wenn ich etwas wackelte und nicht ganz stillhielt, schlug sie mir mit Bürste oder Kamm fest auf den Kopf, bis ich in Tränen ausbrach. Noch heute habe ich Probleme mit Friseurbesuchen, weil es mir einfach unangenehm ist, wenn mir jemand die Haare kämmt und schneidet.

Wenn Papa nicht im Haus war, telefonierte meine Mutter immer wieder stundenlang mit mir unbekannten Leuten, denen sie alles bis ins kleinste Detail über mich erzählte. Sie hatte ein kleines geheimes Telefonbuch, in dem diese Nummern notiert waren und in der Wahlwiederholung wurden diese Gespräche direkt nach dem Auflegen gelöscht. Bis heute weiß ich nicht, was es damit auf sich hatte. Wenn ich sie fragte, antwortete sie nur, dass mich ihre Gespräche nichts angingen und was mir überhaupt einfallen würde, sie zu belauschen.

Den Kontakt zu Anne und Franz hatte sie inzwischen abgebrochen, denn Anne hatte sich mit meiner Oma angefreundet, was meiner Mutter ganz und gar nicht schmeckte. Als Reaktion auf diesen Freundschaftsverrat fuhr Mutter eines Tages mit dem Auto auf den Bürgersteig, als sie Anne dort entdeckte, um sie zu überfahren. Nur Annes schnelle Reaktion und ein Sprung zur Seite verhinderte Schlimmeres.

Zwei Etagen über uns lebte eine Familie mit vier Kindern, die alle etwa im selben Alter waren wie wir. Das war praktisch, denn so hatte jeder von uns einen Spielkameraden im selben Alter. Michaela, die jüngere Tochter der Familie, und ich spielten viel miteinander. Meist war ich oben und meine Mutter saß mit Michaelas Mutter zusammen in der Küche, um Kaffee zu trinken und sich über ihr schlechtes Leben oder ihre verkommene Tochter zu beklagen. Dabei verdrehte sie wie gewohnt die Tatsachen. Das tat sie immer und es war inzwischen normal geworden, dass sie niemals die Wahrheit sagte. Zu gern wäre ich ihr so manches Mal ins Wort gefallen, um ihre Aussagen zu korrigieren. Aber das wagte ich nicht.

Michaela hatte so schöne Spielsachen und einfach alles von Barbie. Wir konnten uns ganze Nachmittage mit dem Aufbau und dem Nachspielen einer perfekten Welt beschäftigen. Bei unseren Nachbarn roch es immer nach frischer Wäsche, die auf irgendwelchen Ständern in der Wohnung verteilt waren, und nach Urin. Michaela hatte nachts noch immer Probleme mit der Blase und im Kinderzimmer war dies auch deutlich zu riechen. Die Einrichtung war mit unserer fast identisch. Wann immer sich oben etwas Neues angeschafft wurde, hat meine Mutter nicht lange gezögert und musste es auch haben. Ihr Neid auf andere Menschen war grenzenlos.

Meine Mutter liebte Karussellfahrten und es zog sie auf jede Kirmes in die wildesten Fahrgeschäfte. Ich mochte das nicht, hatte Angst und es war mir zu laut und wild. Sie hatte einen Heidenspaß daran, mich zu diesen

Fahrten zu zwingen und es war ihr die größte Freude, mich damit zu quälen. Ich krallte mich fest, wo ich nur konnte und sagte trotz Todesangst keinen Mucks, wenn ich mal wieder über Kopf ging oder das Karussell oben stehen blieb. Meine Mutter lachte mich aus und freute sich. Nach diesen Besuchen war ich immer fix und fertig, mir war übel und ich hatte Kopfschmerzen. Meine Mutter jedoch war bestens gelaunt.

Dann gab es plötzlich einen Hoffnungsschimmer. Die Schwester meine Mutter zog ins Nachbarhaus und hatte schnell erkannt, wie mir mitgespielt wurde. Immer wieder musste ich ihr blaue Flecken zeigen und sie sorgte sich sehr um mich. Damals war ich so froh, Unterstützung zu erhalten und sie war der Anker, an den ich mich klammerte. Endlich würde mir geholfen und ich müsste das bald alles nicht mehr mitmachen. Ich wusste, dass sie im Gegensatz zu allen anderen, keine Angst vor meiner Mutter hatte und ihr die Stirn bieten würde.

Mafiamethoden und Hoffnung

Meine Tante nahm Kontakt zur Schule und zu Ämtern auf. Es fanden Gespräche mit dem Jugendamt in der Schule statt. Am Tag vor dem Termin zitierte meine Mutter mich ins Wohnzimmer, wo ich mich auf den Fußboden setzen musste. Vor mir stand ein kleiner Kassettenrekorder. Sie erklärte mir, dass böse Menschen

Lügen erzählt hätten und ich doch wüsste, dass ich es sehr gut zu Hause habe. Ich nickte, weil ich gelernt hatte, dass dies einfach der bessere Weg ist. Sie erklärte mir, dass sicher meine Oma und meine Tante dahinterstecken würden, denn sie hatten es ja nie gut mit ihr gemeint und Lügen über sie erzählt. Niemand würde uns auseinanderbringen, unsere Liebe wäre stärker und wenn wir zusammenhielten, könne uns niemand etwas anhaben. Nun würde sie mit mir mögliche Fragen des Jugendamtes durchgehen und meine Antworten dazu mit dem Kassettenrekorder aufnehmen. So könnten wir das alles üben und dann würde das schon gut gehen.

Ich spielte mit. Wenn ich diese Sache jetzt gut meistern würde, dann wäre meine Loyalität und Liebe zu ihr endgültig bewiesen und ich hätte die Familie vor großem Schaden bewahrt. Und ganz bestimmt, so hoffte ich, würde dann alles viel besser werden.

Es verging Stunde um Stunde, in denen die Kassette immer wieder zurück gespult und das Gesagte angehört wurde. Bei Abweichungen zu meiner vorherigen Antwort gab es wieder Konsequenzen. Dazu hatte sich meine Mutter überlegt, dass es lehrreich wäre, mich Kniebeugen machen zu lassen. So musste ich nach jedem Fehler, mit ausgestreckten Armen, auf denen gefüllte Wärmflaschen lagen, Kniebeugen machen. Zu Anfang waren es nur fünf, doch es steigerte sich bis tief in die Nacht, bis es über 100 Kniebeugen waren, unter denen ich zitternd zusammenbrach.

Am nächsten Tag ging es also zum Jugendamt und ich schwieg. Ich beantwortete keine Frage und erzählte nichts. Als meine Eltern herausgeschickt wurden, beantwortete ich die Fragen des Mitarbeiters ausschließlich mit Kopfschütteln oder Nicken, weil ich befürchtete, dass meine Mutter an der Tür lauschen würde.

Meine täglichen Gebete zu Gott, mich sterben zu lassen, krank zu machen oder mich dort rauszuholen, wurden erhört. Wenige Tage später schaute ich mir mit meinen Eltern und Mitarbeitern des Jugendamtes eine Einrichtung in Bielefeld an. Es ging sehr wild dort zu und das verschreckte mich. Lieber wollte ich mir noch ein weiteres Kinderheim anschauen. Der Termin war nur zwei Tage später. Es war eine weite Autofahrt, wir waren rund 90 Minuten unterwegs, bis wir Sulingen erreichten. Eine wunderschöne, alte Villa mit großem, halbrundem Balkon an der Fassade, endete am Ende einer langen Auffahrt, die vorbeiführte an einer Pferdekoppel und alten Apfelbäumen. Nach einer Besichtigung des Hauses war ich mir sicher, dass dies der richtige Ort für mich war.

Kindheit

Ende Juni 1989 bezog ich im Kinderheim Sulingen mein eigenes Zimmer. Es war sehr ländlich hier und das gefiel mir gut.

Es dauerte nicht lange, bis ich mich eingewöhnt und mit meinen Mitbewohnern angefreundet hatte. Ich war es inzwischen gewohnt, mich immer wieder auf neue Situationen einzustellen und auch mein Heimweh hatte sich schnell gelegt. Ja, ich hatte zunächst Heimweh und vermisste meine Freunde und tatsächlich auch meine Familie.

Das Haus, in dem ich nun lebte, war geordnet und es gab jede Menge Regeln für ein harmonisches und funktionierendes Miteinander. Die schwere, quietschende Eingangstür aus dunkler Eiche hatte ein kleines mit Eisen vergittertes Fenster in der Mitte und einen dicken Türgriff. Man trat in einen Vorflur, der mit wunderschönen, alten, gemusterten Fliesen ausgelegt war. Darauf folgte ein langer Flur nach links und ein weiterer geradeaus, von dem der große Speiseraum, ein kleines Fernsehzimmer, die Großküche und das Teamzimmer der Erzieher abgingen. Man ging geradewegs auf eine Treppe zu, die in die obere Etage führte, wo sich die meisten Kinderzimmer befanden. Mein Zimmer bestand eigentlich aus zwei Zimmern, die durch eine Tür getrennt waren, und lag nach vorne heraus. Neben dem Haus befand sich ein Friedhof und es war sehr gruselig, am Abend aus dem Fenster zu schauen und kleine rote, flackernde Grabkerzen zu sehen. Es waren Sommerferien, als ich dort einzog und so hatte ich erstmal Zeit, mich mit dem Ort vertraut zu machen. Kai, groß, blond und blauäugig und sicher auch der Playboy des Hauses, nahm sich meiner an und zeigte mir alles in der Stadt. Es regnete wie aus Eimern, aber das störte uns nicht. Ich war auf der Stelle verliebt und himmelte ihn an. Leider war mir zu diesem Zeitpunkt noch nicht klar, dass er momentan mit Anja liiert war. Als ich dies erfuhr, legte ich Kai auf Eis.

Aber das „Eis" hielt nur bis zu dem Tag, einige Wochen später, an dem ich mit ihm ins Freibad ging. Wir waren fast alleine dort und es dauerte nicht lang, bis wir auf der Wiese unter der Decke lagen, um zu knutschen.

Meine Zimmernachbarin Nazan wurde schnell zu meiner besten Freundin. Sie war mit ihren 1,58 m genau so klein wie ich und hatte lange, schwarze, lockige Haare. Eigentlich ist das untertrieben, denn sie hatte eine wahnsinnige, kaum zu bändigende Mähne. Sie hatte ein Muttermal im Gesicht, riesige, wunderschöne braune Knopfaugen und volle Lippen. Nazan lebte schon seit vielen Jahren zusammen mit ihrem älteren Bruder dort. Wie alle anderen auch, hatten sie ihre eigene Geschichte und Vergangenheiten mit all ihren Dämonen. Wir sprachen nicht so viel über das, was passiert war, und lebten das Leben so, wie es jetzt war. Die meisten Erzieher und Erzieherinnen waren sehr nett und man kam gut mit ihnen klar. Sie waren interessiert an jedem und taten alles, was nötig war, uns ein stabiles Umfeld zu bieten.

Meinen Start in der neuen Schule bezeichne ich als sehr gelungen. Dadurch, dass ich im Kinderheim lebte, genoss ich bei meinen Mitschülern ein gewisses Coolness-Privileg. Ich war sehr beliebt und meine Mitschüler versammelten sich bei jeder Gelegenheit um mich. Das gab mir einen gehörigen Selbstbewusstseins-Schub und ich konnte mich so geben, wie ich war, ohne Angst, irgendetwas falsch zu machen. Auf diese Weise hatte ich zunehmend auch Freundschaften außerhalb des Kinderheims, was bei meinen Mitbewohnern nur selten der Fall war. Meine Schulfreundin Marie lebte auf einem Bauernhof und ich besuchte sie häufig dort und genoss diese ländliche Idylle. Es war eine wunderschöne Zeit. Ich probierte mich aus, fühlte mich sicher und frei. Ich durfte ungehemmt einfach Kind sein und ich liebte es, unter anderem bei unserer Köchin Irma in der Küche zu sitzen, um mit ihr zu plaudern. Irma war älteren Semesters und schon irgendwie die Haus-Oma mit einem immer offenen Ohr.

Neben Nazan hatte ich einen Freund gefunden, der außerhalb des Heimes in seiner Familie lebte. Leonardo. Er hatte braune Locken, rehbraune Augen, war sehr sportlich und liebte Fußball. Meist trug er einen von diesen bunten Nylon-Trainingsanzügen, die in dieser Zeit das Nonplusultra waren. Seine Familie war zerrüttet und es war immer sehr unordentlich in dem abgelegenen, alten Haus. Dort lebte er mit seinem Stiefvater und dessen Tochter, Mutter und jüngerem Bruder. Die Möbel waren größtenteils kaputt, Schubladenblenden fehlten und die ganze Wohnung roch nach Zigarettenrauch, so, wie ich es von zu Hause kannte. Leonardo ging in meine Klasse und bei uns stimmte die Chemie. Wir unternahmen viel, ich stand bei seinen Spielen auf dem Fußballplatz feuerte ihn an und wir sprachen viel und lange über alles auf der Welt. Ich war nicht verliebt in ihn. Ich liebte ihn als Menschen und hätte ihn so gerne als Bruder gehabt. Er war mein allerbester Freund. Leonardo geriet ein paar Monate später, etwa im Sommer 1990, auf die schiefe Bahn und ich kam von heute auf morgen nicht mehr an ihn heran. Egal, was ich versuchte, um ihn wieder auf den Weg zu bringen - es gelang mir nicht. Stattdessen warnte er mich davor, mich weiter auf ihn einzulassen, da er fürchtete, schlechter Umgang für mich zu sein. „Lass die Finger davon und fang nicht damit an!"

Mein Zuhause fehlte mir unterdessen nicht. Kurze Telefonate reichten mir aus, denn meine Mutter drängte mich zunehmend, wieder nach Hause zu kommen. Doch das wollte ich nicht, denn ich hatte nichts vergessen und es ging mir gut, aber nach jedem Telefonat war ich down, wenn es wie immer mit Vorwürfen geendet hatte. Mein ganzes Taschengeld ging beinah ausschließlich für diese Telefonate drauf. Auf die Idee, mich auch einmal selbst anzurufen, kam sie nicht. Meine Gedanken drückte ich im Schreiben von Gedichten aus und hing sie an meine Zimmerwände. Sie handelten vom Verlassen werden, von Trennungen, Angst und Traurigkeit.

Weihnachten 1989 wurde ich nach Hause gebracht. Ich hasste diese Pflichtbesuche und sie machten mir Bauchschmerzen, denn es ging jedes Mal nahtlos so weiter, wie vor meinem Umzug ins Heim, außer, dass ich nicht mehr geschlagen wurde. Ich wurde wieder Vollzeit im Haushalt meiner Familie eingesetzt und als Babysitter benutzt, damit meine Eltern „auch mal Ruhe" hatten. Ich ersehnte meine Abfahrt zurück ins Heim.

Mir gab das alles immer wieder das Gefühl, dass sie sich noch immer im Recht sah und es keinen Grund ihrerseits gab, etwas zu ändern. Ich hatte mich anzupassen und ich war das Problem.

Meine Mutter hatte einen neuen dubiosen Freund gefunden. Während meiner Abwesenheit hatte sie in einer Partnervermittlungsagentur gearbeitet und dort den über zwei Meter großen, sächselnden Ingbert kennengelernt. Er ging inzwischen ein und aus und ich spürte deutlich, dass Papa das nicht gefiel. So war Ingbert also am Heiligen Abend auch dabei und alle machten gute Miene zum bösen Spiel, während Mutter gänzlich in ihrer Rolle aufging, während sie sich in Szene setzte und präsentierte. Es war eine merkwürdige Stimmung unter dem rot geschmückten, deckenhohen Weihnachtsbaum. Ich bekam in diesem Jahr eine kleine Stereoanlage mit Plattenspieler, Radio und einem Kassettenteil geschenkt. Ingbert attackierte mich schon den ganzen Abend verbal, weil ich so eine schlechte Tochter war, die ihrer Mutter das Leben so unsagbar schwer machte. Ich kannte ihn noch nicht einmal richtig, aber er glaubte mich schon sehr gut zu kennen. Einmal mehr hatte sie mich irgendwo schlecht gemacht und ihr wurde geglaubt. Sie gab ihm immerzu recht, stieg in seine Angriffe gegen mich ein und feuerte ihn an. Nach einer Weile begann ich zu weinen. Das Selbstbewusstsein, welches ich in den vergangenen Monaten aufgebaut hatte, war mit einem Schlag dahin.

Ich wollte sofort zurück ins Heim und forderte meine Mutter auf, mich abholen zu lassen. Noch in derselben

Nacht holte Insa, meine Vertrauenserzieherin mich ab und brachte mich zurück ins Kinderheim. Mit dabei hatte ich meine neue Stereoanlage, die ich fortan jedoch hasste, weil sie mir ein schlechtes Gewissen bereitete. Ich konnte mir vorstellen wie sie zu Hause über mich sprechen, weil ich Geschenke einkassiert hatte und dann zurück gefahren war. Nach diesem Besuch war erst einmal Funkstille und ich wollte von zu Hause nichts mehr wissen. Sie hatte nichts dazu gelernt und nutzte diese Zeit ohne mich kein Stückchen, um sich selbst zu hinterfragen oder irgendetwas zu ändern.

Meine Beziehung zu Insa war innig und vertrauensvoll und wir führten viele Gespräche über die Dinge, die in der Vergangenheit geschehen waren. In einem dieser Gespräche erzählte sie mir, dass es Studien darüber gäbe, die besagen, dass Kinder, die geschlagen würden, eines Tages ihre eigenen Kinder schlagen. Für mich war das völlig ausgeschlossen. Niemals würde ich meinen Kindern so etwas antun, denn ich wusste, dass ich ihre Seele dadurch zerstören würde, ganz abgesehen von den körperlichen Schmerzen.

Im Mai 1990 meldete sich meine Mutter mit der Nachricht, dass wir nach Süddeutschland ziehen werden, da mein Papa einen neuen Außendienstjob bekommen hatte, der sich auf den süddeutschen Raum verlagerte. Sie stellte mich frei in meiner Entscheidung, mitzukommen. Beim nächsten Wochenende zu Hause sollte dieser Umzug besprochen werden. Es stellte sich im Laufe einiger Gespräche unter Beisein des Jugendamtes und der Heimleitung heraus, dass meine

Entscheidung doch nicht so frei war, wie sie mir zu Anfang versichert hatte. Ich hatte mitzukommen, das stand fest. Im Laufe der nächsten Wochen sollte eine schrittweise Rückführung in meine Familie stattfinden und ab sofort stand jedes zweite Wochenende ein Familienbesuch auf dem Plan. Meine Mutter fuhr an einem dieser Wochenenden mit mir zu einem Züchter, wo ich mir aus heiterem Himmel einen Schäferhund-Welpen aussuchen durfte. Er würde mitkommen nach Süddeutschland. Sonntags nachmittags erzählte sie mir kurz vor meiner Rückreise ins Kinderheim, dass ich nun auch umgehend nach Hause kommen müsse, da der Hund sonst ins Tierheim käme. Meine Einwände, vor dem geplanten Umzug noch nach Bielefeld zu ziehen, interessierten sie nicht. Ich solle innerhalb von zwei Wochen alle notwendigen Stellen informieren und meinen Umzug zurück nach Bielefeld organisieren. Ich knickte ein und begann mich mit dem Gedanken zu befassen, dass sich sicher alles zum Guten wenden würde und es einen neuen Anfang für unsere Familie geben wird.

Zurück in der Hölle

Im Oktober 1991 verließ ich mein Zuhause im Kinderheim nach einer großen und sehr emotionalen Abschiedsparty, auf der all meine Freunde und auch Leonardo mit mir feierten, und zog mit Bauchschmerzen zurück in meine Familie nach Bielefeld, wo ich auch meine alte Klasse nach den Herbstferien wieder besuchen konnte.

Im Abschlussbericht meiner Zeit im Kinderheim sollte später stehen:

„Angela hatte am 10.10. ihre Abschiedsfete im Kinderheim und zog am 12.10.1990 zu ihren Eltern.

Dieser beschrittene Weg ist aus unserer Sicht sicherlich der problematischste. Wiederum wurde Angela durch einen Vertrag, der ihr diesmal nicht so klar war, dazu gezwungen, in die Familie zurückzukehren.

Nach Rücksprache und einem Hausbesuch seitens des Jugendamtes Bielefeld, wurde trotz erheblicher Bedenken, dem Umzug nichts entgegengesetzt.

In den Elterngesprächen ist deutlich geworden, dass zwar eine erhebliche Energie vorhanden ist, wieder als Familie leben zu wollen, aber auch, dass die doch erheblichen Störungen in der Kommunikation zwischen Eltern und Kind weiter Krisen vorprogrammieren. Nicht wirklich klar formulierte Abmachungen, welche auch emotional nur bedingt überschaubar sind, sowie das persönlich erlittene Schicksal von Frau X., werden wahrscheinlich auch in Zukunft Angelas Antrieb sich zu entwickeln, im Wege stehen.

Das bei Frau X. unter Anleitung aufgebaute teilweise „Vertrauen" in ihre Tochter wird vermutlich nach Beweisen suchen. Es bleibt nur zu hoffen, dass Angela diesem dann gewachsen sein wird.

Aus unserer Sicht wäre eine weitere Betreuung der Familie, z.B. durch einen Erziehungsbeistand, oder regelmäßige Gespräche in einer Beratungsstelle angebracht. Hierdurch könnte evtl. eine stabilisierende Wirkung erzielt werden und eine noch direktere und aufrichtigere Kommunikation erreicht werden."

Nicht einmal zwei Wochen später kam ich mittags aus der Schule nach Hause und freute mich wie jeden Tag auf unseren täglichen Gassigang, aber mein Hund war weg. Meine Mutter hatte ihn weiterverkauft und ich hatte mich nicht einmal von ihm verabschieden können. Ich fühlte mich in die Falle gelockt, aus der es nun keinen Ausweg mehr gab. Seinen Kauknochen durfte ich zur Erinnerung behalten und in meinem Zimmer aufhängen.

Papa war auf Montage, Ingbert ging bei uns ein und aus, steckte Liebesbriefchen in den Postkasten und ich war mir sicher, dass zwischen beiden mehr lief als nur eine Freundschaft.

Der Ton und die Art mir gegenüber zu Hause wurden unterdessen wieder rauer. Ich konnte meiner Mutter nichts mehr recht machen und wurde zunehmend in häusliche Pflichten eingebunden. Richtig machen konnte ich dennoch nichts. „Schäl mal Kartoffeln! Spiel mit Deinen Geschwistern! Mach den Trockner leer! Leg die Wäsche zusammen! Staubsauge! Putz das Bad! Koch Essen! Putz das Treppenhaus! Bring den Müll raus! Das waren meine täglichen Begleiter geworden. Ich war zurück in meiner Hölle gelandet.

Meine Mutter saß unterdessen im Nachthemd rauchend und Kaffee trinkend auf dem Sofa, beschäftigte sich mit der Spielekonsole meines Bruders oder schaute TV. Manchmal „hübschte" sie sich auch auf, wenn Ingbert kam oder sie sich irgendwo mit ihm traf. Es war schon sehr verdächtig. Mehrmals täglich lagen kleine Briefe im Postkasten mit Liebesbeteuerungen, Gedichten oder Rosenmalereien. Jahrzehnte später erfuhr ich von Papa, dass er die ganze Zeit wusste, dass da was lief, aber er sich nie getraut habe, etwas zu sagen. So hatte Papa ihr eines Tages nach seiner Montage eine Reizwäschegarnitur mitgebracht, um sie zu überraschen. Am Ende war er selbst überrascht, als sie die Dessous anzog und sich auf den Weg zu Ingbert machte.

Papa hatte seine neue Arbeitsstelle angetreten und war wochentags auf Montage. Daher sah meine Mutter endgültig keinen Grund mehr, unter der Woche aktiv Familie zu leben. Sie hielt den Schein nur noch an den Wochenenden aufrecht. Von einem Umzug nach Süddeutschland war längst keine Rede mehr. Freitags mittags erwachte sie aus ihrer Starre und begann mich herumzukommandieren. Schließlich musste alles perfekt sein, wenn Papa nach Hause kommt. Die Wohnung wurde auf den Kopf gestellt, sie kochte und brezelte sich auf.

Die angeratene Familientherapie oder ein Beratungsangebot wurde niemals in Anspruch genommen. Sie hatte kein Interesse, in dieser Hinsicht Zeit zu investieren und darüber hinaus machte sie ja sowieso alles richtig und alle anderen hatten nur keine Ahnung, was sie durchmachte mit mir.

Hin und wieder bekam ich die Möglichkeit, mit meiner Schulfreundin Julia zu spielen. Sie wohnte ganz am anderen Ende unseres Ortes und ihre Eltern hatten ein Busreise-Unternehmen. Sie lebten in einem riesigen Haus im Industriegebiet. Daran angeschlossen war eine große Halle, in der die Busse untergebracht waren. Julias Elternhaus war auch sehr streng, wenn auch anders als meines. Sie war das Nesthäkchen und ihre Geschwister alle bereits erwachsen. Trotz aller Strenge wuchs sie behütet und mit vielen Freiheiten auf. Neben der großen Halle standen die ausrangierten Reisebusse, in denen wir spielen durften. Den schönsten von allen richteten wir uns gemütlich her und verbrachten dort einen großen Teil unserer Freizeit. Oft wurde es mir nicht erlaubt, zu ihr zu gehen, darum genoss ich die Zeit dort sehr. Im Keller des Wohnhauses war ein großer Partykeller mit Kamin eingerichtet, in dem wir oft saßen, Musik hörten und uns unterhielten. Julia war schnell meine beste Freundin geworden, aber diese Freundschaft stand immer wieder auf der Kippe, wenn ich nicht raus durfte und sie sich mit anderen Schulfreundinnen die Zeit vertrieb. Ich war nicht so frei und flexibel wie meine Mitschüler, denn meine Freiheiten waren immer von den Launen meiner Mutter abhängig. Und diese änderten sich stündlich und waren nicht berechenbar. So verging kein Schultag, an dem ich nicht mit Bauchschmerzen nach Hause kam, weil ich nie wusste, was mich erwartete. Ein gedeckter Mittagstisch war es jedenfalls nie, aber dies war meine kleinste Sorge. Bestenfalls war ihr mein Heimkommen egal und schlimmstenfalls gab es direkt nach dem Eintreten eine Ohrfeige, weil ich am Tag zuvor irgendeine meiner Pflichten nicht erfüllt hatte oder sie sich irgendetwas zurecht fantasiert hatte.

In der Schule lief es ganz okay. Ich war ja nie ein Überflieger und schaffte es immer nur mit Mühe und Not ins nächste Schuljahr. Meine Noten in den künstlerischen Fächern waren ungebrochen sehr gut, aber es blieb, wie es begann: was mich nicht interessierte, wollte nicht in meinen Kopf. Das blieb immer konstant und hat sich nie geändert. Anscheinend war meine linke Gehirnhälfte komplett verkümmert. Einen Berufswunsch hatte ich nie und sah meine Zukunft eher immer als liebevolle Mutter und Ehefrau in einem Haus am Waldrand mit Jägerzaun; so wie ich es in zahlreichen Büchern der Pucki-Reihe gelesen hatte. Ich wollte alles anders machen und meine Kinder eines Tages anständig und liebevoll behandeln.

Grosse Liebe

Anfang 1991 hatte ich mich in einen Mitschüler aus der Klasse über mir verguckt. Christoph. Er war der beste Freund eines guten Freundes von mir und machte uns bekannt. Schnell hatte ich mich in seine braunen Augen und seine humorvolle Art verliebt. Er war mit seinen

1,80 deutlich größer als ich und sehr dünn. So recht kam ich nicht an ihn heran. Er hatte noch nie zuvor eine Freundin gehabt und eigentlich war er in die langhaarige, blonde Tatjana aus seiner Parallelklasse verliebt. Wir trafen uns einige Male mit Freunden und verbrachten Zeit miteinander. Irgendwann, so dachte ich, würde er schon erkennen, dass ich genau die Richtige für ihn war. Dann müsste er mich einfach lieben.

Im Frühjahr 1991 bekamen alle Schulen eine Einladung in die Stadthalle Bielefeld zu einer großen Anti-Drogen-Kampagne. Dort sollte eine große Disco für sämtliche Schulen stattfinden und viele prominente Künstler traten auf. Nachmittags sollten Busse an den Schulen starten, die uns gegen 23:00 wieder zurückbringen sollten.

Ich wusste, es würde schwer werden, meine Mutter dazu zu bringen, mich mitfahren zu lassen und ich legte mich mächtig ins Zeug. Ich wienerte die Wohnung und kroch geradezu vor ihr, damit ich dabei sein durfte. Sie willigte ein, aber unter der Bedingung, dass ich um 21.00 zu Hause sein sollte. Das war unmöglich und ich erklärte ihr, dass die Busse zurück zur Schule erst um 23:00 fuhren. Sie ließ sich auch nicht darauf ein, dass ich dann eben mit den öffentlichen Verkehrsmitteln nach Hause käme. Es war zum Verzweifeln und ich wusste, dass sie das extra machte; nur aus dem Grund heraus mich wieder quälen zu können. Ich willigte schließlich ein, um 21:00 zu Hause zu sein, auch wenn ich wusste, dass dies nicht so sein würde. Die Konsequenzen waren mir jetzt egal und ich fuhr mit mulmigem Bauchgefühl mit. Es war eine tolle Veranstaltung und alle meine Freunde waren dort. Und auch Christoph kam ich an diesem Tag näher und er küsste mich. Für einen Moment war ich glücklich und die Stimmung war gut - bis die Busse uns abholten.

Christoph begleitete mich noch bis nach Hause und ich erzählte ihm von meiner Mutter und dem bevorstehenden Donnerwetter. Wir konnten uns an diesem Abend kaum trennen, küssten und knutschten, bis ich gegen 00:00 Uhr endlich unsere Wohnung betrat. Christoph versprach, noch vor dem Haus zu warten, um zu lauschen, was passiert, damit er mir helfen kann, falls es Probleme gibt.

Meine Mutter lauerte bereits hinter der Tür und noch bevor diese geschlossen war, schlug sie mir voller Wucht ins Gesicht. Dieses Mal war mir jedoch klar, dass ich es provoziert hatte, und in diesem Moment empfand ich es als gerechtfertigt. Ich hatte es verdient und es hatte sich gelohnt. Ich war mit Christoph zusammen und konnte ihn sogar regelmäßig sehen, da wir ja dieselbe Schule besuchten. Wir waren schnell das Liebespaar der Schule und waren unzertrennlich. Meiner Mutter gefiel das nicht und sie lachte mich immer wieder aus. Auch Christoph würde eines Tages sehen, was ich für ein verlogenes Flittchen wäre und sich dann eine andere suchen. Sie konnte nicht verstehen, dass jemand wie er mich lieben könne.

Aber daran musste sie sich gewöhnen, denn wir liebten uns und daran konnte auch sie nichts ändern. Sie mochte ihn und so durfte er uns besuchen kommen und auch ich durfte hin und wieder zu ihm. Die Zeiten hatten sich geändert. Ich hatte Rückendeckung bekommen, denn auch seine Familie wusste irgendwann über meine eigensinnige Mutter Bescheid. Schnell begann sie, mich bei Christoph schlecht zu machen und erzählte ihm all ihre „Wahrheiten" über mich. Bei jeder Gelegenheit schüttelte sie eine neue gelogene Geschichte aus dem Ärmel. Sie hatte keinen Erfolg mit diesen Versuchen und schaffte es nicht, mir das kaputt zu machen. Christoph wusste ja längst Bescheid über sie und spielte dieses Spiel mit, um danach fassungslos den Kopf zu schütteln. Seine Familie war anders als meine. Auch er war das Nesthäkchen und hatte eine ältere Schwester. Er lebte mit seinen Eltern in einem kleinen Reihenhaus einige Straßen weiter und führte ein sehr behütetes und verwöhntes Leben. Seine Mutter, eine kleine grauhaarige Dame, arbeitete als Hilfe in verschiedenen Haushalten und sein Vater war selbstständiger Landschaftsgärtner, dem Christoph öfter auf Baustellen half. Sein Vater war ein liebenswerter, etwas pummeliger, älterer Mann mit lichtem, dunklem Haar. Meist trug er Arbeitskleidung und einen grauen Pullunder über seinem Oberhemd. Seine Mutter verwöhnte Christoph sehr und trug ihm alles nach. Er durfte und bekam alles und hatte sämtliche Freiheiten. Solch ein Leben hätte ich mir auch gewünscht.

Schock

Die Monate vergingen, bis ich im März 1992 auf einer Klassenfahrt nach Leipzig bemerkte, dass meine Periode ausblieb. Ich geriet in Panik und vertraute mich Julia an, die mir riet, erstmal zum Arzt zu fahren, bevor ich meiner Mutter davon erzählen sollte. Diese Idee fand ich auch gut, denn schon wieder Ärger konnte ich nicht gebrauchen. Nach der Klassenfahrt vereinbarte ich von der Telefonzelle in unserer Straße einen Termin beim Gynäkologen. Julia und Christoph begleiteten mich dorthin. Mir war übel und das Herz schlug mir bis zum Hals, als wir die Praxis mit Bus und Straßenbahn im Nachbarort erreichten. Nach einer Untersuchung stand es fest. Ich war schwanger. Ich war 15 Jahre alt und erwartete ein Baby. Das durfte alles nicht wahr sein. Meine Mutter würde mich endgültig umbringen und Christoph würde mich verlassen und das alles ohne einen Schulabschluss. Völlig verstört verließ ich die Praxis und wurde unten vor der Tür von Christoph und Julia erwartet. Geschockt stiegen wir wieder in die Bahn und fuhren zurück. Ich brauchte eine paar Tage, um zu verstehen und Mut zu fassen. Meine Mutter arbeitete zu dieser Zeit jeden Abend in einem gehobenen Fischlokal nahe der Innenstadt und verließ abends um 17:30 das Haus. Ich wählte den Zeitpunkt der Beichte auf 17:00, denn dann wäre sie erstmal weg und die größte Wut wäre verflogen, bis sie wieder nach Hause käme. Noch in der Nacht hielt sie mir eine Standpauke über verpfuschtes Leben und Hurerei. Ich solle mir überlegen, wie es weiter gehen soll, und alles meinem Vater erzählen. Papa reagierte überraschend gelassen und freute sich sogar ein wenig. Natürlich war der Zeitpunkt mehr als ungünstig, aber Papa liebte Kinder und meinte, wir würden das schon schaffen. Christoph hingegen flehte mich weinend, kniend an, das Kind abzutreiben und sein Leben nicht zu verpfuschen und drohte damit, mich zu verlassen. Ich vereinbarte einen Termin bei einer Beratungsstelle und daraufhin einen Termin zum Schwangerschaftsabbruch. Ich war bereits in der 9. Woche und konnte mir nicht mehr allzu lange Zeit dafür lassen. Der Termin für den Abbruch rückte näher und mit ihm wuchsen meine Zweifel daran, das Richtige zu tun. Am nächsten Tag war der Termin, aber es hatte mich sehr berührt, als ich bei der Voruntersuchung für den Abbruch gesehen hatte, wie das winzige Herzchen schlug. Es war ein kleines Menschenkind und kein Abfall, den man einfach wegwarf, weil er gerade unpassend kam. Am nächsten Morgen rief ich, ohne mit jemandem vorher zu sprechen, in der Klinik an und meldete mich ab. Ich würde dieses Kind bekommen und ihm all meine Liebe schenken. Ob mit oder ohne Christoph! Ich schaffte das schon und im Sommer würde ich ja schon meinen Abschluss machen.

Meine Entscheidung

Die Monate vergingen und wir alle gewöhnten uns an die neue Situation. Sogar Christoph war erstaunlich interessiert an der Entwicklung seines Kindes. Meine Mutter blühte geradezu auf in ihrer neuen Rolle als zukünftige Oma. Sie fuhr mit mir zur Caritas, wo man für wenig Geld die notwendige Grundausstattung bekam, besorgte einen Kinderwagen und alles, was man für ein kleines Baby brauchte und auch Christophs Familie gab richtig Gas. Diesem Kind würde es garantiert an nichts fehlen, es hätte die besten Voraussetzungen für einen guten Start in dieses Leben. Außerdem würde es das wichtigste Privileg dieser Welt genießen: Es würde geliebt werden.

Als am Nachmittag des 5.12.1992, einen Tag vor dem errechneten Entbindungstermin die Wehen einsetzten, verdonnerte mich meine Mutter, zunächst noch schnell den Bügelwäscheberg weg zu bügeln. Schließlich sei ich dann erstmal eine Weile nicht mehr dazu in der Lage.

Meine Eltern fuhren Christoph und mich ins Krankenhaus. Es ärgerte mich über alle Maßen, dass meine Mutter sich gegen meinen Willen mit in den Kreissaal drängte und der Hebamme ständig sagte, was sie zu tun hatte. Dauernd schaute sie mir zwischen die Beine und genoss es, wie ich mich dabei schämte. Meine Scham erfreute sie umso mehr, als sie mir noch sagen konnte, dass ich bei der Zeugung ja auch keine Probleme damit gehabt hätte, die Beine breit zu machen. Als die

Wehen zu stark wurden, blendete mein Körper die Schmerzen aus. Ich hatte in der Vergangenheit gelernt, wie ich Schmerzen ausblenden kann, wenn es nicht mehr auszuhalten war. Es kam zum Geburtsstillstand, aber die Fruchtblase war bereits geplatzt und es gab kein Zurück mehr, weshalb mich die Hebamme an einen Wehen-Tropf anschloss. Am 6. Dezember 1992 kam Simon in den frühen Morgenstunden, nach fast 18 Stunden Wehen, gesund und munter zur Welt. Er war das schönste Kind dieser Welt, soviel war klar und ich würde ihn beschützen und behüten. Niemand würde ihm etwas antun und ich würde dafür sorgen, dass meine Mutter nicht zu viel Einfluss auf ihn hätte. Aus Scham gegenüber meiner Mutter hatte ich mich gegen das Stillen entschieden. Zu sehr hatte sie mich in den vergangenen Jahren sexualisiert und ich wollte auf keinen Fall, dass sie meine entblößte Brust sieht und vielleicht sogar noch anfasst, um mir zu „helfen". Wieder zu Hause lebte ich mit meinem Baby zusammen in meinem Kinderzimmer unserer 4-Zimmer-Wohnung. Meine drei Geschwister teilten sich ein Zimmer. Mutter nutzte jede Gelegenheit, mein Kind an sich zu reißen. Lag er auf meiner Brust, während ich mit ihm auf dem Sofa kuschelte, kam sie und nahm ihn sich runter, wenn sie Lust dazu hatte. Sie fragte nicht einmal und alles entwickelte sich in eine Richtung, die ich so niemals gewollt hatte. Schleichend machte sie mein Kind zu ihrem Eigentum. Sie kuschelte mit meinem Kind und ich sollte den Haushalt schmeißen und meine Geschwister versorgen. Dass ich seine Mutter war und es auch einen

Vater und dessen Familie gab, störte sie zunehmend. Nach der Geburt hatte sie bereits das Sorgerecht an sich gerissen, obwohl ich dies lieber beim Jugendamt gesehen hätte. Mit dem Sorgerecht erpresste sie mich zunehmend. Sie wollte entscheiden, ob Christoph sein Kind sehen und ob ich mit Simon seine Familie besuchen darf, da es ihr gutes Recht wäre. Diese Kämpfe führte ich bis zu den Sommerferien 1993.

Raus hier!

Christoph hatte mit seiner Schwester und seinem Vater einen Wohnwagen-Urlaub in den Niederlanden geplant und Simon und ich durften mitkommen. Da meine Eltern auch Urlaub geplant hatten und es ihnen ganz recht war, dass ich dann nicht allein in der Wohnung war, willigten sie ein. Meine Mutter warf mir vor, schon immer in ihren Sachen zu geschnüffelt zu haben, Wonach ich allerdings hätte suchen sollen, war mir zu dieser Zeit schleierhaft. Mir sollte es egal sein - ich durfte mit! Zwei Wochen Urlaub mit meiner kleinen Familie und ohne meine schreckliche Mutter. Christoph hatte vor kurzem seinen Führerschein gemacht und unser Leben erlangte eine neue Stufe der Freiheit. Es war eine schöne Zeit und wir nutzten den Urlaub für die weitere Planung unserer Zukunft. So beschlossen wir, dass Simon und ich nach den Ferien ins Haus seiner Eltern ziehen würden. Simon hatte dort sowieso schon sein eigenes Zimmer und auch meine Familie würde davon profitieren, wenn das Zimmer frei würde und meine drei Geschwister mehr Platz hätten. Wieder zurück, trugen wir unser Anliegen meiner Mutter vor. Obwohl wir das alles erst für kommenden Monat ins Auge gefasst hatten, schmiss sie Simon und mich auf der Stelle raus. Wenn ich gehen wollte, dann sofort! Dann müsste ich mich nicht noch zwei Wochen bei ihr durchschmarotzen und meine neue Familie könne für mich und mein Balg sorgen. Christophs Familie war schockiert. Ich wunderte mich nicht so sehr, denn ich kannte sie ja. Eigentlich lief es gut in meinen Augen, denn sie hatte wider Erwarten ihre Sorgerechtskarte nicht ausgespielt und ich hatte damit gerechnet, dass sie mir mein Kind wegnehmen würde. Mit diesem Ausgang konnte ich also gut leben.

Opa ist tot

Im August bekam meine Mutter Besuch von zwei Polizeibeamten. Sie teilten ihr mit, dass ihr Vater gestorben war und sie nicht erreichbar gewesen wäre. Mutter war Meisterin im Wechseln der Telefonnummer. Der Tod ihres Vaters interessierte sie nicht. Als ich davon erfuhr, war es ein Leichtes für mich, die Adresse in der Nähe von Paderborn herauszufinden und Christoph fuhr mich zu meiner Oma. Ich hatte sie lange nicht gesehen und war sehr aufgeregt. Oma erzählte mir, dass Opa kurz vor seinem Tod meinen Namen gerufen habe und ich zu spät sei. Am Tag zuvor war er seinem jahrzehntelangen Lungenleiden erlegen und qualvoll verstorben. In den vergangenen Jahren war er immer wieder in Kliniken, wo er künstlich ernährt wurde und eine Strahlentherapie erhalten hatte. Oma und mein inzwischen erwachsener, aber immer noch zu Hause lebender Onkel waren nun allein. Meine inzwischen in Süddeutschland lebende Tante war auch angereist, um meinem Opa die letzte Ehre zu erweisen. Mein lieber Opa. Wir hatten so viele Jahre verloren und zurück blieben nur Erinnerungen. Meine Tante versuchte mich davon zu überzeugen, ihn noch einmal anzuschauen, denn er war in der Kapelle aufgebahrt und würde sehr friedlich aussehen. Aber das konnte ich nicht. Ich hatte ihn so lange nicht gesehen und wollte ihn in Erinnerung behalten, wie er einmal war. Traurig fuhren wir zurück.

Aussen hui....

Christophs Eltern waren herzensgute Menschen und taten alles für uns. Es war ein geordneter Haushalt, in dem täglich mittags das Essen auf dem Tisch stand und sich sonntags die ganze Familie zu Braten und Klößen versammelte, die sein Vater schon am Abend vorher vorbereitet hatte. Herzensgut waren sie jedenfalls solange sie nüchtern waren. Unter Alkohol entwickelten sie sich in Monster, wurden aggressiv und prügelten sich auch so manches Mal. Eines Nachts hörte ich aus Simons Zimmer Geräusche durch das Babyfon und ging eine Etage tiefer, um nach ihm zu schauen. Christophs Vater hockte vor Simons Bett. Er war vernarrt in den kleinen Kerl und liebte ihn über alle Maßen. Simon stand immer für ihn an erster Stelle und er wollte genau wie ich, dass er ein gutes Leben haben würde. Er hatte ihn aufgeweckt und Simon stand im Schlafsack mit weit aufgerissenen braunen Knopfaugen vor ihm und hörte zu was er ihm vorlallte. Ich bat ihn, den Jungen bitte schlafen zu lassen, da ich froh sei, dass er endlich zur Ruhe gekommen war. Christophs Vater tobte und brüllte, dass er sich in seinem Haus gar nichts sagen und sich schon gar nicht abhören ließe. Simon begann zu weinen und ich hob ihn aus dem Bett, um ihn mit nach oben zu nehmen, als ich einen Schlag am Kopf spürte und zu Boden fiel. Obwohl ich Simon in meinem Arm hielt, schlug er weiter auf mich ein, während Christoph und seine Mutter danebenstanden und zuschauten. Ich stand auf und verließ weinend in Schlafsachen, mit meinem Kind auf dem Arm, das Haus. Es war eine große Genugtuung für meine Mutter, als ich mitten in der Nacht von Nachbarn aus der Straße bei ihr anrief, weil ich nicht mehr wusste, wohin ich sollte. Wo war ich nun wieder gelandet? Am nächsten Tag ging ich zurück und genau, wie ich es von meinem Zuhause gewohnt war, wurde auch hier alles so totgeschwiegen, dass man glaubte, es hätte nicht stattgefunden. Es gab keine Entschuldigung und keine Reue. Genau so war das auch, wenn Christophs Mutter sich regelmäßig im Keller hinter der Hausbar betrank, um mich im Anschluss als „dreckige Sau, wie meine Mutter" zu beschimpfen. Am nächsten Tag wurde weiter gemacht als wäre nichts geschehen. Christoph hatte inzwischen seine Ausbildung zum Landschaftsgärtner begonnen und ich unterstützte ihn beim Lernen, wo ich nur konnte. Seine größte, aber unbegründete Sorge war es immer, eine Enttäuschung für seinen Vater zu sein und er bemerkte dabei nicht, wie er zunehmend eine Enttäuschung für mich wurde. So nutzte er jegliche Gelegenheit dazu, mit anderen Frauen zu flirten oder sich mit ihnen zu treffen. Auch der freitägliche Stammtisch im naheliegenden Lokal wurde zunehmend ohne mich begangen. Ich hatte zu Hause bei unserem Kind zu bleiben und er wollte sich amüsieren. Manchmal sprach ich mit Christophs Schwester über die Situation im Haus und sie wusste, wovon ich sprach. Gerne nahm sie Simon dann zu Spaziergängen oder machte Ausflüge mit ihrer besten Freundin und dessen Sohn Tom, der ungefähr in Simons Alter war. Simon hingegen wuchs und gedieh, lernte laufen und sprechen. Ich werde niemals vergessen, wie er zum ersten Mal im Haus von Christophs Eltern, den kleinen Flur entlanglief. Mit seinen großen braunen Bommelaugen und zwei schneeweißen, nagelneuen Zähnchen. Schritt für Schritt, wackelig, in seinem gelben Jogginganzug, mit Moltontuch um den Hals, weil er wieder zahnte. Danach plumpste er stolz auf seinen Windelpo und freute sich, bevor er es ein weiteres Mal versuchte. Simon war ein liebes und ausgeglichenes Kind, welches nur wenige Ansprüche stellte. Er war zufrieden, wenn er spielen oder kuscheln konnte, weinte nicht viel und hatte stets ein sonniges Gemüt. Sein sich immer mehr herauskristallisierendes Sprechproblem formte sich zunehmend zu einem Stottern und ich machte mir große Vorwürfe, dass es an mir lag, denn es hatte ja diesen Geburtsstillstand gegeben, in dem ich die Schmerzen ausgeschaltet hatte. War dieser etwa dafür verantwortlich? Unsere Kinderärztin sah es zu diesem Zeitpunkt noch nicht als bedenklich an und wir sollten erst einmal abwarten. Auch, dass Simon hin und wieder ohnmächtig wurde, sah sie nicht als ernstes Problem an, ordnete aber weitere Tests an. Es folgten etliche Untersuchungen ohne jegliche Befunde bei Neurologen und in der Kinderklinik und so bekam Simon ab sofort Kreislauftropfen, die weitere Ohnmachten verhindern sollten. Sie sagte, es läge am Wachstum und manche Kinder hätten einfach derartige Probleme. Nach diesen Terminen war ich erst einmal beruhigt.

Jedes Jahr kurz vor Totensonntag fuhren Christoph und sein Vater mit ihrem Bulli und Anhänger in den Osten Deutschlands, um saftiges Tannengrün zu erwerben und an Gärtnereien zu verkaufen. Außerdem war dies ein willkommener Anlass, Familienbesuche bei Onkel und Tanten rund um Berlin abzustatten. Simon und ich begleiteten sie und er schlief in seinem Kindersitz, nachdem wir uns am Abend auf den Weg gemacht hatten. Als der Verkehr ein paar Stunden später stockte und wir plötzlich in einem Stau gerieten, kühlte das Auto recht schnell aus und ich packte Simon in seinen Schlafsack, bevor ich ihn zusätzlich in Decken wickelte. Es war eisig kalt und der Verkehr bewegte sich keinen Zentimeter weiter, als wir auf einer riesigen Stahlbrücke ausharrten. Mit schlechtem Gewissen schob ich immer wieder eine Hand unter Simons Beine, um mir ein wenig Wärme zu mopsen. Sein Opa hatte sich zusätzlich an ihn gekuschelt, damit er nicht auskühlte. Immer wieder liefen Menschen dort umher und ließen die Brücke wackeln und vibrieren. Ich hatte Todesängste und befürchtete, dass sie dem dauerhaften Gewicht der LKW und Autos nicht standhalten und zusammenbrechen würde. Erst nach fünf Stunden löste sich der Verkehr endlich auf und wir konnten weiter rollen. Tief in der Nacht erreichten wir das sehr alte, ländlich gelegene Haus von Christophs Tante Helma. Sie hatten es in der Vergangenheit immer wieder als Knusperhäuschen bezeichnet und nun wusste ich, warum das so war. Es war zwar nicht mit Süßigkeiten bedeckt, wirkte aber durch sein Alter schon etwas zerfallen und ich wartete auf den Moment, in dem eine kleine knochige Hexe aus dem Fenster schaut, um uns, mit dem Zeigefinger wippend, hereinzulocken. Aber nein: Tante Helma war eine robuste, alte Dame und ihr Haus war alt, aber gemütlich und in typischer originaler Ostalgie eingerichtet. Sie führte uns direkt in unsere eisige Schlafstätte, in denen Betten mit dicken Feder-Oberbetten, bezogen mit steifer und kalter Damast-Bettwäsche, auf uns warteten. Es war so kalt, dass ich meinen Atem sehen konnte und die kleine einfachverglaste Fensterscheibe war überzogen von Eisblumen. Eine Heizung gab es hier nicht. Tante Helma heizte die gute Stube mit einem Kachelofen und war längst nicht so verwöhnt wie wir. Auch das Aufsuchen der Morgentoilette gestaltete sich eher schwierig, denn

Tante Helma besaß ausschließlich ein Außen-WC mit einem Herzchen in der Tür des kleinen Schuppens. Dieser kleine Kulturschock brachte mich geradewegs zurück ins achtzehnte Jahrhundert. Ich genoss die Zeit in und um Berlin. Es war aufregend für uns, eine solch große Stadt und ihr Umland zu entdecken.

1994 machte ich meinen Führerschein, wobei mich Christophs Vater erheblich finanziell unterstützte. Da war es wieder: Er war gutherzig und gab alles was er hatte - solange er nüchtern war. Unterdessen begann ich eine Ausbildung zur Zahnarzthelferin in einer kleinen Praxis in der Innenstadt. Eigentlich war es schön dort und ich wurde liebevoll in dem kleinen Team, bestehend aus einer weiteren Helferin und der Ärztin, aufgenommen. Die Mittagspausen verbrachte ich häufig bei Opa Albert und Oma Frieda, die nicht weit von dort entfernt wohnten. Dort genoss ich Opas und Omas liebevolle Fürsorge und ein leckeres Mittagessen.

Auf dem Sparbuch, welches meine Eltern in meiner Kindheit für mich angelegt hatten, lagen 3500 DM. Es hätte mehr sein können, aber sie hatten immer wieder Bargeld abgehoben, wenn es finanziell eng wurde. Ich war dennoch zufrieden und ging auf die Suche nach meinem ersten eigenen Auto. Zu diesen Zeiten war es noch problemlos möglich, gute gebrauchte Fahrzeuge bei renommierten Autohändlern zu finden. Schnell entdeckte ich beim VW-Händler unseres Ortes einen weißen VW-Polo mit Steilheck. Er war top gepflegt, der Kilometerstand lag bei 116.000 und er hatte neuen TÜV bekommen. Leider kostete er mit 4700 DM, deutlich mehr als ich zur Verfügung hatte. Also schaute ich, was ich von meinem Ausbildungsgehalt abknapsen konnte, handelte den Preis um 400 DM herunter und das fehlende Geld gab Christoph mir dazu.

Endlich hatte ich mein eigenes Auto und die Fahrten zu meiner Ausbildungsstelle würden ab sofort viel weniger Zeit in Anspruch nehmen. Mit dem Bus und der Straßenbahn war ich gute 45 Minuten unterwegs, denen noch einmal ein halbstündiger beschwerlicher Fußweg bergauf folgte.

Alles schien leichter zu werden, aber kurze Zeit später spannte sich die Situation wieder an. Christoph war von morgens bis abends bei der Arbeit und auch ich kam nie vor 19:00 nach Hause. Simon war durchgehend bei anderen Leuten untergebracht und sah seine Eltern kaum noch, was mir ein unsagbar schlechtes Gewissen verursachte. Immer wieder machte ich blau, um Zeit mit ihm zu verbringen und vor allem auch, um die Bindung zu ihm nicht zu verlieren. Irgendwann trieb ich es zu bunt und nach einem Jahr war mein Ausbildungsplatz Geschichte. Die Beziehung zu Christoph verschlechterte sich zunehmend. Mir schien, als ob er meine Mutter als Lehrmeisterin gesehen hatte, mich mies zu behandeln. So nahm er mir mein Essen vom Teller, lachte hämisch und sagte mir, dass ich sowieso zu dick sei und fand immer wieder Möglichkeiten, mich zu beleidigen.

Kurze Zeit später bekam ich für Simon einen Kindergartenplatz für Kinder ab zwei Jahre, ein paar Kilometer außerhalb unseres Ortes.

Direkt daneben war ein kleiner Spar-Markt, der zufällig eine Aushilfe zum Verräumen der Waren suchte und wo ich mich umgehend bewarb. So war es perfekt und ich konnte immer in Simons Nähe sein. Der Einstieg in den Kindergarten war sehr schwer für den kleinen Kerl. Er weinte ganze Vormittage und jede Trennung von ihm zerriss mir das Herz. Meine neue Arbeitsstelle war der Horror. Mein Chef war ein geborener Choleriker und terrorisierte das gesamte Team mit seinen Launen, verbalen Attacken und irren Aktionen. Eines Tages ging er zum zuvor von mir eingeräumten Regal mit den WC-Papier-Paketen, fuhr mit dem Arm herein und warf alles in den Gang. Ich sollte es gefälligst so einräumen, dass er ein Lineal daranhalten könne. Ich dachte gar nicht daran, schmiss meinen Kittel in die Ecke, bevor ich den Laden verließ. So ging niemand mehr mit mir um. Sollte er seinen Kram doch selbst wieder einräumen. An diesem Tag holte ich auch Simon früher aus dem Kindergarten ab und brachte ihn nie wieder dorthin. Ich wollte warten, bis er alt genug war für einen richtigen Kindergartenplatz war, wo er schon für einige Monate später angemeldet war. Diese neue Situation hatte uns beiden nicht gutgetan.

Ich genoss die Zeit mit ihm, wir gingen viel spazieren oder besuchten meine Mutter, zu der ich vor kurzem wieder Kontakt aufgenommen hatte. Sie war ungewöhnlich umgänglich, aber ich blieb dennoch weiter skeptisch. Trotzdem wollte ich, dass mein Kind ebenso zu ihr wie auch zu Christophs Familie Kontakt hatte. Christoph machte mir inzwischen immer öfter klar, dass er einfach keine Lust mehr auf mich hatte und mich auch sicherlich niemals heiraten, geschweige denn jemals aus seinem Elternhaus ausziehen würde. Er wollte sich austoben und ich hatte das hinzunehmen. Um sein Kind würde er sich dennoch kümmern, aber eben ohne mich. Verletzt, wütend und enttäuscht zog ich mit Simon aus. Vorübergehend ging ich zurück in meine alte Hölle, war aber fest entschlossen, mir eine eigene Wohnung zu suchen. In der Hoffnung, dass Christoph einen Sinneswandel durchmachen und uns zurückholen würde, wartete ich die nächsten Wochen ab. Ich liebte ihn noch immer und wir hatten doch Träume. Ich begriff lange nicht, dass Liebe von heute auf morgen einfach so erlöschen kann - erst recht nicht, wenn man doch ein gemeinsames Kind hatte. Aber ich fehlte ihm nicht.

Neue Freiheit

Fieberhaft, fast schon panisch bei dem Gedanken, wieder bei meiner Mutter festzuhängen, suchte ich eine Wohnung für Simon und mich und musste auf die Hilfe von Ämtern zurückgreifen. Meiner Mutter passte das mal wieder nicht, denn sie freute sich noch zu sehr über ihren Triumph, dass meine Beziehung zu Christoph nach fünf Jahren zerbrochen war und ich wieder angekrochen kam.

Auch ich fand schnell in meine neue Freiheit und dachte zunehmend an meine alten Sulinger Freunde, die ich so lange nicht gesehen hatte. Eines Wochenendes nahm ich mir frei von allen Verpflichtungen und fuhr zu Nazan, die inzwischen ebenfalls das Heim verlassen und eine kleine Erdgeschoss-Einliegerwohnung im Stadtkern bezogen hatte. Es roch nach verschimmelten Mandarinenschalen, Müll und Haarspray, als ich eintrat. So war sie halt. Chaotisch, durchgeknallt, oftmals stur wie ein Esel, aber liebenswert. Wir feierten das ganze Wochenende, besuchten die naheliegende Diskothek und schliefen nur so viel, wie es unbedingt notwendig war, um weiter feiern zu können. Diese Wochenenden wiederholten sich in den nächsten Monaten mehrfach und auch zu Marie hatte ich wieder Kontakt aufgenommen.

Marie zeigte mir Leonardos derzeitigen Wohnort und ich zögerte nicht, meinen alten Seelenfreund zu besuchen. Mit klopfendem Herzen stand ich vor seiner Tür und klingelte. Er öffnete und ich sprang ihm direkt in die Arme, nachdem ich das Glänzen in seinen Augen erkannt hatte, als er mich sah. Er war zitterig, ausgemergelt und abgemagert. Von der Sportlichkeit der vergangenen Zeit war nichts mehr zu sehen und es war deutlich zu erkennen, dass er noch immer auf Drogen war. Das Angebot von Werder Bremen auf dem Höhepunkt seiner Fußballzeit hatte er niemals angenommen und war stattdessen auf eine schiefe Bahn geraten, die er nie wieder verlassen sollte. Sein Anblick erschütterte mich zutiefst und ich konnte nicht glauben, was ich da sah. Ich spürte, dass ihm sein Zustand unangenehm war und kürzte diesen Besuch ab, um ihn in seiner Sicherheit zurückzulassen. Dieses Erlebnis hatte mich noch viele Jahre begleitet und ich fragte mich oft, wie es ihm ginge und was aus ihm geworden ist.

Simon blieb an diesen Wochenenden manchmal bei meiner Mutter oder bei Christoph, was dann bedeutete, dass er ihn an seine Schwester abschob, damit er losziehen konnte. Ich mochte seine Schwester und hielt dies für eine gute Idee, weil ich wusste, dass er dort gut aufgehoben und vor allem sicher war. Sie kümmerte sich gut um ihn und hatte selbst leider nie Kinder bekommen. Es hatte einfach nicht geklappt, obwohl sie sicher eine gute Mutter gewesen wäre. Während dieser Zeit wurde mir klar, dass ich so viel verpasst hatte und ich war noch so jung. Vielleicht war es ähnlich wie das, was Christoph durchgemacht hatte, aber insgeheim wartete ich immer noch auf ihn.

Bei einem unserer Diskobesuche lernte ich Mark aus Sulingen kennen. Er kam aus einem anständigen Elternhaus und war vom Typ das Gegenteil von Christoph. Eher etwas stämmig, dunkelblond und absolut Fußball-vernarrt. Wir kamen zusammen und auch dass ich ein Kind hatte, störte ihn nicht. Mit ihm hielt es nur einige Wochen, denn unsere Vorstellungen von einer Beziehung gingen weit auseinander. Außerdem wartete ich auch immer noch auf Christoph. Er musste sich nur austoben und würde dann erkennen, dass wir seine Familie sind.

Nazan plante inzwischen ihren Umzug nach Hameln, denn sie hatte einen Mann kennengelernt, mit dem sie streng nach seinen Regeln und seiner Religion zusammenziehen und eine Familie gründen wollte. Damit war Sulingen für mich erledigt, auch wenn ich diesen Ort bis heute in liebevoller Erinnerung behalten habe.

Einsam in die Eigenständigkeit

Im Frühjahr 1995 bezog ich meine erste eigene Wohnung im ersten Stock eines Neubaus, zehn Kilometer von meinem alten Wohnort entfernt. Es war Zeit, nach vorne zu schauen, ich wollte endlich mein Leben in den Griff bekommen. Die Wohnung lag weitab vom Schuss und in der Umgebung gab es weit und breit nichts außer weiteren Mehrfamilienhäusern und einer Telefonzelle. Die Wohnung war hell und geräumig. Wir hatten zwei Zimmer, eine Küche, ein Wannenbad und einen Abstellraum. Simon bekam sein eigenes Zimmer und ich wollte ein Kinderparadies für ihn schaffen. Alles sollte jetzt perfekt für ihn sein. Viele Möbel bekam ich von anderen Leuten. Sie waren gebraucht, aber völlig in Ordnung. Ich war nicht anspruchsvoll und nur wenige Dinge beantragte ich neu beim Amt. Simon bekam ein Hochbett mit Rutsche und einen wunderschönen Teppich mit Tabaluga-Motiven. Die Wand hinter dem Bett strich ich in Himmelblau und malte weiße Wolken darauf. Er sollte sich fühlen wie im Himmel. Im Wohnzimmer stellte ich ein weißes Schaumstoff-Schlafsofa für mich auf, denn für ein Bett war kein Platz.

Mir reichte das so und ich war zufrieden. Die Abende vertrieb ich mir mit TV oder mit Julias regelmäßigen Besuchen, an denen wir uns mit Wein und Pizza verköstigten. Ein bisschen komisch war es schon, vor allem in der Nacht, denn so allein hatte ich noch nie gelebt. Bisher waren immer einige Menschen in meiner Nähe gewesen oder ich hatte mit ihnen zusammengewohnt. Jetzt war es still; keine Geräusche von klapperndem Geschirr, WC-Spülungen oder murmelnde Gespräche im Nachbarraum. Manchmal holte ich Simon zu mir ins Bett, denn seine Schlafgeräusche beruhigten mich. Ich konnte mich schlecht an diese Stille gewöhnen und so kam es, dass ich immer wieder auch bei meiner Mutter übernachtete. Wenigstens hatte ich jetzt meinen Fluchtort und konnte jederzeit wieder dorthin zurück. Die Kohle war zudem ohnehin immer knapp und regelmäßig blieb mein Kühlschrank leer. So konnten wir bei meiner Mutter essen oder Simon aß bei Christophs Eltern. Das war alles Mist. Ich verbrachte zwar Zeit mit meinem Kind, aber wir hatten nicht einmal genügend Geld für ein halbwegs eigenständiges und anständiges Leben. Ab und zu unternahmen Christoph und ich als Eltern kleine Ausflüge mit Simon, um ihm so zu zeigen, dass wir immer noch zusammengehörten und er sich auf uns beide verlassen konnte.

Gerade zu diesem Zeitpunkt kam eine Einladung vom Arbeitsamt über ein Gespräch bezüglich meiner beruflichen Situation. Ein Job wäre jetzt perfekt, denn Simon bekam in Kürze seinen Ganztagsplatz im

Kindergarten, auf den er inzwischen auch richtig Lust hatte. Ich müsste nicht mehr ständig auf andere Leute zurückgreifen und könnte ganz in Ruhe Geld verdienen.

Man schlug mir vor, an einer Maßnahme teilnehmen und in einem Pflegeheim ganz in der Nähe des Kindergartens zu arbeiten. Das Blatt hatte sich gewendet und kurze Zeit später begann ich meinen neuen Job. Die Arbeit mit alten Menschen war genau das, was ich wollte. Es fühlte sich richtig an und meine Arbeit war sinnvoll und wichtig. Meine bisher größte Schwäche, mein zu weiches Herz, wurde nun zu meiner Stärke und ich kümmerte mich liebe- und respektvoll um die Senioren, die mir anvertraut waren. Ich lernte viel und auch das Team, in dem ich arbeitete, war großartig. Ich fühlte mich sehr wohl. Nebenbei verdiente ich sehr viel Geld und hatte keine Unterstützung von Ämtern mehr nötig. Ich verdiente 1900 DM im Monat. So viel Geld hatte ich noch nie. Und das bekam ich auch noch für eine Arbeit, die keine war, weil ich sie so gerne machte. Selbstbewusst wie niemals zuvor, ging ich in ein Autohaus, wo ich mir einen schwarzen Kleinwagen für 17.000 DM kaufte, den ich in Raten zu 350 DM monatlich abbezahlen wollte. Solch ein schönes Auto hatte ich noch nie besessen. Es klapperte nichts und alles darin funktionierte tadellos, auch wenn er keine besondere Ausstattung oder eine Klimaanlage hatte.

Die Sache hatte nur wieder einen Haken, denn durch die Schichtarbeit und den häufigen Wechsel von Spät- zu

Frühschicht, musste ich Simon immer öfter über Nacht bei Christoph lassen. Ich wusste ja vom Alkoholproblem seiner Eltern und was daraus entstehen kann. In guter Voraussicht hatte ich mir für den Notfall einen Ersatzschlüssel anfertigen lassen, denn irgendwann würde ihnen auffallen, dass der Haustürschlüssel noch in meinem Besitz war. Die Lösung, Simon bei seiner Schwester zu lassen, war mir immer sehr viel lieber.

Julia fragte mich, ob ich zur Urlaubsvertretung für einige Wochen Lust hätte, mit ihr zusammen Behindertenwerkstätten zu putzen. Ich stimmte die Zeiten mit meinem Dienstplan ab und verdiente uns noch etwas dazu. In den nächsten Wochen arbeitete ich beinahe rund um die Uhr und war nur zum Schlafen zu Hause. Als auf unserer Station im Pflegeheim ein Zivi begann, änderte sich mein Leben schnell. Ich kannte ihn noch aus Schulzeiten und begann, Zeit mit ihm in seiner Pflegeschüler-Wohnung des Pflegeheims zu verbringen. Er nahm allerlei Drogen, was ich verabscheute, aber ich ließ mich überreden, es auch einmal zu probieren. Es begann mit dem Kiffen von Haschisch und Gras. Dieses Gefühl der Leichtigkeit hatte ich noch nie erlebt. Ich wusste nicht, wann mir jemals etwas so egal gewesen wäre und genoss diesen inneren Frieden immer häufiger. Die Lösung war so einfach - ich musste entspannter werden. Dieses Leben mit seinen ganzen Umständen hatte mich immer nur gestresst und gefordert. Ich musste um alles kämpfen, vor allem um Liebe und Anerkennung. Jetzt war es mir egal. Es interessierte mich nicht mehr, ob ich geliebt würde oder wie meine Vergangenheit gewesen war. Ich war jetzt, in diesem Moment zufrieden und gelöst. Viel zu oft war ich missverstanden worden und ohnehin dachten alle permanent das Schlechteste über mich.

Schiffbruch

Es begannen Monate des Drogenkonsums. Dem Hasch folgten rote oder bunte Pillen mit lustigen Motiven, halluzinogene Pilze und letztlich Kokain. Es war ein auf und ab, ein Up und ein Down. Die Beschaffung dieser Dinge war einfach, denn ich war jetzt mit ihrer Quelle befreundet. Meine alten Freundschaften waren mit der Trennung von Christoph verpufft und es war neben Julia nur noch ein befreundetes Paar aus der Zeit übriggeblieben: Rainer und Katja. Rainer arbeitete als Mechaniker in der Werkstatt von Christophs Onkel und er kam, genau wie seine Frau aus dem Osten Deutschlands, irgendwann nach Bielefeld. Er machte seine Ausbildung in der Werkstatt und wir waren lange befreundet, bevor seine Frau dann eines Tages auch dazustieß. Beide kannten sich schon aus Schulzeiten und bei einem Heimatbesuch waren sie wieder zusammengekommen. Ich mochte Katja und wir freundeten uns ebenfalls an. Sie verfügte über sämtliche hausfraulichen Qualitäten, konnte gut kochen, nähen, bastelte viel und hatte zudem noch einen gut bezahlten Bürojob. Außerdem war auf beide immer Verlass, wenn man Hilfe benötigte, so halfen sie mir auch bei meinem

Umzug und bei der Renovierung meiner ersten Wohnung. Es waren im Grunde die perfekten Freunde; sie hatten sich aus meiner Trennung immer herausgehalten, auch wenn sie Christophs Verhalten ebenso wenig nachvollziehen konnten wie ich.

Mein Leben war inzwischen dominiert von Drogen und ihrer Beschaffung und auch mein Wesen veränderte sich stetig. Ich hatte jetzt neue Freunde und die alten vernachlässigte ich zunehmend, schon allein aus dem Grund, dass niemand meinen Drogenkonsum mitbekommen sollte. Simon sah ich zu dieser Zeit eher selten, denn trotz meiner Verfassung wusste ich immer, dass er im Moment bei mir gewiss nicht gut aufgehoben war und außerdem hatte ich ja auch noch meinen Job und die Schichtarbeit, was sich kaum noch mit meinem alten Leben vereinbaren ließ. Ein Anruf von Simon zerriss mir das Herz, als er mich regelrecht anbettelte, ihn abzuholen und ich nicht fahren konnte, da ich mal wieder dicht war. Neue Dämonen hatten sich in mein Leben geschlichen, ich verrohte mehr und mehr und der Sog riss mich täglich weiter herunter. Christoph kam hin und wieder bei mir vorbei, um sich ein Schäferstündchen zu gönnen, aber ging aus der Tür mit den Worten: „Drehst Du mir noch ein Kind an, bring ich Dich um!" Dieser Satz schmerzte mich ungemein, so dass diese Treffen für mich erledigt waren. So ließ ich mich nicht mehr von ihm behandeln. Auch wenn ich ihn noch immer liebte, musste ich mir nicht alles gefallen lassen. Es waren inzwischen fast zwei Jahre seit unserer Trennung vergangen und ich wartete immer noch.

Irgendwann müsste er ja merken, dass wir zusammengehören. Sein Verschleiß an Frauen war hingegen grenzenlos und es verging kein Monat, an dem er nicht eine neue große Liebe durch die Welt schleifte.

Hin und wieder besuchte mich Rainer, um mir seine Hilfe anzubieten. Meist öffnete ich ihm nicht die Tür, weil ich gerade Hasch geraucht hatte, aber manchmal bat ich ihn herein und wir quatschten. Meist ging es um Christoph und seine Eskapaden und was einen so beschäftigt. Nie im Leben hatte ich darüber nachgedacht, etwas mit Rainer anzufangen, denn es gab diesen Ehrenkodex, niemals den Mann einer Freundin anzufassen und außerdem waren wir ja schon lange gut befreundet. So etwas setzt man nicht aufs Spiel. Rainer machte sich immer wieder an mich heran und deprimiert von allem und verroht durch meinen Konsum wurde es mir egal und ich ließ mich auf ihn ein. Ich war Single und tat nichts Falsches. Zumindest redete ich mir dies bis zu dem Tag ein, als er mir erzählte, dass Katja schwanger sei. Es war ihr erstes Kind und ich wusste, sie würde sich wahnsinnig darauf freuen. Ich beendete diese Geschichte augenblicklich und bat ihn, unsere Affäre zu verschweigen und nicht mehr vorbeizukommen. Es hatte nichts zu bedeuten und ich wollte auch nicht, dass sie sich aufregt, wenn sie es erfahren würde. Das hatte sie alles nicht verdient und ich wollte sie auch nicht verlieren. Mir wurde klar, dass ich einen riesigen Bockmist verzapft hatte. Auch wenn dies alles nicht aus meinem Antrieb heraus geschehen war, gab ich mir die Schuld daran, denn dazu gehörten nun mal immer zwei. Bei jedem meiner folgenden Besuche bei ihr schämte ich mich in Grund und Boden, dass ich eine derart miese Freundin war. Sie durfte es niemals erfahren. Rainer stand immer wieder vor meiner Tür, doch ich öffnete ihm nur noch selten, und wenn, dann um mit ihm in der Küche zu stehen und kurz zu quatschen. Er versuchte es immer wieder, aber ich ließ mich nicht mehr auf ihn ein. Seine Frau war hochschwanger und er versuchte immer noch, woanders zu landen. Das widerte mich an.

Theatervorstellung

An einem Dienstag im Sommer 1998 bekam ich einen merkwürdigen Anruf meiner Mutter. Sie lallte und beteuerte mir ihre ewige Liebe. Dies an sich, war schon verstörend, denn wann hatte sie in der Vergangenheit solche Dinge gesagt? Hier war etwas faul. Zu diesem Zeitpunkt war ich mit Simon in unserer Wohnung. Inzwischen war er fünf Jahre alt und wir fuhren im Eiltempo zu meiner Mutter. Sie hatte mir einen Tag zuvor ihr Auto und ihre Haustürschlüssel überlassen. Dies hatte es zuvor selten gegeben. In der Wohnung angekommen, roch es frisch geputzt und nach Weichspüler vom laufenden Wäschetrockner. Meine Mutter lag mit Schaum im Mund neben dem Bett auf dem Fußboden. In ihrer Hand ein braunes Boullion-Glas, gefüllt mit einem weißen Brei aus Schlaftabletten und Wodka. Ich rannte zum Telefon im Flur, schaffte es jedoch nicht, den Rettungsdienst zu alarmieren. Immer wieder vertippte ich mich und die Leitung schien tot. Völlig panisch rannte ich zu den Nachbarn im Haus, die sich um alles kümmerten. Der alarmierte Notarzt ließ meine Mutter ins Krankenhaus bringen, wo sie einige Tage auf der Intensivstation verbrachte. Papa war zu dieser Zeit auf Montage in Korea. Dort war er in den vergangenen Jahren häufiger für mehrere Wochen oder Monate eingesetzt. In Korea hatte er eine andere Frau kennengelernt. Er hatte Mutter am Telefon mitgeteilt, dass er sich trennen wolle. In Gesprächen mit ihrem behandelnden Arzt wurde ich nach meiner Einschätzung bezüglich eines nochmaligen Suizidversuches gefragt. Ich wies dies zurück, denn ich wollte meiner Mutter eine Einweisung in die Psychiatrische Einrichtung ersparen. Zu Hause schaute ich, dass es weiterlief, kümmerte mich um meine Geschwister, brachte sie zur Schule, holte sie ab, kochte Essen und hielt die Wohnung mit ihnen sauber. Eine Wahl hatte ich nicht, denn man hätte sie sonst vorübergehend in Pflegefamilien untergebracht. Das konnte ich nicht zulassen.

Erst später wurde mir klar, dass sie alles genau so geplant hatte. Die Schlaftabletten hatte sie kurz vor meinem Eintreffen eingenommen und wollte mit der ganzen Aktion erreichen, dass Papa umgehend nach Hause kommt. Aber er kam nicht. Nach zwei Wochen wurde Mutter aus der Klinik entlassen. Wieder zu Hause schaute sie direkt nach, ob ich alles sauber gehalten hatte, kontrollierte die Toiletten und verhielt sich, als sei sie nur kurz im Urlaub gewesen. Ein Dankeschön war nicht drin. Vielmehr zählte sie mir auf, was ich alles falsch oder nicht gründlich genug gereinigt hatte.

Einige Wochen und viele Monologe später kam es zur großen Versöhnung mit meinem Vater. Es wurde mit kirchlicher Segnung und den Nachbarn gefeiert. Auf mich wirkte dies damals alles wie eine große Theatervorstellung, aber wie alle anderen spielte ich mit. Mutter wollte nicht, dass Papa weiter ins Ausland fährt, warf aber das viele Geld, welches er damit verdient hatte, mit beiden Händen zum Fenster heraus, kaufte teure Haushaltsgeräte, Autos und Kleidung. Bis heute weiß niemand, wo Zigtausende DM geblieben sind, die allein schon durch Spesen in die Haushaltskasse geflossen waren. Ich erinnere mich an Monate, in denen Papas Gehalt bei 20.000 DM und mehr gelegen hatte. Er selbst bekam von ihr nur ein knappes Budget zugeteilt, welches er am Ende auch noch vor ihr rechtfertigen musste. Wie erwartet, dauerte die neuerliche Versöhnung nicht lange an und an Weihnachten 1998 eskalierte die Lage erneut, nach bösen Beschimpfungen meiner Mutter und in den Weihnachtsbaum fliegenden Bierflaschen, weil Papa in Januar wieder nach Korea sollte. Meine Geschwister flüchteten schreiend und weinend ins Kinderzimmer und meine Mutter prügelte auf meinen Vater ein, während sie selbst hysterisch schrie, dass er sie geschlagen hätte. Sie versuchte, ihn zu provozieren, aber er schlug sie nicht. In meiner Verzweiflung holte ich die Nachbarin von oben, mit der meine Eltern ja gut befreundet waren, denn ich konnte mich nicht um die Kinder und meine Eltern gleichzeitig kümmern. Sie nahmen sie mit nach oben, damit die Situation sich entspannen konnte.

Wie geplant flog Papa im Januar wieder nach Korea, womit die Ehe meiner Eltern ein endgültiges Ende fand. Seit diesem Tag kam Papa nie wieder nach Hause. Mama ließ ihn nach seinem Rückflug am Flughafen ausrufen, wo ihm am Schalter mitgeteilt wurde, dass er nicht mehr nach Hause kommen dürfte und er sich einen anderen Schlafplatz suchen sollte. Seine Sachen könne er sich demnächst abholen.

Meine Mutter versuchte mich permanent auf ihre Seite zu ziehen, aber wenn mir eins klargeworden war, dann dies, dass ich wusste, wie sie war und wie sie auch ihm mitgespielt hatte. Sie hatte ihn permanent unterdrückt und kleingehalten, nicht zuletzt damit, dass sie ihm irgendwann sein Taschengeld eingeteilt und regelmäßig seine Taschen kontrolliert hatte. Später hatte sie dann behauptet, er hätte seine Familie mit 50 DM zurückgelassen. Ich versuchte mich herauszuhalten und ihre Beschimpfungen als „Judas" oder „Verräter-Schwein" waren da noch die harmloseren Titel.

Abhängige Liebe

Inzwischen war ich wegen Simons nahender Einschulung umgezogen. Unsere neue Wohnung lag in einer ersten Etage, sie war gemütlicher, hatte eine Einbauküche, aber leider nur ein kleines Kinderzimmer. Ich wollte, dass Simon mit seinen Kindergartenfreunden zusammenbleiben und mit ihnen die Schule besuchen konnte, denn ich kannte eben auch die andere Seite und wusste, wie man sich fühlte, wenn man plötzlich fremd war. Mein Job, Kindergarten und Schule waren ganz in der Nähe und auch meine Mutter wohnte nur einige Straßen weiter.

Der Bruder meines neuen Zivi-Freundes, Marc, kam derzeit gerade von seinem Wehrdienst aus Ahlen zurück und schon beim ersten Treffen verliebte ich mich in ihn. Da er noch keine richtige Bleibe hatte, zog er schnell bei mir ein und wir wurden ein Paar. Er war einfach gestrickt und hatte ein schlichtes Gemüt. Aber auch er war den Drogen, aber vor allem dem Alkohol, verfallen und so bestritten wir ab sofort unseren zweifelhaften Alltag, lebten jedoch immer nur von einem zum anderen Tag. Aufgrund meiner zunehmenden Unzuverlässigkeit fehlte ich immer wieder auf der Arbeit, so dass ich schließlich meinen Job verlor. Nun hatten wir beide keinen Job, denn Marc wollte in seinen erlernten Beruf als Maurer nicht wieder zurück und strebte eine Umschulung als Industriemechaniker an. Oft retteten wir uns mit dem Wegbringen von angesammeltem Leergut oder kratzten die letzten Pfennige aus irgendwelchen Sofaritzen oder Jackentaschen. Wenn er Alkohol getrunken hatte, wurde er regelmäßig aggressiv und beleidigend, weswegen ich ihn des Öfteren aus der Wohnung wies. Simon war nur noch selten bei mir, denn die eigentliche Hoffnung, endlich einen Partner an meiner Seite zu haben, der beständig und zuverlässig das Leben mit uns teilte, hatte sich wieder nicht erfüllt. Statt ihn zu verlassen, wurde ich aber immer abhängiger von ihm und wenigstens war ich nicht mehr einsam. So ging das drei Jahre lang, bis ich plötzlich unter der Drei-Monats-Spritze schwanger wurde. Ich wusste, dass Marc sicher kein Vater wie Christoph sein würde und ich hatte auch noch Simon, den ich mehr und mehr vernachlässigte. Und wer weiß, ob das Kind überhaupt gesund sein würde nach unserem Drogenmissbrauch. Ich wollte kein Kind - deshalb hatte ich ja auch verhütet. Nach einigen Tagen, die ich brauchte, um mich zu sammeln, stürmten Marc und sein Bruder in meine Wohnung und drängten mich in die Küche, wo sie auf mich einschlugen und mir in den Bauch traten. Ich schrie um Hilfe und eine alleinstehende Nachbarin aus dem Erdgeschoss eilte mir zur Hilfe. Die beiden flüchteten umgehend aus dem Haus und ich schleppte mich ins Krankenhaus, wo mir die Ärztin erleichtert mitteilte, dass das Kind noch leben würde. Ich wusste nicht, ob ich mich darüber freuen sollte. Bereits am nächsten Tag vereinbarte ich einen Termin bei einer Beratungsstelle, wo ich meinen Schein für den Abbruch bekam, welchen ich einige Tage später in einer Praxis durchführen ließ. Meine Mutter drängte mich, das Kind zu bekommen, denn es könne ja nichts dafür. Für mich war aber klar, dass ich kein Kind wollte, nicht jetzt, nicht unter diesen Umständen und schon gar nicht mit Marc! Mutter war beleidigt und hatte auch abgelehnt, mich dorthin zu fahren, so dass Julia diese Aufgabe übernahm und mich anschließend zurück zu meiner Mutter brachte. Als ich zurückkam, lag sie schlafend auf dem Sofa und sprach zu keinem Zeitpunkt mehr mit mir über dieses Ereignis. Dennoch gab es nie einen Moment in meinem Leben, in dem ich diese Entscheidung bereut hätte. Danach zeigte ich die beiden an und holte mir Hilfe bei einer Anwältin. Doch schon wenige Wochen später knickte ich ein und traf mich mit Marc, um das Geschehene zu besprechen. Anschließend zog er wieder bei mir ein. Warum das damals so lief, kann ich mir heute nicht mehr erklären, denn es wäre der allerbeste Zeitpunkt für einen Schlussstrich gewesen. Aber die Einsamkeit war schlimmer als alles, was passiert war. Meine Leidens- und Schmerzgrenze war inzwischen einfach auch wahnsinnig hoch. Kurze Zeit später holte die finanzierende Bank mein Auto ab, da ich seit drei Monaten meine Raten nicht mehr hatte bezahlen können. Ich war ganz unten angekommen, als ich versuchte, die Notbremse zu ziehen und mit Simon zu einer Kur ins Allgäu fuhr. Christoph brachte uns dorthin, um noch einen Abstecher bei einer neuen Flamme in Trier zu machen. Ich wollte dort wieder zu mir selbst finden; Angstzustände, forderten zunehmend mehr Raum in meinem Leben ein. Nach drei Wochen Therapien und Anwendungen fuhr ich mit Simon gestärkt zurück nach Hause, denn nun sollte alles besser werden, doch die nächste Panikattacke bekam ich schon direkt im Zug.

Der Kampf aus dem Sumpf

Simon kam in die Schule und ich musste mich gehörig zusammenreißen, dem ganzen Tamtam standzuhalten. Christophs und meine Familie gingen in den vergangenen Jahren getrennte Wege und solche Zusammenkünfte beider Familien zerrten an meinen Nerven, die ohnehin nicht mehr stabil waren. Nach seiner Einschulung zog ich wieder um, damit wir noch ein Stückchen näher an der Schule waren und Simon ein größeres Kinderzimmer bekommen konnte. Unsere neue Wohnung lag nun in direkter Nachbarschaft meiner Mutter und im Erdgeschoss eines kleinen Plattenbaus. Sie war nicht so hochwertig wie meine vorherige Wohnung, aber ich war wieder dort, wo ich herkam. Die Miete war deutlich günstiger und ich kannte die Nachbarschaft. Wieder baute ich ein Kinderparadies für Simon und Christophs Papa bezahlte den Schreibtisch für sein Kinderzimmer. Astronauten zierten seine Wände und in dieser Wohnung sollte nun endlich alles besser werden. Hier wäre ich stark genug, ihm endlich wieder eine gute Mutter zu sein und richtete diese Wohnung liebevoller ein als alle anderen zuvor. Meinen Traum, so zu leben wie meine geliebte Pucki aus den Büchern, hatte ich längst begraben. Das waren nur Geschichten und für mich war diese Art von Leben nicht vorgesehen. Immer wieder geriet ich an die falschen Typen, die mich entweder ausnutzten oder die für eine ernsthafte Zukunft nicht geeignet waren.

Ich musste mich wieder voll und ganz auf Simon und unser Leben konzentrieren und dies war auch mehr als notwendig, da sein Stotter-Problem sich noch immer nicht gelegt hatte und ihn zunehmend zum Mobbing-Opfer machte. Es verging kaum ein Tag, an dem er am Abend nicht im Bett gelegen und geweint hätte, weil ihn wieder irgendjemand geärgert oder ausgelacht hatte. Verzweifelt versuchte ich ihn täglich wiederaufzubauen und ihm meine Tricks zu vermitteln, denn ich wusste nur zu gut, wie es war, gemobbt zu werden. In diesen Gesprächen ging es auch immer wieder darum, dass er sich so sehr wünschte, dass Christoph und ich wieder zusammenkämen und er wieder eine richtige Familie hätte. Aber diesen Wunsch konnte ich ihm nicht erfüllen und es zerbrach mir immer wieder das Herz, da ich seinen Vater ja insgeheim immer noch so sehr liebte.

Nach einem erneuten Streit mit meiner Mutter über meine Loyalität ihr gegenüber war mal wieder Funkstille angesagt. Wenn man nicht auf ihrer Seite war, bedeutete dies eben, dass man gegen sie ist. Entweder - Oder! Ein Neutral gab es nicht. Dies war auch der Grund, weshalb sie meine kleine Schwester zu mir schickte, um ihren an mich verliehenen Staubsauger bei mir abzuholen. Statt selbst zu kommen, oder mir Bescheid zu sagen, schickte sie dieses verstörte Mädchen die Straße hoch, um das zu erledigen. Ich begleitete meine Schwester zurück und trug den Staubsauger zur Haustür meiner Mutter. Sie wechselte kaum ein Wort mit mir und mir war klar, dass meine Schwester nun diejenige ist, welche meine Last tragen musste und instrumentalisiert wurde. Aber ich hatte keinen Einfluss mehr, denn meine Mutter hatte mir jeglichen Kontakt zu meinen Geschwistern verboten. Ihn heimlich zu suchen, hatte ich nicht gewagt, denn ich wusste, dass es sie in Schwierigkeiten bringen würde.

Harte Drogen nahm ich inzwischen nach einem einschlägigen und angsteinflößenden Erlebnis unter LSD nicht mehr. Ich hatte eine Stunde um mein Leben gekämpft und ich glaube, viel hatte auch nicht gefehlt, als ich schwitzend und zitternd mit einer Herzfrequenz von 180 auf meinem Bett lag. Nur noch selten griff ich zu Haschisch oder Gras. Das war nicht meine Welt und machte alles noch viel schlimmer. Ich musste mein Leben wieder in den Griff bekommen und fand eine neue Arbeitsstelle in einem mobilen Pflegedienst.

Im November 2000 heiratete mein Papa seine koreanische Freundin und meine Mutter zog mit meinen beiden jüngsten Geschwistern nach Hannover, wo sie einen Mann kennengelernt hatte. Den Umzug hatte sie für ihren Geburtstag, dem 22.Dezember geplant. Der ältere meiner Brüder bezog eine Wohnung in Bielefeld.

Das Weihnachtsfest in diesem Jahr blieb bis heute das traurigste und einsamste in meinem Leben. Simon, der inzwischen wieder die meiste Zeit bei mir verbrachte, sollte Heiligabend bei Christoph sein. Marc war ebenfalls bei seinem Vater, um das Weihnachtsfest mit ihm zusammen kräftig zu begießen. Ich hatte einen Weihnachtsbaum aufgestellt, als es draußen zu schneien begann. Am Abend trank ich eine Flasche Wein und spazierte danach durch die Dunkelheit im Schnee. Mir liefen die Tränen, als ich an der leeren Wohnung meiner Mutter vorbeikam. Wie konnte sie mich so sehr ignorieren, mich am Ende schon wieder verlassen und auch noch meine Geschwister mitnehmen?

Meine neue Arbeit machte mir Spaß und ich versuchte weiter, mein Leben in den Griff zu bekommen, als ich entschied, noch einmal umzuziehen. Aus meiner alten Siedlung wollte ich weg, denn seit Mutter nicht mehr dort wohnte, fühlte es sich falsch an, dort zu leben. Der Pflegedienst war von heute auf morgen in Konkurs gegangen und ich war mal wieder auf Jobsuche.

Ich begann meine erste Therapie, denn mir war klar, dass alles, was in meinem Leben passiert war, Spuren hinterlassen hatte. Und so kämpfte ich zunehmen mit Panik- und Angstzuständen. Regelmäßig besuchte ich meine Gesprächstermine und hoffte auf einen schnellen Durchbruch. Der Therapeut war nett und es tat mir gut, dort über alles zu sprechen, was mich belastete.

Anfang 2002 sollte ich dann meine neue Arbeitsstelle in einem Pflegeheim nahe der Innenstadt antreten. Die Fahrzeit war noch okay und die Bezahlung war gut. Auch wenn es nur ein Jahresvertrag war, wäre mein Einkommen fürs erste wieder gesichert.

Die neue Wohnung lag in einer kleinen Durchfahrtsstraße mit wenig Verkehr im Erdgeschoss und war gut ausgestattet. Zum ersten Mal kaufte ich mir selbst eine Küche. Sie war gebraucht, aber wirklich hübsch in mintgrün und schwarz. In Simons Zimmer hatte ich wieder Gas gegeben. Dieses Mal waren es Rennwagen, die die Wände in seinem Zimmer zierten. Das Badezimmer war seit den Sechzigern mit rosa Keramik ausgestattet und ich hatte das Laminat im großen Wohnzimmer von der Vormieterin übernommen. Mit Marc lief es immer schlechter und ich ahnte, dass die Zeit mit ihm zu Ende ging. Ich verbot Drogenkonsum und saufen in meiner Wohnung. Wenn ihm das nicht passte, dann sollte er gehen. Inzwischen war er ohnehin unter der Woche nicht mehr da und hatte eine Umschulung in Hamm begonnen. Wenn er freitags nach Hause kam, hatte er bereits eine Fahne, wenn er aus dem Zug stieg, und ich verabscheute ihn mehr und mehr. Unter der Woche hatte ich mir die Abende und Nächte am PC vertrieben, den ich gebraucht für wenig Geld gekauft hatte. So konnte ich Kontakte zu anderen Menschen aufnehmen und musste nicht einmal das Haus verlassen. Unterhaltungen in Chats waren ideal für mich und eine großartige, neue Erfindung.

Ich ging meinem Job nach, kümmerte mich um Simon, der wegen der Schichtarbeit wieder hin und her switchen musste. Regelmäßig fuhr ich ihn zur Logopädie und zur Psychologin, die die Ursache seines Stotterns in seiner Psyche finden wollte. Ich persönlich sah das anders, denn er stotterte von Beginn an und nicht erst, seit mein Leben aus den Fugen geraten war. Dennoch wollte ich nichts unversucht lassen, um ihm zu helfen und Simon machten diese Termine Spaß, da spielerisch auf seine Probleme eingegangen wurde.

Im selben Jahr lernte der ältere meiner Brüder die koreanische Schwester von Papas Frau kennen, die zu Besuch in Deutschland war. Sie hatte einen neunjährigen Sohn und mein Bruder hatte sich Hals über Kopf in sie verliebt. Aufgrund der schwierigen Situation mit dem Visum, entschied er, sie direkt im November zu heiraten. Ich erfuhr erst Monate später davon und außer Papa war niemand sonst eingeladen. Er hatte heimlich still und leise geheiratet.

Sie war in Korea sehr gut situiert und mit dem Geld, welches sie mitbrachte, kauften sie schon bald eine Wohnung in einem Mehrfamilienblock in Papas Nähe.

Das Beste versuchen

Inzwischen hatte ich auch endlich meine Oma wiedergefunden, die nach einem Umzug nach Süddeutschland wieder in Bielefeld gestrandet war. Sie hatte in den vergangenen Jahren einen neuen Mann gefunden, den sie geheiratet hatte. Er war bis zu seinem sechzigsten Lebensjahr Junggeselle und Mitbesitzer eines großen Hofes mit Gestüt. Weniger erfreut war ich hingegen über die Tatsache, dass er der Onkel, des inzwischen verstorbenen Franz war. Allein das hatte mich angewidert. Mein Onkel hing noch immer an Omas Rockzipfel und hatte sich kein bisschen geändert. Im Gegenteil. Inzwischen war er noch herrschsüchtiger als früher und hatte seine große Liebe im Whisky gefunden.

Ich war dennoch froh, wieder ein bisschen Familie zu haben, denn Oma und mich verband ja eine gemeinsame, lebhafte Vergangenheit, über die wir viel sprachen.

Ich hatte mir einen Kombi gekauft, mit dem ich endlich einmal mit Simon in den Sommerferien zelten fahren wollte. Ich konnte ihm nie etwas bieten und war glücklich darüber, dass Christoph oder seine Schwester ihn hin und wieder mit in den Urlaub genommen hatten. Er war schon oft geflogen und hatte viele schöne Orte gesehen. Ich konnte so etwas nicht bezahlen, aber wir freuten uns auf unseren Zelt-Urlaub an der Nordsee, wo wir jede Menge Spaß haben und einen Drachen steigen lassen wollten. Mit dem gepackten Auto fuhren Simon, Marc und ich einfach los und landeten in Norden an der Nordsee auf einem Campingplatz direkt am Meer hinter dem Deich.

Wir versuchten, das Beste daraus zu machen, da das Wetter mies und kalt war. Nachdem es einen ganzen Tag und eine ganze Nacht geregnet hatte und wir im Auto schlafen mussten, brachen wir den Urlaub schweren Herzens ab. Alles war durchnässt und das Wetter sah keine Besserung vor. Mit dem Gefühl, Simon enttäuscht zu haben, fuhr ich uns nach Hause. Hätten wir noch abwarten sollen? Hätte ich mehr sparen müssen, damit es für ein Zimmer gereicht hätte? Ein einziges Mal fuhr ich mit meinem Kind in den Urlaub und er hatte danach nichts Schönes zu erzählen. Es war einfach unfair.

Der Urlaub endete und ich versuchte weiter mein Bestes, um ein stabiles Umfeld zu schaffen. Drogen nahm ich keine mehr, auch wenn ich immer ein kleines Stückchen Haschisch für alle Fälle in einem gelben Überraschungsei im Küchenschrank lagerte. Ich wollte das alles nicht mehr und musste mein Leben auf die Reihe bekommen. Simon hatte es mehr als verdient, dass ich in den Zeiten, in denen ich nicht arbeiten musste, ganz für ihn da war.

Als ich an einem Freitagabend meine Arbeitsstelle 15 Minuten früher verließ und nach Hause fuhr, hatte ich gute Laune und freute mich, gleich Simon abzuholen. An der roten Ampel stehend und auf grün wartend, sah ich es nicht kommen, wie von hinten ein Auto angeschossen kam und mit hoher Geschwindigkeit ungebremst in mein Auto krachte. Er hatte mich auf das vor mir stehende Fahrzeug geschoben und wie eine Konserve zusammendrückt. Unter Schock stehend, war ich nicht in der Lage mich zu bewegen. Geistesgegenwärtig rief ich Christoph an und teilte ihm mit, dass er sich um mein Auto kümmern müsse, denn der Krankenwagen käme gleich, um mich abzuholen. Er war noch vor dem Rettungswagen da und besorgte einen Anhänger, um mein Auto weg zu transportieren. So war es immer. Er war ein Riesenarschloch, aber wenn man seine Hilfe benötigte, war er da. Ich wurde im Krankenhaus versorgt und blieb über Nacht dort. Danach quartierte ich mich für ein paar Tage bei meiner

Oma und ihrem neuen Mann ein. Ich hatte starke Schmerzen und so konnte ich nicht allein bleiben. So weit ging es mir gut, aber ich bekam am Tag nach dem Unfall Schmerzen in der Halswirbelsäule und konnte meinen Kopf nicht mehr ohne meine Halskrause halten.

Nach ein paar Tagen ließen die Schmerzen nach und ich konnte wieder zur Arbeit gehen und kehrte in meine Wohnung zurück.

Meine Oma lebte inzwischen in feinen englischen Stilmöbeln, hatte immer einen Hang zum Besonderen oder Teuren und erwähnte dies auch immer wieder gern. Nicht nur der Verkauf des Hofes ihres Mannes, sondern auch die teuren Geschenke ihrer Arbeitgeber sorgten für eine ausgewählte Dekoration, ein teures Auto und wunderschöne Möbel. Ihr Schmuckkästchen war prall gefüllt mit hochpreisigen Ketten, Broschen, Ringen und Ohrclips. Ihre Söhne ließen sich immer wieder von ihr aushalten und sie gab gern, weil sie es konnte.

Abschied

Meinem Opa Albert ging es seit einigen Wochen schlecht. Als er während einer Tennisspiel- Übertragung aus seinem Fernsehsessel aufstehen wollte, konnte er seine Beine nicht mehr bewegen und musste ins

Krankenhaus, wo Tumore an seiner Wirbelsäule festgestellt wurden. Ich besuchte ihn beinahe täglich, würfelte mit ihm so manches Spielchen und wir verplauderten die Zeit. Es war schön, ihm so nah zu sein und seine Augen glänzten, wenn ich den Raum betrat. Ich liebte ihn so sehr und wenn ich nach Hause fahren wollte und das Küsschen vergessen hatte, rief er mich zurück und tippte auf seine Wange. Ich kämpfte mit den Tränen, als er mich fragte, ob ich glaubte, dass er wieder gesund wird und antwortete ihm, dass er es nur dann schaffen könnte, wenn er die Hoffnung nicht aufgibt. Würde er sie aufgeben, dann hätte er keine Chance. Er wurde entlassen und bekam ein Pflegebett für zu Hause, welches nun bei Opa und Oma in der Stube stand. Immer noch hoffend, aber deutlich erkennbar, verschlechterte sich Opas Zustand täglich. Die Schwester meines Papas und ich saßen ganze Nächte an seinem Bett, damit auch Oma einmal schlafen konnte und saugten beinahe stündlich Sekret aus seinem Hals, damit er nicht erstickte. Innerhalb von wenigen Tagen waren Metastasen in seinem Kopf angekommen und der Krebs verseuchte seinen Körper umfänglich. Nach diesen Nächten fuhr ich zur Arbeit und vor der Arbeit war ich bei Opa, je nachdem, wie mein Dienstplan es zuließ.

Mein lieber Opa, schloss am 24.07.2002 für immer seine Augen. Ich war am Boden zerstört und hatte auch Angst um Oma. Sie funktionierte noch für meinen hilfsbedürftigen Onkel, aber Opas Tod und sein Sterben in den vorausgegangenen Wochen hatten sie sehr mitgenommen. In wenigen Wochen hätten sie ihren fünfzigsten Hochzeitstag gefeiert und stattdessen musste sie nun seine Beerdigung planen. Am Tag seiner Beisetzung war es unglaublich heiß. Die ganze Familie war dort und die Sonne brannte erbarmungslos auf den Friedhof. Meine Tränen liefen und mein Kopf pulsierte vor Traurigkeit und Hitze. Es war ein rabenschwarzer Tag.

Seit diesem Tag sollte kein Tag mehr vergehen, an dem ich meine Oma nicht wenigstens einmal angerufen hätte, um mich nach ihr zu erkundigen oder einfach ein bisschen zu plaudern.

Vor dem Spiegel

An Weihnachten 2002 hatte ich wieder einen großen Weihnachtsbaum aufgestellt und Marc hatte seinen Vater für Heiligabend eingeladen. Simon sollte erst am 1. Feiertag hier sein, so dass ich einverstanden war. Es war der Heilige Abend, ich hatte Essen gekocht und Marc saß mit seinem Vater in der Küche, während sie sich gegenseitig unter den Tisch soffen. Mein Essen nahm ich irgendwann allein zu mir und nach zwei Flaschen Korn wurden die Gespräche in der Küche immer lauter und aggressiver. Ich beendete dieses Treffen, rief ein Taxi für seinen Vater und schickte ihn nach Hause. Er stolperte im Treppenhaus und lag innen vor der Haustür, schrie wie am Spieß und weckte das ganze Haus auf. Wir riefen den Krankenwagen, die seinen inzwischen eingenässten Vater mit einer gebrochenen Schulter ins Krankenhaus verfrachteten. Diese Saufgelage waren mir ohnehin immer ein Dorn im Auge, aber dieses Mal hatten sie es zu weit getrieben. Am Ende wurde ich für dieses Unglück verantwortlich gemacht, weil ich ihn nicht bei uns schlafen lassen hatte. Marcs Mutter hatte sich schon vor einigen Jahren von seinem Vater getrennt. Sie war eine liebe, hübsche und geduldige Frau, die irgendwann einfach genug hatte von diesen Saufgeschichten. Beide Söhne waren missraten, nahmen Drogen und gerieten immer wieder mit dem Gesetz in Konflikt. Ihr Mann war ein Trunkenbold, der sich zeitlebens weder um seine Ehe noch um seine Kinder geschert hatte.

Eines Tages stand ich vor dem Spiegel und überlegte, wo ich mich mit 50 Jahren sehe. Mir wurde schlagartig klar, dass ich nicht wie Marcs Mutter enden wollte, die ihre besten Jahre verschenkt und verloren hatte. Ich hatte doch mein Lebensmodell schon als Kind gefunden und wusste, dass ich es mit Marc nicht erreichen konnte. Im Januar 2003 trennte ich mich, nach einem weiteren Saufgelage mit aggressiven Attacken gegen mich, endgültig von ihm und setzte ihn von heute auf morgen vor die Tür. Sein betteln und flehen, seine Liebesschwüre und Besserungsvorschläge erweichten mich nicht mehr. Bisher hatte er damit immer Erfolg gehabt, aber nun war Feierabend. Ich hatte 5 Jahre meines Lebens verhunzt und verloren.

Ich war stolz, denn ich hatte es geschafft. Ich war aus eigener Kraft von den Drogen losgekommen und ich hatte endlich Marc aus meinem Leben entfernt. Ja, ich war froh, ihn endlich los zu sein. Einen Mann suchte ich nun wirklich nicht mehr und ich wollte endlich zur Ruhe kommen. Ich schmiedete Pläne, träumte von einem Umzug mit Simon an die Nordsee. Auch Simon war froh, dass Marc endlich weg war, denn er mochte ihn nie besonders, was sicherlich auch an Marcs „kinderlieben Art" lag. Die Karten mischten sich erneut.

Als die Sonne aufging

Ich verbrachte die Abende weiter am Computer und plauderte mich durch verschiedene Chaträume, bis ich Ende Januar auf einen Mann mit dem Pseudonym „Gecko" traf, mit dem ich fortan über alles auf der Welt redete. Da ich von vornherein klar gemacht hatte, keinen Mann zu suchen, versicherte er mir, dass er sowieso nicht auf Frauen stehe. Auf meiner Schreibtischunterlage notierte ich „Michael…schwuler Gecko…Tel: XXXXX". Ich war erleichtert und vertraute ihm meine Sorgen an oder wir alberten und spaßten, bis wir Tränen lachten. Nach einigen Tagen erklärte er mir kleinlaut, dass wir uns inzwischen so gut verstehen und er mich nicht weiter anschwindeln wolle. Er würde tatsächlich doch auf Frauen stehen und wäre auch noch verheiratet, befände sich aber bereits in Trennung. Er erklärte mir, ein Haus gebaut zu haben und ein großes, schwarzes Auto zu fahren. Er hätte diese Notlüge gewählt, da es so nett mit mir gewesen sei und er nicht gewollt habe, dass es direkt wieder aufhört. Ich glaubte ihm kein Wort, denn in diesen Chats traf man nicht selten, auch auf Aufschneider und Spinner und es war Vorsicht geboten. Ich war wütend und enttäuscht. Schon wieder hatte mich ein Mann belogen, aber ich verzieh ihm, denn er wusste ja dennoch, dass ich keine Beziehung suchte. Und auch mir hatten die Abende ja großen Spaß gemacht. Ich hatte ihn nie gesehen, aber er war in wenigen Tagen mein Freund geworden und täglich verabredeten wir uns für den nächsten Abend im Chat, bis ich eines Tages wegen einer Darmentzündung ins Krankenhaus musste. Aufgeregt, aber mutig, rief ich vom Krankenhaus aus bei ihm an, um mich für abends zu entschuldigen, da ich leider nicht zuhause sein würde. Ich hatte Sorge, dass er nach seiner Beichte denken könnte, dass ich nun den Kontakt abbrechen wollte. Er wollte mich bereits am nächsten Tag im Krankenhaus besuchen kommen, was mir überhaupt nicht gefiel, da es mir wirklich mies ging und ich auch bestimmt genau so aussah. Zugegeben - ich hatte nicht wirklich daran geglaubt, dass er den weiten Weg von 130 Kilometern bei Schneetreiben am Abend auf sich nehmen würde, aber er kam, stieg aus seinem schwarzen Auto, von dem er zuvor auf dem Weg eine Radkappe verloren hatte und stand vor mir. Er war tatsächlich ganz anders als all die anderen Menschen in meinem Leben und seine Augen glänzten wie ein tiefer See. Seine etwas stämmige Statur und sein lichtes Haar, seine gebügelte

Kleidung und sein Auftreten hätten vermuten lassen, dass es sich um einen Finanzbeamten handelte. Es war eigentlich ein Typ Mensch, mit dem mich privat rein gar nichts verband. Wir hielten uns einige Stunden im Foyer des Krankenhauses auf, leerten den Heißgetränkeautomat, lachten, scherzten und plauderten, als hätten wir uns schon viele Jahre gekannt. Und auch die Fahrstuhlfahrt nach oben, damit ich mir eine Jacke aus dem Zimmer holen konnte, endete in Gelächter, bis ich mir den Bauch halten musste, weil er im Fahrstuhl so tat, als würde er an der Bedientafel einen Hamburger bestellen. Die Zeit verging wie im Flug und ich verabschiedete ihn auf der Straße. Verunsichert ging ich wieder in mein Zimmer und war mir sicher, dass einer wie er niemals mit jemandem wie mir etwas zu tun haben wollte. Wir hatten zwar viel Spaß gehabt, aber was sollte daraus schon werden? Nun, wo er mich gesehen und kennengelernt hatte, würde er sicher das Interesse verloren haben und ich wollte ja auch keine Beziehung. Oder doch? Es fiel mir schwer zu vertrauen, denn er könnte mir ja alles erzählen. Immerhin war er verheiratet und wohnte noch mit seiner Frau zusammen. Vielleicht war auch alles ganz anders und sie hatten nur eine Krise, die sich bald legen würde. Mein Leben und seins passten jedenfalls nicht zusammen. Was hatte ich schon vorzuweisen? Ich war weder besonders intelligent noch hatte ich sonst etwas Interessantes zu bieten. Ich konnte kaum kochen und meine Haushaltsführung ließ ebenfalls zu wünschen übrig. Ich war inzwischen schwer verkorkst, kam aus einfachsten Verhältnissen und selbst meinen Job würde ich bald verlieren, da mein Vertrag auslief. Die Umstände meines Lebens hatten mich zu einem misstrauischen, ängstlichen und bindungsschwachen Menschen gemacht, der sich mehr wie der letzte Dreck als wie ein Mensch fühlte. Viele Menschen hatten ihre Spuren hinterlassen. Und dann war da noch Simon, dem ich auf keinen Fall einen neuen Mann vor die Nase setzen wollte.

Einige Tage später wurde ich entlassen und wartete im Chat, aber Michael kam nicht. In meinen Gedanken bestätigt, akzeptierte ich schließlich, dass ich mir keine Hoffnung zu machen brauchte und ging schlafen. Am nächsten Morgen fand ich eine Nachricht in meinem Postfach, in der stand, dass er es am Abend nicht mehr geschafft habe, aber unbedingt weiterhin Kontakt haben wollte.

Nachdem ich Marc rausgeworfen und er einiges mitgenommen hatte, stand der Kauf eines neuen Fernsehers bei mir an und ich dachte, es wäre doch prima, wenn Michael mich dabei begleiten und beraten könnte. Bei der Gelegenheit könnte ich ihn vielleicht besser kennenlernen. Am Freitag, den 7. Februar 2003 sollte er kommen und ich wartete in viel zu hohen Schuhen und sehr anständig gekleidet aufgeregt am Küchenfenster, während ich immer noch damit rechnete, dass er mich versetzen würde. Ich war Unzuverlässigkeit und Enttäuschung inzwischen gewohnt und rechnete jederzeit damit, dass mein Gegenüber sein Wort nicht halten würde. Aber er kam und holte mich ab, um mich in ein Elektrogeschäft in die

Innenstadt zu fahren. Niemals zuvor hatte ich in einem so schönen Auto, neben einem so anständigen Mann gesessen und ich fühlte mich wie eine Königin. Mir wurde umgehend klar, dass alle anderen Beziehungen nicht hatten funktionieren können, weil sie mich alle auf eine besondere Art mit einem speziellen Schlag Mensch verbunden hatten. Michael war mein „Blick über den Tellerrand" in eine Welt, die ich nicht kannte. Er wirkte ehrlich und aufrichtig und hatte eine beruhigende Art, die mir Sicherheit und Geborgenheit versprach. Er war ein richtiger Mann und keiner von diesen Spinnern, die mir so lange das Leben schwer gemacht hatten. Seine Art, sich zu artikulieren. und sein Verhalten zogen mich in seinen Bann. Natürlich waren da noch Rest-Zweifel, denn zu Hause saß ja noch seine Ehefrau. Nach dem Kauf des Fernsehers und dem Besuch in einem Burger-Laden, fuhren wir wieder zu mir nach Hause und redeten die halbe Nacht. Ich kuschelte mich in seinen Arm und seine dunkle Stimme, mit der er mir alles erklärte, beruhigte mich und lullte mich ein. Ich versuchte ihm zu glauben und auch wenn mir das vorgelegte Tempo schnell erschien, konnte ich mir vorstellen, dass ich dieses Mal den richtigen Mann getroffen hatte. Obwohl ich nicht nach ihm suchte, war er voller Wucht in mein Leben geplumpst und hatte mich verzaubert.

Schweren Herzens ließ ich ihn wieder fahren, zurück in sein Haus und zu seiner Frau. Auch wenn vielleicht alles gelogen wäre, wusste ich jetzt zumindest, dass es noch andere Männer da draußen gab, die mir nicht direkt an die Wäsche wollten oder psychisch selbst nicht auf der Höhe sind. Aber ich hatte mit meinem inzwischen erlernten Misstrauen weit gefehlt, denn er kam jedes Wochenende wieder zurück und auch Simon hatte ihn irgendwann kennengelernt und holte direkt seine Autos aus dem Kinderzimmer, um sie Michael vorzuführen. Ich war inzwischen schwer verknallt und dieser Tag, hatte nochmals eine Schippe draufgelegt. Michael schaute sich jedes einzelne Auto bewundernd, mit einer Engelsgeduld an und verschwand mit Simon ins Kinderzimmer, um sich weitere Spielsachen zeigen zu lassen. Ich wusste, dass ich endlich in meinen Träumen angekommen war. Mit diesem Mann war es scheinbar tatsächlich möglich, Simon eine stabile, anständige Familie zu bieten und wir würden endlich wieder glücklich werden. In Michael hatte ich zum ersten Mal in meinem Leben jemanden gefunden, der mich so sah, wie ich wirklich war, ohne mir Schlechtes anzudichten. Er sah mir auf den Grund meiner Seele und sah jede dieser Verletzungen oder Demütigungen und erkannte mein Herz als das, was es war. Er sah mich genauso, wie ich war und das war Lichtjahre entfernt von der Meinung aller anderen bisher, die ich immer wieder versucht hatte, von meinen guten Absichten zu überzeugen. Ich war es leid!

Nach vielen Gesprächen und Überlegungen kündigte ich bereits im März meine Wohnung, um zu Michael zu ziehen. Weg von hier, der Vergangenheit und den Menschen, die es niemals richtig gut mit mir gemeint hatten. Ich wollte neu beginnen, einen neuen Job finden und mein Leben resetten. Dies war eine Aktion, die überhaupt nicht zu mir passte, denn ich war vorsichtig geworden und es könnte auch verdammt schief gehen. Aber es fühlte sich einfach alles so richtig an. Natürlich hatte ich auch Simon in diese Entscheidung mit eingebunden und konnte ihn noch nicht so recht von meinem Vorhaben überzeugen. Nach Gesprächen mit seiner Therapeutin und mit Simon, entschieden wir, dass ich erst einmal allein gehe und ihn nach ein paar Wochen nachholen wollte. Nicht zuletzt meine Angst, dass es wieder nicht funktionieren könnte, hatte mich darin bestärkt, dass dies der bessere Weg für ihn ist. Er könnte sich langsam an den Gedanken gewöhnen und ich wäre bis dahin schon etwas angekommener im neuen Wohnort und könnte alles für ihn vorbereiten. Er sollte also nach Absprache übergangsweise bei Christophs immer noch kinderloser Schwester leben und so lange in seiner alten Schule bleiben. Christoph drohte mir, dass er mir Anwälte auf den Hals hetzen wolle, würde ich es wagen, Simon mitzunehmen, aber dieses Mal fühlte ich mich stark, denn ich hatte Michael an meiner Seite. Auch der Besuch bei Oma Frieda bestärkte mich, diesen Schritt zu gehen. Oma liebte Michael, wie alle anderen. Man musste ihn einfach mögen!

Neuanfang mit größtmöglichem Verlust

Michael stellte mich seiner Familie vor. Seine Mutter, eine lebensfrohe und aktive, etwas mollige Frau mit kurzem, braun gefärbtem Haar und sein Papa, ein Mann mit silbernem Haar und einer großen rötlichen Nase, empfingen mich völlig vorurteilsfrei mit offenen Armen. Diese herzensguten und vor allem anständigen Menschen, interessierten sich auch für Simon und freuten sehr darauf, ihn kennenzulernen. Sie lebten in einer schönen Wohnung mit Garten im selben Ort wie wir. Eiche Rustikal, gebügelte Deckchen und anständige Möbel und Familienfotos an den Wänden, statteten die Wohnung aus. Michaels Papa war ein wunderbarer, geselliger und ehrenwerter Mensch, was auch erklärte, dass sein Sohn genau diesen Weg eingeschlagen hatte. Michael hatte alles von seinen Eltern, aber vor allem von seinem Vater gelernt, was nötig war, um respektvoll und anständig mit Menschen umzugehen. Dies zeigte sich in seinem ganzen Wesen. Seine Schwester zeigte sich freundlich, aber immer wieder deutlich, dass sie mich nicht leiden kann. Dies beruhte irgendwann auf Gegenseitigkeit und es wurde zu einem offenen Geheimnis. Wir kamen miteinander aus, aber hatten uns auch nicht viel zu sagen. Das sollte eine Weile so bleiben.

Der Umzug in das kleine Örtchen im Osnabrücker Land, rückte näher und ich hatte keine Angst vor dem, was mich erwartete. Wir richteten uns die neue, helle und geräumige Wohnung in der ersten Etage eines schönen und recht neuen Hauses ein. Schräg gegenüber gab es eine kleine Bäckerei und daneben direkt die kleine Dorfschule. Das war optimal für Simon und ich freute mich darauf, wenn es endlich so weit wäre. Zu Elternsprechtagen und Arztterminen fuhr ich nach Bielefeld und die Wochenenden sprach ich mit Christophs Familie ab, um keine bestehenden Freizeitplanungen durcheinander zu bringen. Anfangs lief dies gut, aber ich merkte schnell, dass Simon immer unzufriedener wurde und sich gegen den geplanten Umzug sträubte.

Um Michael meiner Mutter vorzustellen, fuhren wir mit Simon an Ostern 2003 nach Hannover. Wie erwartet, legte sie sich zuvor wieder mächtig ins Zeug, um sich als die perfekte Mutter darzustellen. Die Beziehung zu meiner Mutter war eine On/Off-Beziehung, seitdem ich denken konnte, und es gab in der Vergangenheit immer wieder lange Auszeiten, wenn ich mich mal wieder nicht wie gewünscht verhalten oder reagiert hatte. In den vergangenen Monaten hatte ich Michael schon einiges erzählt und war aufgeregt, aber auch gespannt, was sie abliefern würde. Der Tag verlief wie erwartet. Die vielen Geschichten über meine angeblichen Verfehlungen in der Kindheit und ihre schlimmen Jahre mit mir, in denen sie aufopferungsvoll, aber erfolglos alles für mich getan hatte, nahmen nur ein Ende, weil wir nach Hause mussten. Michael hatte verstanden, was ich ihm im Vorfeld erzählt hatte. Dieser Tag hatte einen bleibenden Eindruck bei ihm hinterlassen. Als meine Mutter mich am folgenden Tag anrief, teilte sie mir mit, dass ich immer ausgebuffter geworden wäre und schon genau wüsste, wie ich diesen Mann um den Finger wickeln könne. Sie wüsste genau, dass ich nur wegen seines Geldes mit ihm zusammen wäre und was er ausgerechnet von mir wollte, wäre ihr ein Rätsel. Sie wusste nichts! Michael hatte vor seiner Beziehung mit mir zwei Wohnungen - jeweils für sich und seine Exfrau - gekauft und auch das Haus steckte noch mitten in der Finanzierung. Wir kamen aus, aber wir schwammen gewiss nicht im Geld. Seine Frau wohnte noch immer, inzwischen mit ihrem neuen Freund, im Haus und dachte gar nicht daran, in die für sie vorgesehene Wohnung einzuziehen, so dass sämtliche Kosten an Michael hängengeblieben waren. Von Reichtum konnte nun wirklich keine Rede sein und sie konnte sich anscheinend absolut nicht vorstellen, dass es jemanden gab, der mich um meiner selbst willen lieben konnte.

Meine täglichen Anrufe bei Simon wurden in den folgenden Monaten, immer häufiger ignoriert, unterbrochen oder mir wurde gesagt, dass Simon nicht mit mir sprechen wolle. Über Arzttermine, Elternsprechtage oder sonstige Dinge, wurde ich nicht mehr informiert, weil seine Tante sie inzwischen wahrnahm. Besuche waren nicht mehr möglich, denn Simons Freizeit wurde vollständig verplant, Wochenendtreffen wurden abgekürzt wegen Ausflügen, auf die er sich doch schon so lange gefreut hatte. Bis zu diesem Zeitpunkt glaubte ich noch weiterhin daran, dass alles in Ordnung war und nur gerade alles etwas ungünstig lief.

Auf diese Weise vergingen die nächsten Monate und ich hatte inzwischen einen neuen Job gefunden. Der Sommer 2003 war unglaublich heiß und die Temperaturen kratzten häufig an der 40 Grad-Marke. Ich arbeitete inzwischen wieder in einem Pflegeheim. Wir holten Simon schließlich in den Ferien für einige Zeit zu uns, damit er endlich nicht nur die Wohnung, sondern auch die Umgebung kennenlernen konnte. Ich genoss jede Minute in seiner Anwesenheit und wir versuchten die Zeit bis zu seiner Rückreise gut zu nutzen. Nach einigen weiteren Gesprächen stand fest, dass Simon nicht mehr zurück zu mir wollte. Jetzt, wo ich mein Leben wieder im Griff und eine ordentliche Basis geschaffen hatte, war mir mein Kind verlorengegangen. Nachdem ich begann zu begreifen, was passiert war, fiel ich in ein tiefes Loch, weinte wochenlang und verstand die Welt nicht mehr. So war das alles nicht geplant und ich wollte mein Kind zurück. Was hatten sie ihm erzählt? Wieso lehnte er mich nun so ab, nachdem wir immer eine enge Bindung hatten? Bei Christophs Schwester bekam er alles, was er brauchte und wollte: Markenklamotten, teure Urlaube, ein neues Fahrrad und tolle Ausflüge. Ich hatte weiß Gott so viel falsch gemacht und dies war jetzt die Abrechnung dafür. Sie hatten mir mein Kind weggenommen. Es folgten Monate der Traurigkeit und es fühlte sich mehr und mehr an, als würde ich die Bindung zu ihm endgültig verlieren. Jeder Versuch, ihn zu erreichen, scheiterte und ich begann zu akzeptieren, dass wir niemals eine Familie werden würden. Oft dachte ich daran, wieder zurückzugehen und erneut eine Wohnung in Bielefeld zu suchen, aber ich wusste, dass mich dies langfristig nicht glücklich machen würde und hatte Angst, dass es auch nichts mehr retten konnte und ich am Ende alles verlieren würde. Die Zeit in Bielefeld hatte mir nicht gutgetan und auf lange Sicht hätte mich mein schlechter Umgang vielleicht das Leben gekostet.

Simon ging es ja gut. Es fehlte ihm an nichts und ich hatte auch nicht den Eindruck, dass er mich vermisst. Er schickte mir Urlaubskarten aus fernen Ländern und ab und zu besuchten wir uns. Er war glücklich und ich musste mich mit der neuen Situation abfinden.

Herkunft

Unterdessen holten mich immer wieder die Gedanken an meinen leiblichen Vater ein und auch, wenn ich ja wusste, dass er verstorben war, musste es doch irgendjemanden geben, der wenigstens ein Foto von ihm hatte. Nach einigen Wochen hatte ich eine heiße Spur und eine Familie in Hamburg ausfindig gemacht. Seine Mutter lebte noch und auch sein Bruder sowie seine Schwester waren dort ansässig. Das Herz schlug mir bis zum Hals, als ich dort anrief und im Verlauf des Gespräches eingeladen wurde. Die ganze Familie sollte an diesem Tag ebenfalls kommen, damit ich alle kennenlernen konnte. Im Frühling 2004 machten Michael und ich uns auf den Weg nach Hamburg, um die Familie meines leiblichen Vaters zu besuchen. Sie lebten in einer alten Mehrfamilienhaus-Siedlung und ich war sehr aufgeregt, als wir unser Auto an der Straße abstellten. Nach einer halben Stunde, die ich zum Mut fassen benötigte, traute ich mich an die Haustür, um zu klingeln. Aber nein! Ich zögerte und ging um die Hausecke, denn ich wollte zuerst noch einmal meinen Papa anrufen. Ich brauchte nochmals sein „Okay", um nicht das Gefühl zu haben, ihn zu hintergehen. Er war immer an meiner Seite gewesen und hatte sich um mich gekümmert, wann immer es ihm möglich war. Er sprach mir Mut zu und ich sollte tun, was ich muss, denn er konnte mich verstehen. Nachdem ich mir die Tränen weggewischt hatte, ging ich gestärkt durch Papas Zuspruch zurück zur Tür und klingelte. Ein grauhaariger Mann, der offenbar mein Onkel war, mit Schnäuzer und gekleidet in einem grauen Pullunder, öffnete uns die Tür und wir betraten die dunkle, muffige, alte und in die Jahre gekommene 80er-Jahre-Wohnung. Es war offensichtlich seit mindestens 30 Jahren nicht mehr tapeziert worden und die Zeit schien irgendwann stehengeblieben zu sein. Die gesamte Situation war bedrückend und eine alte etwas mollige Dame musterte mich kopfschüttelnd mit den Worten „Du siehst ihm nicht ähnlich". Sie musste blind sein, denn mir wurde doch immer gesagt, dass ich meinem Vater wie aus dem Gesicht geschnitten und die Ähnlichkeit zu ihm verblüffend sei. Auch seine Geschwister schüttelten den Kopf und ich fühlte mich ein bisschen wie eine Erbschleicherin, was natürlich absoluter Blödsinn war.

Mein Papa hatte mich doch adoptiert und ich hatte im Vorfeld immer wieder erwähnt, keine anderen Interessen als die Recherche über meine Herkunft zu haben. Meine vermeintliche Oma zog ein Foto aus dem Wohnzimmerschrank, während ich inmitten dieser fremden Familie am Kaffeetisch vor der Schwarzwälder Kirschtorte saß, und übergab es mir. Das Foto zeigte eine wirklich bizarre Situation; ein dunkelblonder Mann in einem Krankenhausbett. Ein anderes Foto hatte sie nicht und sie erklärte mir, dass er immer fotoscheu gewesen war. Das sollte er nun gewesen sein? Das war alles? Ich starrte dieses Foto an und in meinem Kopf war völliges Chaos ausgebrochen. Dieser Mann sah mir nicht ähnlich, aber vielleicht sah ich es bloß nicht und musste mir das Bild einfach länger und genauer anschauen. Sie schenkte es mir, wir verabschiedeten uns und fuhren verstört und schweigend nach Hause.

Zu Hause angekommen, untersuchte ich das Foto mit einer Lupe. Dieser Mann hatte gar nichts mit mir gemeinsam. Und auch der Besitz dieses Bildes fühlte sich falsch an. Das Foto gehörte nicht zu mir und ich wollte nicht, dass es auch nur eine Nacht in unserer Wohnung bleibt. Ich steckte es mit ein paar netten Worten in einen Umschlag, brachte den Brief noch in derselben Nacht zur Post und vernichtete alle Unterlagen zu meinen Recherchen. Ich wusste nicht, was hier faul war und glaubte noch immer daran, dass er sich vielleicht einfach verändert hatte mit den Jahren oder dass ich doch mehr nach meiner Mutter kam. Dieses Thema war jedenfalls erledigt.

Ein Baby!

Immer wieder kehrende Darmentzündungen und die Diagnose „Colitis Ulcerosa", hatten offenbar die Wirkung meiner Pille herabgesetzt und ich wurde kurz nach Ostern 2004 schwanger. Der Entbindungstermin wurde auf Januar 2005 berechnet. Das war nun nicht geplant, aber wir liebten uns und wollten irgendwann sowieso noch ein gemeinsames Kind haben, also freuten wir uns. Wir würden das schon schaffen. Michael hatte sich immer Kinder gewünscht und auch wenn es finanziell schon fast eng war, würde es diesem Kind an nichts fehlen. Etwas mulmig war mir nur bei dem Gedanken, wie ich es Simon beibringen sollte, denn ich hatte zu große Angst, dass er sich ausgetauscht fühlen könnte. Wir verabredeten uns in meinem Lieblingscafé in der Bielefelder Innenstadt. Wider Erwarten freute er sich sehr, als er von seinem Geschwisterchen erfuhr und wir verbrachten einen schönen Bummeltag in der Stadt. Obwohl es immer noch und besonders jetzt schwierig war, hatten wir uns an diese neue Situation mit Simon gewöhnt und ich wollte ihn nicht mehr mit Gesprächen über einen Umzug belasten. Ich redete mir beinah Mantra mäßig ein, dass ein Kind auf vielfältige Weise glücklich sein könnte und es dazu nicht immer ausschließlich die Mama bräuchte. Und es war ja auch so. Er war glücklich und zufrieden.

Mit Katja hatte ich noch immer regen Kontakt, wir telefonierten beinahe täglich und hin und wieder fuhr ich sie besuchen. Eines Tages beantwortete sie meine Anrufe nicht mehr und schrieb mir eine Nachricht, in der sie mir mitteilte, dass sie von Rainer und mir wüsste, denn er hätte es gebeichtet. Sie wollte nichts mehr von mir wissen und obwohl schon Jahre vergangen waren, ließ sie mir keine Chance, mich zu erklären und beendete unsere Freundschaft. Ich konnte es verstehen und es tat mir noch immer unendlich leid, dass ich ihr das damals angetan hatte.

Im vierten Monat meiner Schwangerschaft stellten sich Sehstörungen ein. Anfangs dachte ich an eine Migräne, denn damit hatte ich schon einige Jahre Last gehabt, aber als ich dauerhaft nicht mehr störungsfrei sehen konnte, suchte ich einen Augenarzt auf. Nach einigen Untersuchungen wurde mir gesagt, dass meine Papillen sich gestaut hatten. Dies würde unter anderem bei einer Raumforderung im Schädel vorkommen. Die Ursache sei noch unklar, weshalb ich mich stationär auf eine neurologische Station begeben sollte. Da Michael arbeiten musste und ich die meisten Bekannten und meinen Papa in Bielefeld hatte, entschied ich mich für eine Aufnahme in einem Bielefelder Krankenhaus. Ich wurde durchgecheckt und auf den Kopf gestellt, schließlich wurde mir auch im Rahmen einer Punktion Gehirnwasser entnommen. Dies war nicht ganz einfach, da mein inzwischen gewachsener Bauch eine ausreichende Krümmung des Rückens erschwerte. Erst nach sechs schmerzhaften Versuchen hatte es funktioniert und das Liquor konnte entnommen werden. Die nächsten zehn Tage war an ein Aufstehen nicht zu denken und der Versuch, durch die Liquor-Entnahme eine Druckentlastung für die Papillen zu erreichen, war ebenfalls fehlgeschlagen. Ich hatte höllische Kopfschmerzen seit der Punktion, an meinen Sehstörungen hatte sich nichts geändert und jedes Mal, wenn mein Baby sich im Bauch bewegte, brach ich in Tränen aus. Die Angst, mein Augenlicht zu verlieren und es nie sehen zu können, wuchs immer stärker. Sämtliche Untersuchungen brachten keinerlei Ergebnis und ich wurde von ratlosen Ärzten nach zwei Wochen aus der Klinik entlassen. Michael hatte mich täglich im Krankenhaus besucht und sorgte sich sehr. Diese Hilflosigkeit quälte ihn ebenso wie mich, aber es schien keine Lösung für dieses Problem zu geben.

Wieder zu Hause versuchte ich, zur Ruhe zu kommen. Die letzten Wochen waren mehr als anstrengend gewesen und ich war erschöpft.

Im Herbst begannen wir mit dem Nestbau. Die Möbel hatten Lieferzeiten und wir wollten, dass alles rechtzeitig für unser Baby vorhanden ist. Inzwischen hatte ich vorzeitige Wehen bekommen und musste für einige Tage ins Krankenhaus, wo ich Infusionen bekam. Es war noch viel zu früh für einen Start ins Leben und auch, wenn mich ein erneuter Krankenhausbesuch nervte, ließ ich ihn geduldig über mich ergehen. Meine Mutter beglückte mich täglich mit Anrufen in denen sie mir über ihre Schwangerschaften, Fehlgeburten und Geburtskomplikationen berichtete.

Meine Sehstörungen ließen täglich nach und waren im November von heute auf morgen über Nacht verschwunden, wie sie gekommen waren. Bis heute gibt es keine Erklärung dafür.

Anfang Dezember wurden die Möbel geliefert und Michael machte sich direkt an den Aufbau, weil ich seit einigen Wochen wieder vorzeitige Wehen hatte, die nun nicht mehr unterdrückt werden sollten. Inzwischen war es auch anstrengend geworden und die Nächte waren nicht mehr erholsam, weil dieser riesige Bauch einfach überall war. Am 10. Dezember wies mein Gynäkologe mich erneut ins Krankenhaus ein, da die Wehentätigkeit bereits Einfluss auf den Muttermund hatte, weshalb ich beobachtet werden sollte. Drei Wochen vor dem Termin wurde am Donnerstag, dem 16.12.2004 die Geburt eingeleitet und um 18:40 Uhr kam nach 10 Stunden Wehen unser schrumpeliger, aber gesunder Phillip auf diese Welt. Für einen Moment blieb die Welt stehen und im Gegensatz zu Simons Geburt war dieses Mal alles stimmig und meine Mutter war weit weg! Wir waren eine richtige Familie und es folgte eine spannende, aufregende und anstrengende Kennenlernzeit. Michael wurde ein wundervoller Vater und daran hatte ich auch nie gezweifelt. Auch ihn hatte es damals mitgenommen, dass Simon nicht bei uns sein würde, aber er hatte es nie gezeigt. Vielmehr sah er sich in der Pflicht, mich zu trösten und wieder aufzubauen.

Michaels Familie war komplett vernarrt in unseren kleinen Phillip und sie konnten nicht genug von ihm bekommen. Gerne haben wir uns - nicht zuletzt wegen eines fehlenden Balkons an unserer Wohnung - im Sommer bei Michaels Eltern im Garten aufgehalten. Michaels Vater schmiedete Pläne für seine Zeit mit Phillip, sie waren abenteuerlich und wir lauschten ihnen schmunzelnd. Michaels Papa hatte den Schalk im Nacken und war zudem ein genialer Erfinder praktischer Dinge im Haushalt. Er wollte mit Phillip eines Tages allerlei Blödsinn machen, doch noch war er zu klein dafür. Oft fuhren wir nach Bielefeld, um Simon zu besuchen, denn es war mir wichtig, dass die beiden eine bestmögliche Chance bekommen, eine Bindung aufzubauen. Simon sollte, so oft es geht, eingebunden werden und auf keinen Fall nebenherlaufen, auch wenn sich diese Lücke, die er hinterlassen hatte, für lange Zeit nicht mehr füllen sollte. Es fiel mir immer sehr schwer, mein neues Leben mit all seinem Glück zu genießen, weil mir ein so großer Teil darin fehlte. Michael tat alles dafür, mir diesen andauernden Schmerz zu nehmen, aber es konnte ihm nicht gelingen, denn ein Teil meines Herzens schlug in Bielefeld und dort würde es auch immer bleiben.

So ist das mit Kindern

Im April 2005 feierten wir Phillips Taufe mit der ganzen Familie, nur meine Mutter war nicht dabei. Sie hatte bisher noch keinerlei Interesse an ihrem Enkel gezeigt, denn schließlich hätte ich zu ihr zu kommen müssen, um ihn ihr vorzuführen. Es gab mal wieder eine Funkstille zwischen uns. Mein Papa hatte unterwegs eine Autopanne, er hatte sich, nachdem das Problem behoben war, entschlossen, zurück nach Hause zu fahren.

Nach dem Gottesdienst, in den Simon vom Pastor mit eingebunden war, feierten wir in einem schönen Lokal in unserem Örtchen bei Mittagessen, Kaffee und mit Kuchen, den die Omas und Tanten gebacken und mitgebracht hatten. Mein Onkel, der Mann von Papas Schwester, und Michaels Schwester wurden seine Taufpaten. Es war ein wunderschöner und geselliger Tag.

Michaels Frau war inzwischen nach Osnabrück gezogen und das Haus hatten sie vermietet. Ich war froh, als sie endlich aus meinem Blickfeld verschwunden war, denn auf Phillips Geburt reagierte sie leicht pikiert. Hatte sie doch jahrelang versucht, selbst ein Kind zu bekommen. Sie zog es nun vor, sich selbst eine Wohnung zu suchen, statt wie besprochen in die bereits erworbene einzuziehen.

Auch bei meiner Mutter gab es Veränderungen und sie hatte ihre Wohnung in Hannover nach der gescheiterten Beziehung zu einem alkoholkranken und aggressiven Koch beendet. Inzwischen hatte sie bei einer Umschulung einen neuen Mann kennen gelernt, mit dem sie jetzt liiert war und der bald nachziehen wollte.

Ich war mal wieder eingeknickt und suchte den Kontakt zu ihr, nicht zuletzt, damit sie ihren Enkel kennenlernen konnte. Als wir auf ihrem Sofa saßen und sie unser Kind keines Blickes würdigte, nahm ich ihn aus der

Babyschale, um ihn ihr in den Arm zu geben. Sie winkte ab und sagte, dass sie keine Beziehung zu diesem Kind aufbauen wollte, da wir sowieso zu weit weg wohnten und davon hätte sie nichts. Ich spürte, wie Michael vor Wut zu kochen begann, auch wenn er dies äußerlich nicht zeigte. Bei mir war nur Enttäuschung, denn wieder einmal hatte sie einen Grund gefunden, um mich zu verletzen. Wir beendeten den Besuch und fuhren nach Hause.

Im selben Sommer war Simon wieder bewusstlos geworden und umgekippt, weshalb ich einen Termin in der Kardiologischen Kinderklinik in Bad Oeynhausen vereinbarte, um endlich die Ursache seiner Anfälle herauszufinden. Bis heute nahm er diese Kreislauftropfen, die nicht halfen und ausgewachsen hatte es sich auch nicht. Inzwischen war er 13 Jahre alt und ich sah mit Sorge, wie er in nicht so ferner Zukunft eine Ausbildung beginnen oder seinen Führerschein machen würde und mit diesen Problemen zu kämpfen hätte. Wir mussten das vorher in den Griff bekommen. Bei diesem Termin folgten der Anamnese viele Untersuchungen und Tests, die weiterhin ohne Befund blieben. Für eine weitere Untersuchung müsste er stationär in die Klinik, denn es würde die Ohnmacht durch eine spezielle Technik auf einem Kipptisch provoziert werden, um die Ursache seiner immer wiederkehrenden Bewusstlosigkeit zu erkennen.

Ich willigte ein und sah es als große Chance für seine Zukunft. Endlich konnte ihm geholfen werden. Die stationäre Aufnahme und somit der Tag der

Untersuchung war gekommen und wir fuhren nach Bad Oeynhausen, wo uns der Arzt später erklärte, dass Simon in diesen Momenten der Bewusstlosigkeit einen Herzstillstand erleidet. So war es auch bei dieser Untersuchung, sein Herz hatte über 20 Sekunden lang nicht geschlagen. Ich war geschockt! Simon wurde mit Betablockern eingestellt, die er fortan nehmen musste und seine Situation stabilisierte sich. Sollte es sich langfristig nicht bessern, würde man über einen Schrittmacher nachdenken müssen. In halbjährlichen Terminen sollte sein Zustand kontrolliert werden. Wieder fiel ich in ein Loch, denn wieder hätte ich ihn nun wirklich lieber bei mir gehabt, gerade jetzt, seitdem ich wusste, was genau geschah, wenn er kollabierte. Aber dieses Thema brachte mich nicht weiter.

Alles verändert sich

Michaels Papa war inzwischen schwer erkrankt und hatte regelmäßige Termine bei Ärzten, die ihm wenig Hoffnung auf Genesung machten. Auf Phillips erstem Geburtstag und an Weihnachten 2005 sah er sehr schlecht aus. Das Herz und Diabetes machten Probleme, aber er versuchte es tapfer weg zu lächeln. Zu sehr genoss er die Zeit mit Phillip und der ganzen Familie, als dass er mit seiner Gesundheit im Mittelpunkt stehen wollte. Als sich sein Zustand im Januar 2006 verschlechterte, kam er ins Krankenhaus, wo er ein weiteres Mal auf den Kopf gestellt wurde. Es sah schlecht aus und meine Schwiegermutter wich ihm keinen Meter von der Seite. Sie ließ sich ein Bett in sein Zimmer stellen und seine Schwester und wir besuchten ihn jeden Tag. Phillip war auch dort immer wieder eine Freude für ihn, die ihn für kurze Zeit alles vergessen und aufblühen ließ.

Eines Mittwochsabends fuhr Michael allein in die Klinik, denn Phillip war gesundheitlich etwas angeschlagen. Es schneite an diesem Abend und über die Straßen hatte sich in der Dunkelheit eine weiße Puderschicht gezogen. Nach einer Weile rief Michael mich an, weil er sich auf den Rückweg machen wollte und sagte mir, dass er bereits auf dem Parkplatz vor dem Krankenhaus steht. Alles schien so weit in Ordnung, bis einige Minuten später erneut mein Telefon klingelte. Es war der 25. Januar 2006, als das Oberhaupt der Familie und einer der wunderbarsten und ehrenwertesten Menschen, die ich kennenlernen durfte, im Alter von nur 62 Jahren für immer seine Augen geschlossen hatte. Phillip schlief in seinem Bett und ich saß weinend unter der Decke, zu Hause auf unserem schwarzen Ledersofa. Welchen Einfluss hätte dieses Unglück jetzt auf unsere ganze Familie und wie käme Michael, der immer zu seinem Papa aufgeschaut hatte, jetzt damit zurecht?

Es war ungerecht und einfach unfair. Ich war wütend auf Gott und seinen kruden Plan, dass unserer Familie so viel Glück verwehrt bleiben sollte. Es waren alle unglücklich, wo es doch so schön hätte werden können. In den nächsten Tagen funktionierte Michaels Mutter nur noch, um die Beerdigung zu stemmen.

Rückblickend kann ich sagen, dass sie sehr tapfer war, auch wenn sie viel geweint hat und ihr lieber Mann ihr heute noch fehlt. Michael war ab sofort das Familienoberhaupt und kümmerte sich um alles und jeden. Er tat dies, genau, wie er es von seinem Papa gelernt hatte und das, obwohl seine Trauer ihn auch etappenweise immer wieder einholte.

Die Familie stand noch einige Monate unter Schock, als Michaels Mama irgendwann beschloss, in eine neue Wohnung zu ziehen. Es war bewundernswert, wie sie sich trotz ihrer unermesslichen Trauer versuchte ins Leben zurück zu kämpfen. Michaels Schwester blieb fortan die meiste Zeit an ihrer Seite, denn auch sie hatte sehr an ihrem Papa gehangen und litt an seinem Tod. Als Nesthäkchen war ihre Bindung zu den Eltern deutlich enger und eine Tochter hat in der Regel eine andere Beziehung zu den Eltern als der Sohn.

Unsere Wohnung war zu klein geworden und glich inzwischen mehr einer Kindertagesstätte als einem Zuhause. Die Mieter in Michaels Haus hatten seit Monaten die Miete nicht gezahlt und standen bereits einen Tag vor der Zwangsräumung, als sie in einer Nacht- und Nebel-Aktion verschwanden, nachdem sie den Schlüssel in unseren Briefkasten geworfen hatten. Zurück ließen sie ein Trümmerfeld, Müll, Dreck, aus der Wand gerissene Kabel, zerstörtes Parkett und Teppiche, auf die ihre zahlreichen Hunde uriniert hatten. Es war eine Katastrophe. In den nächsten Wochen hatten wir viel zu tun und wir packten es an. Wir räumten und reparierten das Haus, renovierten und zogen schließlich völlig erschöpft dort ein. Endlich hatte Simon auch ein eigenes Zimmer, wenn er uns besuchte, und er würde sich sehr wohl fühlen. Je schöner unser Leben wurde, desto mehr fehlte er mir wieder und so kam es dazu, dass ich am Muttertag 2006, bereits morgens weinend aus dem Bett stieg. Muttertag! Und ich fühlte mich einmal mehr unvollständig. Mein Kind fehlte mir jeden Tag - aber heute wieder ganz besonders. Michael überlegte nicht lange, stieg ins Auto und holte Simon aus Bielefeld. Es war ein wunderschöner und sonniger Tag, den wir im Garten verbrachten. Meine ganze Familie war bei mir und nichts auf der Welt hätte diese Augenblicke zerstören können. Am Abend brachte Michael ihn wieder zurück nach Bielefeld. Wieder einmal mehr hatte er bewiesen, was für ein wunderbarer Mann er war.

Ende Juni 2006 feierte ich mit vielen Bekannten, Freunden und Verwandten meinen dreißigsten Geburtstag: zum ersten Mal in unserem eigenen Garten. Ich hatte viele Lampions aufgehängt und es war genau so, wie ich es mir bereits als Kind erträumt hatte. Es war heiß und immer wieder hatten sich Gäste ins Wohnzimmer verkrümelt, um die Ergebnisse der Fußball-Weltmeisterschaft zu verfolgen. Es passte alles und die Stimmung war ausgezeichnet. Für Phillip hatte ich einen Babysitter organisiert, so dass ich diesen perfekten Tag einfach nur genießen konnte. Es sollte der einzige Geburtstag in diesem Haus bleiben, denn auch noch nach einem Jahr konnte ich mich nicht daran gewöhnen und fühlte mich trotz dieser ganzen Perfektion dort niemals zu Hause. Seine inzwischen Ex-Frau hatte jede Fliese ausgesucht und dieses Haus zusammen mit Michael gebaut. Nichts darin war meins und egal, was ich versuchte zu verändern, es blieb, wie es war. Ohnehin war die finanzielle Situation noch immer angespannt durch die fehlenden Mieteingänge der vorherigen Bewohner und die Wohnungen waren wir auch noch nicht losgeworden. Wir entschieden, das Haus auf den Markt zu werfen, uns irgendwo zu sammeln und noch einmal neu anzufangen. Ja, mit Michael schienen selbst solche Probleme jederzeit lösbar und es war egal, wo wir waren, denn das Wichtigste war, dass wir zusammen sind. Außerdem hatten wir vor kurzem entschieden, dass wir heiraten wollten. Es war der perfekte Zeitpunkt für einen Neustart. Schnell fanden wir einen Käufer für das Haus und eine schöne Doppelhaushälfte zur Miete im Ort, in die wir im März 2007 einziehen und unsere Hochzeit für Mai planen konnten.

Familienfeiern

Alles lief wie geplant und im April feierte Simon im Alter von 15 Jahren seine Konfirmation in Bielefeld. Wie groß er geworden war. Nach dem feierlichen Festakt in der Kirche stellten wir uns noch vor dem Altar auf, um

Fotos zu schießen. Beim Aufstellen für das Eltern-Kind-Foto, zischte Christoph mir ins Ohr, dass ich auf dem Bild ja eigentlich nichts zu suchen hätte, denn schließlich wäre ich keine Mutter. Stattdessen müsste seine Schwester auf meinem Platz stehen. Ausschließlich für Simon und seinen friedlichen Tag schluckte ich den dicken Kloß in meinem Hals herunter, während ich mit den Tränen kämpfte. Dieser Typ hatte keine Ahnung, wovon er da spricht und er war noch immer so mies wie damals. Meine Schmerzen der letzten Jahre wünschte ich ihm selbst an den Hals, denn so etwas sollte er erstmal überleben. Ich versuchte seit Jahren, gute Miene zu einem Spiel zu machen, welches ich allmählich zu durchschauen begann. Auf jeder Feier und an jedem Zusammentreffen lächelte ich diese Gemeinheiten weg und riss mich zusammen. Nach der Kirche fuhren wir ins Stammlokal von Christophs Papa, wo gefeiert werden sollte. Nach dem Mittagessen ging ich vor die Tür, als Christoph mich im Eingangsbereich abfing und mir einen Zungenkuss auf den Mund drückte. Danach sagte er „Ich weiß, dass Du mich immer lieben wirst!" Dieser Narzissmus um mich herum war nicht mehr zu ertragen. Ich schubste ihn geistesgegenwärtig zurück und fragte ihn, ob er noch ganz dicht sei, denn was wäre bloß gewesen, wenn diese eine Sekunde irgendjemand mitbekommen hätte. Meine Oma wäre auf der Stelle tot umgefallen. Meine Mutter hätte gezetert, sie hätte es immer gewusst, dass ich ein Flittchen bin. Und Michael, den ich in nicht einmal zwei Wochen heiraten wollte, hätte sich sicher mehr als gewundert. Christoph hielt sich schon immer für ein Geschenk Gottes an die Frauenwelt und schnappte sich alles, was nicht bei drei auf dem Baum saß. Dabei machte er in der Vergangenheit nicht einmal halt vor einer Beziehung zu einer entfernten Cousine. Von meiner Liebe zu Christoph war schon lange keine Spur mehr. Ich hatte lange genug gewartet und mich mies von ihm behandeln lassen. Endlich hatte ich die Liebe meines Lebens gefunden. Kein Mann auf der Welt könnte es wert sein, diesen Mann zu verlassen. Christoph erst recht nicht! Auf dem Weg nach Hause, erzählte ich Michael vom Vorfall im Eingangsbereich und in seiner ruhigen und sachlichen Art beschloss er, sich auf das nächste Treffen mit Christoph zu freuen. Christoph, der bis zu diesem Zeitpunkt noch auf unsere Hochzeit eingeladen war, wurde umgehend ausgeladen.

Der Tag unserer Hochzeit rückte näher und ich hatte mir ein wunderschönes weißes Kleid mit Perlchen und Spitze ausgesucht. Meine Mutter hielt es nicht für notwendig und sonst hatte ich niemanden, der mich beim Kauf meines Kleides begleitete und unterstützte. Im Nachhinein betrachtet, war dies eine sehr traurige Angelegenheit, aber es ließ sich nicht ändern. Es würde schon schiefgehen und letztendlich müsste es mir ja selbst gefallen. Die gesamte Hochzeitsplanung hatte ich ohnehin selbst übernommen und hätte auch nicht gewusst, wer mir dabei hätte helfen sollen. Eigentlich macht so etwas die beste Freundin, aber meine hatte irgendwann entschieden, den Kontakt zu mir abzubrechen. Und von ihrer Hochzeit im vergangenen

Jahr hatte ich auch nur durch Zufall erfahren. Mich schmerzte das, denn ich selbst hatte die beiden vor einigen Jahren zusammengebracht und konnte mir diesen break nicht erklären. Ich hatte ihr nichts getan.

Unsere Trauung sollte auf der Sparrenburg in Bielefeld stattfinden und die Feier war für den Abend in einem modernen und gemütlichen Lokal mit Saal und Kaminzimmer bei uns im Ort geplant. Am Tag zuvor checkten wir in einem Hotel ein, denn die Anfahrt am Morgen würde zu stressig werden und ich hatte direkt früh einen Friseurtermin vor der Trauung. Meine zukünftige Schwiegermutter und Schwägerin hatten auch ein Zimmer genommen und so begingen wir die Nacht. Ich schlief schlecht, unruhig, hatte Nackenschmerzen. Die hatte ich seit meinem Unfall immer häufiger und sie waren Teil meines Lebens geworden. Wenn es ungünstig lief, hatte sich zusätzlich etwas verkantet und das Drama nahm seinen Lauf. Und es lief ungünstig. Schwindelig und wackelig beschritt ich bei bedecktem Himmel und windigem Wetter mit meinen Kindern die Zugbrücke der Sparrenburg und entdeckte Michael, wie er oben von der Burgmauer herunterschaute. Heute war es so weit, aber ich war sehr aufgeregt, so dass ich Teelöffel für Teelöffel Klosterfrau Melissengeist in mich hineinschüttete und ungeduldig auf eine Wirkung hoffte, die niemals eintrat. Nach dem Termin im Standesamt tranken wir noch ein Gläschen Sekt und zufrieden beobachtete ich, wie meine Oma und meine Mutter sich ausnahmsweise vertrugen. Sie hatten sich inzwischen Jahrzehnte nicht mehr gesehen und anscheinend war genug Gras über diese vielen Sachen gewachsen, dass sie sich an diesem Tag einmal nicht an die Gurgel sprangen. Am Abend feierten wir unser Hochzeitsfest und die Stimmung war okay, obwohl ich mich immer noch elend und schwindelig fühlte. Eigentlich sollte es der schönste Tag im Leben sein, aber das war er wegen meines Allgemeinbefindens bei weitem nicht. Zu diesem Zeitpunkt wussten wir noch nicht, dass die Familie schon zum Ende des Jahres nicht mehr in dieser Konstellation vollständig sein sollte.

Kurz nach unserer Hochzeit erinnerte ich mich an meinen alten Freund Johann und dank der sozialen Netzwerke konnte ich ihn schnell ausfindig machen. Johann hatte auch inzwischen geheiratet und die beiden wünschten sich sehnlichst ein Kind. Es war toll, meinen alten Freund wieder gefunden zu haben, aber ich war auch ein bisschen traurig über die vielen Jahre, die wir verloren hatten. Wir verabredeten uns bei uns zu Hause zum Grillen, ich lernte seine Frau kennen und wir verbrachten einen schönen Nachmittag.

Im Oktober feierte Papas Schwester groß in einem Saal ihren Geburtstag. Es war eine ausgelassene und fröhliche Feier auf einem Bauernhof in einer hergerichteten alten Scheune. Wir tanzten viel, das Essen war gut und alle vertrugen sich. Wir hatten Phillip bei Michaels Mutter gelassen und auf dem Weg dorthin begegneten uns auf der dunklen Landstraße zwei freilaufende Pferde, was uns einen gehörigen Schrecken eingejagt hatte. Vielleicht war dies schon ein Zeichen dafür, was schon bald passieren sollte.

Meine treueste Beraterin

Noch immer telefonierte ich täglich mit Papas Mama. Oma war in all den Jahren, meine treueste Beraterin in allen Lebensfragen und meine Freundin geworden. Beim täglichen morgendlichen Klönschnack um 7:30 lasen wir zusammen unsere Bielefelder Zeitung, bevor wir in den Tag starteten. Sie konnte nie verstehen, wie es möglich war, dass ich dieselbe Zeitung, die sie vor sich in der Küche liegen hatte, bereits in meinem Computer lesen konnte. Dinge, die sie erstaunten, kommentierte sie immer mit „Das ist ja allerhand!" Oma hatte viele Arzttermine, ging zum Friseur oder zur Fußpflege. Außerdem kochte sie immer noch Marmelade selbst, wenn sie frisches Obst bekam, oder kochte Kürbis in viele Einmachgläser ein. Ich sehe sie noch immer vor mir, wie sie in ihrem Kittel in der Küche steht und einen Löffel abschleckt. Ihren Haushalt schmiss sie nach wie vor selbst und auch meinen Onkel musste sie immer noch täglich versorgen und für die Arbeit in der Behindertenwerkstatt fertig machen. Geklagt hatte sie nie, aber man merkte, wie ihr zunehmend alles immer schwerer fiel.

Anfang Oktober hatte ich gerade eine Ausbildung zur Nageldesignerin in Lübbecke begonnen und musste an den Wochenenden dort an Schulungen teilnehmen. Oma fand das wunderbar, denn sie war der Meinung, dass dies genau das richtige für mich war, um mich kreativ auszutoben. Auch meine Pläne bezüglich einer anschließenden Selbstständigkeit befürwortete sie und sprach mir Mut zu. Die Sache mit dem Zuspruch war ohnehin ihr besonderes Talent. Sie hatte selbst so viel mitgemacht und auch wenn ich mich wegen meines Simon-Herzschmerzes an sie gewandt hatte, wusste sie jederzeit die richtigen Worte des Trostes auszusprechen.

Einige Tage nach meiner ersten Schulung, telefonierte ich wie gewohnt morgens mit Oma und diese Gespräche waren mir über die Jahre so sehr in Fleisch und Blut übergegangen, dass ich mir gar nicht alles so genau gemerkt hatte. Ich wusste, dass sie noch Termine hatte und den Bus zeitig kriegen musste, was mir schon lange nicht mehr gefiel. Diese Busfahrten und die Wege zur Haltestelle hielt ich für viel zu anstrengend und gefährlich für eine Frau in ihrem Alter. An solchen Tagen rief ich mittags noch einmal an, um sicher zu sein, dass sie heil wieder zurückgekommen war und so tat ich dies auch an diesem Tag. Das Telefon klingelte und klingelte, aber niemand nahm den Hörer ab. Ich grübelte, ob sie noch irgendetwas über einen Mittagstermin gesagt hatte, aber es wollte mir nicht einfallen.

Gegen Abend rief Papas Schwester mich an und erzählte mir, dass Oma im Koma lag. Sie war im Wartezimmer der Praxis einfach umgefallen. Trotz einer sofortigen Reanimation fiel sie in ein Koma, aus dem sie niemals mehr erwachen sollte. In den nächsten Tagen bekam Oma hohes Fieber und ihr Zustand verschlechterte sich, bis am Ende die lebenserhaltenen Maßnahmen eingestellt wurden. Meine beste Freundin, meine

Beraterin und meine liebe Oma starb am 11.11.2007 in einem Bielefelder Krankenhaus. Sie war wieder bei Opa und ließ uns in unsagbarem Schmerz zurück.

In den nachfolgenden Wochen und Monaten fehlte sie mir so sehr. Anfangs griff ich morgens noch wie gewohnt zum Telefon und ich wünschte mir so sehr, wenigstens noch ein einziges Mal mit ihr zu telefonieren. Dieses letzte Mal würde ich ganz besonders gut zuhören, aber da war niemand mehr und die Leitung blieb stumm. Mit Omas Tod starb auch etwas Greifbares von Opa endgültig. Die Wohnung wurde aufgelöst, mein Onkel kam in ein Wohnheim und der Anlaufpunkt für die ganze Familie war für immer Geschichte. Noch heute habe ich ihre Stimme im Ohr, wenn meine Kinder Blödsinn machen „So ist das, wenn man Kinder hat." Mit diesem Satz hatte sie mich in der Vergangenheit immer wieder geerdet, wenn ich nach anstrengenden Nächten am Rande des Nervenzusammenbruchs stand.

Auch wenn ich glücklich darüber war, dass sie noch unsere Hochzeit mit uns gefeiert hatte, empfand ich ihren Tod als viel zu früh und ungerecht. Abschiede konnte ich nur schwer akzeptieren und es ist nie meine Stärke geworden, loszulassen.

Eine strahlende Braut

Im Februar 2008 begann ich meine Selbstständigkeit und mietete mich in den nahegelegenen Salon einer befreundeten Friseurin ein, wo ich fortan schönste Kreationen auf Fingernägeln fertigte. Ich hatte mir schnell einen Ruf für „das Besondere" gemacht, und fertigte mit hauchfeinen Pinseln Miniaturbildchen nach Bildvorlage auf Fingernägel. Mein Kundenstamm erweiterte sich rasch und ich liebte meine Arbeit, mit ihrer Kreativität und den Gesprächen der wundervollen Menschen, die meine Kunden waren.

Im August ging es für Phillip in den Kindergarten und ich konnte meine Termine endlich flexibler gestalten, auch wenn ich die meisten Termine in den Abendstunden annahm, was meinen Kunden sehr entgegenkam.

Meine Mutter hatte unterdessen wieder beschlossen zu heiraten und den 08.08.2008 dafür auserkoren. Inzwischen war ihr Lebensgefährte ebenfalls nach Bielefeld gezogen und sie hatten ein kleines Reihenhaus, einige Straßen entfernt von der alten Wohnung, bezogen. Sie wollte eine große Feier - viel größer und prunkvoller als meine. Das hatte sie immer wieder gerne erwähnt. Mich störte das nicht, denn unsere Hochzeit war genau so, wie wir sie uns vorgestellt hatten und die kirchliche Trauung würden wir irgendwann nachholen. Mutters standesamtliche Trauung sollte ebenfalls auf der Sparrenburg stattfinden und die kirchliche Hochzeit direkt am selben Tag in einem anderen Stadtteil. Danach sollte eine große Feier in einem Hotel wieder am anderen Ende der Stadt folgen.

Meine Mutter überließ wie gewohnt nichts dem Zufall und hatte sich schon Monate im Voraus mit der Inszenierung ihres großen Tages auseinandergesetzt. Zu diesem Zweck hatte sie sich einiger Operationen unterzogen, die natürlich streng geheim bleiben sollten. Als ich sie nach einigen Monaten, wenige Wochen vor der Hochzeit, wiedersah, war ich beinah erschrocken, denn ihr Gesicht hatte sich komplett verändert und auch ihre Oberweite hatte sich drastisch um 2 Cups vergrößert. Dass sie das getan hatte, war für mich weniger ein Problem als die Tatsache, dass sie die Brust mit viel Sport erklärte und auch das Gesicht, eigentlich immer schon so ausgesehen habe. Sie hielt mich immer noch für komplett bescheuert und versuchte einmal mehr, meine Wahrnehmung zu verfälschen. Ich nahm es hin und schwieg, aber wieder einmal kamen mir Zweifel an der Zurechnungsfähigkeit meiner Mutter. Meinem Bruder hatte sie erzählt, dass sie wegen eines Tumors im Krankenhaus gewesen war. Dass sie schwierig und auch manisch-depressiv war, wusste ich schon lange, aber es musste noch mehr hinter all dem stecken. Direkt vor der Hochzeit, hatte sie sich noch die Haare verlängern lassen und am Tag der Hochzeit sah sie aus wie eine komplett andere Person.

Mutter genoss die Aufmerksamkeit und Bewunderung der Gäste in vollen Zügen, sie drehte und wendete sich, lächelte und schüttelte ihr falsches Haar. Nach der kirchlichen Trauung wurden die Gäste bereits zum Saal geschickt, während die Familie, zu der ich anscheinend nicht gehörte, noch Fotos auf der Burg machte. Es vergingen fast vier Stunden, bis Mutter und ihr Angetrauter fröhlich und bester Dinge ebenfalls dort eintrafen. Meine Nachfrage, wo die beiden denn so lange geblieben waren, beantwortete sie nur widerwillig damit, dass sie noch im Eiscafé gewesen waren. Ich hatte keine Worte mehr dafür. Vielleicht war ich auch spießig, aber dieses Verhalten fand ich einfach nur unmöglich.

Der Saal wurde wie erwartet wunderschön geschmückt und es war an nichts gespart worden. Die riesigen runden Tische waren geschmackvoll gedeckt und dekoriert und die Namenskärtchen ordneten die Sitzplätze zu. Am mittigen Brauttisch saßen meine Geschwister, meine Schwägerin und deren Kinder, die alten Nachbarn meiner Mutter und das Brautpaar. Meine Familie und ich durften am Nachbartisch mit dem Friseur und Mutters Nageltante Platz nehmen. Das hatte mich nicht verwundert, denn meinen Platz in der Familie kannte ich bereits seit vielen Jahren.

Ein neues Haus

Finanziell hatten wir uns gesammelt und die Osnabrücker Wohnung war inzwischen verkauft, so dass wir uns auf die Suche nach einem neuen Häuschen machten. Die Doppelhaushälfte war zwar eine schöne Übergangslösung, aber Michael fühlte sich dort nie so richtig wohl. Er wollte endlich wieder sein eigenes Haus haben, wo er tun und lassen konnte, was er wollte. Nach einigen Besichtigungen, die uns nicht zufriedenstellten, hatten wir endlich eines gefunden, das ihm gefiel. Ja, richtig - mir gefiel es nicht, denn nichts an diesem Haus entsprach meinen Vorstellungen und ich konnte mir überhaupt nicht vorstellen, jemals dort einzuziehen. Außerdem war in diesem Haus der Vorbesitzer verstorben und der Gedanke, dort zu leben, gruselte mich. Michael liebte dieses alte Haus jedoch auf Anhieb und redete es jeden Tag ein bisschen schöner. Für mein Gruselproblem könnte ich mir ja einen „Geistaustreiber" suchen, bevor wir es uns dort richtig gemütlich machten. Obwohl mich das immer noch nicht überzeugte, willigte ich ein und wir kauften dieses Haus. Nach einer spirituellen Hausreinigung begannen Wochen und Monate der Sanierung und immer, wenn wir dachten, sämtliche Baustellen im Blick zu haben, taten sich neue auf. Es schien kein Ende zu nehmen und die Zeit wurde knapp, da wir bereits unser altes Quartier gekündigt hatten. Neue Fenster, Heizkörper, Rohre, Fliesen, Badumbauten, Müllcontainer und jede Menge Staub und Dreck waren unsere neuen Begleiter geworden. Erstaunlicherweise und bis heute unverständlich für mich, halfen dieses Mal sogar meine Mutter und ihr neuer Mann voller Tatendrang bei den Renovierungsarbeiten und sie hatten sogar meine Schwester und ihren Freund dazu mobilisiert. Überwältigt von so viel Hilfe, brach ich immer wieder in Tränen aus. Erst am Abend vor unserem geplanten Umzug kam ich endlich dazu, Kartons zu packen. Mitten im Chaos sitzend, weinte ich und bat Michael, mich nicht in dieses Haus zu zwingen. Die vergangenen Monate hatten unglaublich viel Nerven gekostet und nun waren sie mit mir durchgegangen und ich konnte mir schon wieder nicht mehr vorstellen, dort einzuziehen. Aber es half alles nichts. Der Umzug war für den nächsten Tag geplant, der LKW stand vor dem Haus und eine Alternative gab es nicht.

Über Nacht hatte starker Schneefall eingesetzt und der Umzugs-LKW musste am nächsten Morgen freigeschaufelt werden. Das konnte nicht wahr sein! Mit vielen Helfern schafften wir es bis zum Abend, den Hausrat in unser neues Haus zu transportieren.

Michael, der bis jetzt zu jeder Zeit unseres gemeinsamen Lebens ein unerschütterlicher Optimist gewesen war, konnte nichts erschüttern und nach solchen Tagen sagt er bis heute, wenn wir abends im Bett liegen. „Und? Wer hat Dir gestern gesagt, dass wir das Schaffen?" Für all diese Dinge konnte man ihn nur lieben. Niemals hatte er mich enttäuscht und immer war er dieser ruhende, berechenbare und liebende Pol, der dort stand wie eine große schwere Eiche, die nichts erschüttern konnte. Unser gemeinsames Leben war trotz vieler äußerer Schwierigkeiten immer friedlich und harmonisch. Bei uns flogen bis heute zu keinem Zeitpunkt so richtig die Fetzen und niemals musste ich an seiner Ehrlichkeit oder Liebe mir gegenüber zweifeln. Wann immer mein Inneres von anderen Menschen aufgewühlt wurde, war es Michael, der meine inneren Wogen wieder glättete und mir den Rücken stärkte. Ich war endlich angekommen und an unser neues Zuhause würde ich mich noch gewöhnen.

In den nächsten Wochen richteten wir uns weiter ein und schon wenige Wochen nach unserem Einzug feierten wir unser erstes Weihnachtsfest im neuen Zuhause. Mit der Zeit begann ich dieses Haus zu lieben und es war genau, wie Michael es gesagt hatte. Alles hier hatten wir zusammen ausgesucht und da wir bei den allermeisten Dingen denselben Geschmack haben, gab es keine Überraschungen.

Mein Nagelstudio hatte ich nun auch in unserem Haus untergebracht und es wurde immer einfacher, Familie und meinen Job unter einen Hut zu bringen.

Seit wir in diesem Haus wohnen, fühle ich mich zum ersten Mal in meinem Leben sesshaft und so als hätte ich meinen Platz im Leben gefunden. Wenn mir die Welt da draußen zu wild und laut wird, kommt es immer wieder vor, dass ich mich in meiner „Burg" verbarrikadiere, ein bisschen wie eine Schnecke, die sich bei Gefahr in ihr Häuschen zurückzieht. In den vergangenen Jahren hat sich das Problem mit meiner Haushaltsführung ganz von selbst grundlegend geändert und auch in der Küche, habe ich echte Talente entwickelt. All diese Dramen, die vorher mein Leben beherrschten und an denen ich auch immer wieder Schuld haben oder die ich ausgelöst haben sollte, gab es hier nicht. Allein diese Tatsache lässt mich daran zweifeln, dass ich tatsächlich die Teufelin war, von der alle berichteten, wenn sie über mich sprachen. Viel mehr bin ich heute fest davon überzeugt, dass ich leider immer wieder einen Hang zu den falschen Menschen hatte.

Wenn ich an Bielefeld, die Stadt, die ich einmal so sehr liebte, denke, dann bringe ich das inzwischen bloß noch mit Unverständnis, mit Lügen, Narzissten, Kampf und beschmutzter Weste in Verbindung.

Meine Jungs

Phillip ging inzwischen gerne in den Kindergarten und hatte dort viele Freunde gefunden. Er wirkte immer sehr viel vernünftiger und sensibler als andere Kinder in seinem Alter. Für Blödsinn hatte er nichts übrig und er beschäftigte sich am liebsten mit Playmobil, malte oder spielte Büro mit einem alten Taschenrechner und einer Schreibmaschine. Schon von klein auf war er an vielem interessiert, las bergeweise Bücher oder baute mit Michael Phantasiewelten auf. Immer wieder bekam ich Komplimente von anderen Müttern, Ärzten oder der Familie für mein gut erzogenes Kind. Dabei war das nicht unser Verdienst. Man musste ihn nie erziehen, denn sein Wesen war von ganz allein so. Niemals musste man bei ihm Sorge haben, dass er sich in gefährliche Situationen bringt, denn er war immer vorsichtig und überlegt in allem, was er tat.

Unser Leben hatte sich endlich stabilisiert.

Simons Schulabschluss stand vor der Tür. Aufgrund seiner Rückenprobleme hatte ich mich sehr dagegen gewehrt, dass er in die Fußstapfen seines Opas und Vaters tritt, um den Beruf des Landschaftsgärtners zu erlernen. Auch wenn ich wusste, dass er niemals etwas anderes wollte und schon mit zwei Jahren auf dem Radlader saß und mit auf Baustellen fuhr, hatte ich große Sorge um seine Gesundheit. Letztendlich war ich überstimmt und weil ich seinem Glück nicht im Weg stehen wollte, gab ich nach. Ich konnte es ohnehin nicht ändern und wollte auch nicht riskieren, dass er mich noch mehr ablehnen würde. Wir hatten uns darauf geeinigt, dass er diese Ausbildung als Basis absolviert, um danach ein Studium zum Landschaftsarchitekten anzuschließen. Mit diesem Kompromiss konnte ich leben, auch wenn mir schwante, dass daraus nichts werden würde. Kurz vor Simons Entlassungsfeier, hatte ich eine Operation am Handgelenk und als wäre dies nicht genug, mussten wir plötzlich mit Phillip stationär ins Krankenhaus. Er hatte am ganzen Körper eine starke entzündliche Nesselsucht und dazu hohes Fieber bekommen. Weil ich nicht Auto fahren konnte und Michael unbedingt bei Phillip bleiben sollte, bat ich Christoph, mich für die Fahrt zu Simon abzuholen. Auf der Hinfahrt war noch alles in Ordnung und wir unterhielten uns entspannt im Auto, bevor wir Simons Abschluss aus der Schule feierten. Simon trug einen schicken Anzug, als er mit seiner Klassenkameradin bei Musik in die Aula einschritt. Ich war so stolz auf ihn, aber inzwischen war ich so weit, dass ich mich für dieses

Gefühl schämte, weil mir immer wieder gesagt, wurde, dass mir das nicht zustehe. Bei derartigen Gelegenheiten wurde mir mehr als einmal mitgeteilt, dass Simons Entwicklung gewiss nicht mein Verdienst sei und ich mich zurückhalten solle, denn ich hätte mich ja nie um ihn gekümmert. Wieder musste ich es schlucken und einmal mehr, da ich noch darauf angewiesen war, dass Christoph mich zurück ins Krankenhaus fahren sollte. Als wir auf dem Weg zurück waren, war Christoph extrem aggressiv, da seine neue Flamme sich mit ihm treffen wollte, und er mich nun an der Backe hatte. Er fuhr wie ein Wahnsinniger und ich bat ihn, bitte damit aufzuhören und mich einfach heil zurück zu meinem kranken Kind zu bringen. Daraufhin legte er eine Vollbremsung hin und warf mich aus dem Auto. Da stand ich nun. Wieder war ich vom guten Willen eines anderen Menschen abhängig, wieder den Launen eines Verrückten ausgesetzt, mitten in der Nacht, mit einem Fläschchen Wundwasser an meiner Hand, auf der Bundesstraße. Mir liefen die Tränen. Solch ein Gefühl hatte ich seit Jahren nicht mehr gehabt und ich war schlagartig an all diese schlimmen Jahre in Bielefeld erinnert. Ich wollte zu meiner Familie. Ich wollte nach Hause. In meiner Not rief ich meinen Papa an, der aber bereits dem Alkohol zugesprochen hatte und nicht mehr fahren konnte. Michael konnte Phillip unmöglich allein lassen und ich hatte keine Ahnung, was ich nun anstellen sollte, als Christoph wieder wie ein Wahnsinniger mit quietschenden Reifen angebrettert kam. Inzwischen hatte er seine Freundin eingesammelt und wahrscheinlich hatte ich es ausschließlich ihr zu verdanken, dass er mich wie besprochen zurück ins Krankenhaus fuhr. Ohne ein Wort gab ich ihm Benzingeld und stieg verletzt aus, denn ich sah es gar nicht ein, mich für diese Aktion auch noch zu bedanken.

Simon begann im August seine Ausbildung als Landschaftsgärtner bei der Stadt und ging wie erwartet in diesem Beruf voll auf. Auch er war immer darauf bedacht, seinen Vater, aber vor allen Dingen seinen Opa, nicht zu enttäuschen. Umso härter traf es ihn als sein geliebter Opa im November 2009, nach einem Krebsleiden, verstarb. Simon litt lange unter diesem Verlust und zu diesem Zeitpunkt war er bei all diesen Menschen, die seinen Opa genau so sehr geliebt hatten wie er, ganz sicher am besten aufgehoben. Ich hatte Christophs Vater kurz vor seinem Ableben noch besucht und auch, wenn er nicht mehr vieles mitbekam, war es mir wichtig, ihm zu danken. Ich dankte ihm für alles, was er für Simon und mich getan hatte, denn vor allem finanziell hatte er uns mehrfach aus der Patsche geholfen. Ja, er hatte mich auch oft mies behandelt - gerade damals, als ich mit Simon fluchtartig das Haus verlassen hatte -, doch mir war es wichtig, ihm das zu verzeihen, damit er von dieser Schuld befreit war, denn er hatte auch so vieles richtig gemacht.

Mach's gut, alter Freund!

Zu meiner Sulinger Freundin Marie konnte ich den abgebrochenen Kontakt dank sozialer Netzwerke wieder aufnehmen. Ich hatte sie endlich wiedergefunden und wir verabredeten uns im Oktober zu einem schönen Tag bei uns zu Hause. Im Laufe des Nachmittags fragte ich sie nach Leonardo und ob sie wüsste, wo er jetzt wohnte. Marie schwieg und schluckte. Ich wusste sofort, dass etwas passiert war, aber sie stammelte und suchte die richtigen Worte, denn sie wusste zu gut, was er mir bedeutete. Leonardo war bereits am 1. April 2007 verstorben und hatte die Jahre zuvor keine dreißig Minuten von mir entfernt gewohnt. Mir schnürte es augenblicklich mein Herz und meine Luft ab. Leonardo war tot und nichts auf der Welt würde dies ändern. Hätte ich doch nur gewusst, wie nah er wohnte, wäre es mir vielleicht möglich gewesen, ihm zu helfen. Er starb an einer Überdosis. Tabletten, Drogen und Alkohol nahmen ihm in dem Jahr das Leben, in dem ich Michael geheiratet hatte und meine liebe Oma verstorben war. Ich weinte tagelang und konnte es nicht akzeptieren, denn ich war mir immer sicher, ihn eines Tages noch einmal wieder zu sehen, ihm so vieles zu erzählen und zu fragen.

Michael fuhr mich zu seinem Grab und ich war in tiefer Trauer. Er war noch so jung und die Welt stand ihm offen. Sein Weg hätte nach dem Angebot von Werder erfolgreich verlaufen können. Stattdessen hatte ihn die Drogensucht sein Leben gekostet.

Ich den folgenden Nächten schlief ich schlecht. Fürchterliche Alpträume waren schon seit vielen Jahren Teil meines Lebens und oft wachte ich in der Nacht schweißgebadet und mit rasendem Herzen auf. Michael war in jeder dieser Nächte an meiner Seite, beruhigte mich und passte auf mich auf, wenn ich wieder einschlief. Eines Nachts hatte ich diesen merkwürdigen Traum. Er fühlte sich anders an als alle anderen bisher, denn ich hatte das Gefühl, im Schlaf gereist zu sein und befand mich in einer Art Zwischenwelt. Es war stockdunkel und inmitten des Dunkels stand eine Bank, auf die ein sachter Lichtstrahl fiel. Ich wusste, dass ich mich dorthin setzen sollte und wartete nur kurz, als Leonardo sich neben mich setzte und mit seinem rechten Arm meine Schulter umarmte. Seine rehbraunen Augen schauten in meine und er sagte mir, dass jetzt, wo ich von seinem Tod wüsste, er sich endlich von mir verabschieden könne. Er bedankte sich für meine Liebe und Freundschaft, stand auf und ging zurück in die Dunkelheit. Ich versuchte zu antworten, versuchte zu schreien und strengte mich an, einen Ton herauszubekommen, aber es klappte einfach nicht. Bleib hier! Bitte bleib hier! Was ist bloß passiert? Aber kein Ton verließ meinen Mund. Gerade so, als wäre es mir verboten gewesen. Dieser „Traum" hing mir noch einige Wochen nach und nur langsam verarbeitete ich den Tod meines geliebten Freundes.

Neuzugang

Im Juni 2010 lernte Simon seine große Liebe Melinda kennen. Der Kontakt zwischen Christoph, seiner Schwester und mir glühte telefonisch. Schließlich sollte ich auf Simon einwirken, damit er sich die von den Anwesenden unbeliebte Freundin aus dem Kopf schlagen sollte. Dieses Früchtchen sei zu unverschämt, käme aus schlechtem Hause und wolle sich nur ein Kind andrehen lassen. Es spräche bereits für sich, dass eine Mutter ihre minderjährige Tochter zu ihrem Freund ziehen ließ.

Ich dachte gar nicht daran, mich dort einzumischen, denn auch wenn ich vieles verpassen musste, war ich mir sicher, dass er in Gefühlsdingen nach mir kam. Zum einen hätte es keinen Sinn gemacht, dagegen zu reden und zum anderen folgte er seinem Herzen, genau so, wie er es von mir gelernt hatte. Sie konnten ihn in vielem beeinflussen, aber auf der Gefühlsebene waren sie alle verkrüppelt und dieses Fundament in Simon, das konnte durch nichts zerstört werden. In den vergangenen Jahren wurde ich bei jeglichen Entscheidungen außen vorgelassen und alles lief hinter meinem Rücken. Sie erzählten im Freundeskreis und jedem, der es wissen wollte, dass ich mein Kind vernachlässigt und im Stich gelassen hatte. Und nun sollte ich mich mit Simon anlegen, um dieser Familie Stress zu ersparen? Ich dachte gar nicht daran.

Seine Freundin kam aus der Nähe von Wilhelmshaven und so kam es, dass sie kurze Zeit später, ebenfalls in Simons Zimmer im Keller des Hauses einzog. Dies bot genauso, wie ich es von früher kannte und wie ich es erwartet hatte, unglaublichen Zündstoff für viele Streitereien. Seine Freundin erinnerte mich sehr an mich und ich konnte mir gut vorstellen, was unter dem Dach des sauberen Hauses so los war. Sie ließ sich, im Gegensatz zu mir, zu meiner Freude nur nichts gefallen. Ich lehnte mich zurück, beobachtete aus sehr sicherer Entfernung die Situation und wusste, dass Simon die Lage schon sehr gut erkennen und dementsprechend handeln würde. Es dauerte nur wenige Monate, bis die beiden sich eine eigene Wohnung suchten, was wiederholt für Aufruhr und völliges Unverständnis sorgte. Sie richteten sich ihr Zuhause - einen kleinen Anbau am Rande der Stadt -, gemütlich ein und Simon kümmerte sich entgegen allen Skeptikern weiter um seine Ausbildung. Zugegeben, ich mochte sie anfangs nicht besonders, denn mir schien, als hätte sie Simon unter ihre vollständige Kontrolle genommen, doch ich versuchte, mich nicht einzumischen. Erst einige Zeit später hatte ich verstanden, dass wir eines gemeinsam hatten: diese unerschütterliche Liebe zu Simon. Sie tat ihm gut und stärkte ihn auch dann, wenn Christophs Schwester sich erneut in sein Leben einmischen wollte. Darüber hinaus hatte sie die Situation in der Familie bereits zu Beginn deutlich erkannt, ohne dass ich sie darauf aufmerksam machen musste.

177

Schlüsselmomente

Am 5. November 2010 holten Michael und ich unsere kirchliche Hochzeit in der schönsten Kirche unseres Ortes nach. Wir wollten keine große Feier und hätten am liebsten ganz allein geheiratet. Uns ging es ausschließlich um den bisher fehlenden göttlichen Segen und wir planten nur eine kleine Feier im engsten Kreis. Ich trug mein altes Hochzeitskleid von 2007 und Phillips Kindergartengruppe sang in der Kirche unter Gitarrenbegleitung fröhliche Lieder. Es war eine wunderschöne Trauung. Im Anschluss aßen wir in einer kleinen Gastwirtschaft zu Mittag, tranken Kaffee und verschwanden danach allein an die Nordsee. Phillip genoss das Wochenende bei Michaels Mama, denn am selben Abend stand das letzte Kindergarten-Laternenfest auf dem Programm, auf dem er auf keinen Fall fehlen wollte.

Dies war das erste Mal seit Beginn unserer gemeinsamen Zeit, dass wir allein ein paar Tage Urlaub gemacht hatten. Als wir Carolinensiel erreichten, packten wir direkt unsere Schwimmtasche, um den Abend im Schwimmbad ausklingen zu lassen. Zu unserer Überraschung gab es an diesem Abend ein besonderes Event und das ganze Schwimmbad war mit Kerzen ausgeleuchtet, während die Bademeister Sekt am Beckenrand ausschenkten. Nicht einmal zehn Badegäste waren dort und es war einfach traumhaft.

Simon feierte im Dezember seinen 18. Geburtstag und hatte sich mit seinem Vater zusammengetan, der ein paar Tage später Geburtstag hatte. Es war ein besonderer Tag und es sollte groß in einem Festzelt gefeiert werden. Alle waren eingeladen, Simons Freunde, die gesamten Familien und auch mein alter Freundeskreis. Ich hatte eine Rede vorbereitet, in der es auch um Simons Vergangenheit ging. Es war eine Rede darüber, dass manche Familienmodelle anders verliefen und es am Ende auf das Ergebnis ankäme. Wichtig wäre es für ein Kind vor allem, seine festen Bezugspersonen zu haben und dass eine Familie auch manchmal wie ein Netzwerk funktionieren konnte. Es blieb still. Christophs Familie und dessen Freunde rümpften die Nase. Es gefiel ihnen nicht, dass ich zum ersten Mal offensiv vor allen anderen meinen Standpunkt in dieser doch manchmal sehr schmutzigen Geschichte kundtat. Es war kein schönes Gefühl, denn es zeigte mir einmal mehr, wie viel diese Leute angerichtet hatten und ich im Grunde nicht mehr auf dieser Feier war als ein geduldeter Gast. Nach ein paar Gläsern Sekt schnappte ich mir meinen ehemals besten Freund und stellte ihn zur Rede. Auf die Frage, was der Grund für dieses ablehnende Verhalten mir gegenüber sei, wo wir doch viele Jahre so gut befreundet waren, teilte er mir mit, dass sie es nie verstanden hätten, wie ich Simon einfach im Stich lassen konnte. Das ließ ich nicht auf mir sitzen. Nicht dieses Mal. Ich erklärte ihm die Situation so wie sie war und fragte ihn, warum mich nicht einer von ihnen, jemals nach meiner Meinung zu all dem gefragt hatte, denn so machte man das unter Freunden. Er zuckte nur die Achseln und wusste es nicht. Ich bekam jedoch allmählich eine Ahnung davon, was all die Jahre hinter meinem Rücken abgelaufen war und mit welch schmutzigen Unwahrheiten gearbeitet wurde. Bisher hatte ich immer noch versucht, mit Christophs Familie an einem Strang zu ziehen und glaubte bis zu diesem Zeitpunkt an ehrenwerte Absichten, aber mir wurde klar, dass sie mich jahrelang manipuliert hatten.

Zu dieser Zeit begann ich auch meine zweite Therapie. Ich war tief erschüttert und verletzt, nachdem mir in der Zeit nach der Feier mit jedem vergangenen Tag deutlicher wurde, was überhaupt geschehen war. Dieses Mal sollte es eine Verhaltenstherapie sein, in der ich lernen wollte, in verschiedenen Situationen angemessen auf meine wieder zunehmenden Ängste zu reagieren und ich musste sie endlich in den Griff bekommen. Bis auf diese neuerliche Erschütterung war mein Leben doch jetzt völlig in Ordnung. Wie konnte es sein, dass ich noch immer diese Panik bekam? Ich begann die Therapie mit großer Hoffnung bei einem Psychotherapeuten in unserem Ort, die noch zwei Jahre andauern sollte.

Alles ändert sich

Seit unserem Umzug in das Haus hatten meine Schwester und ich zunehmend besseren Kontakt, den meine Mutter immer wieder zu unterbinden versuchte. Uns beiden erzählte sie jeweils an den Haaren herbeigezogene Lügengeschichten von der anderen. Wir kannten das schon und es verwunderte uns nicht.

Michael lag mir schon seit einiger Zeit in den Ohren, ob ich es mir nicht vorstellen könne, noch ein Kind zu bekommen. Eigentlich hatte ich mit diesen Gedanken längst abgeschlossen und war der Meinung, dass zwei Kinder ausreichen würden. Simon war inzwischen erwachsen, ich ging stramm auf die 40 zu und Michael bereits auf die 50. Phillip war endlich aus dem Gröbsten raus und ich tat mich schwer mit dem Gedanken, noch einmal von vorne zu beginnen. Nach einigen Wochen der Überlegungen stimmte ich dennoch zu und er hatte ja auch recht. Irgendwie waren wir noch nicht komplett.

Phillip war von Beginn an immer eine Freude für uns gewesen und hatte nie Probleme gemacht. Er spielte inzwischen Gitarre und beteiligte sich mit großer Freude in einer Kindergruppe der Theaterwerkstatt, wo er im kommenden Stück die Hauptrolle des Monty, des kleinen Dachs, bekommen sollte. Theater war komplett sein Ding und er sollte auch noch Jahre später in immer neue Rollen schlüpfen und das Publikum begeistern. Während andere Jungs sich auf Bolzplätzen tummelten oder Karate trainierten, war es für Phillip das Theater, welches ihm Freude bereitete und in dem er aufging.

Nach unserem Campingurlaub im Jahr 2011, den wir ausschließlich für unseren abenteuerlustigen Phillip, als Abschluss an seine Kindergartenzeit gebucht hatten, war ich schwanger und wir konnten unser Glück kaum fassen. Beide Kinder plumpsten ungeplant in mein Leben und waren einfach da, aber dieses Mal war es anders, denn wir planten es von Beginn an. Nach sieben Schwangerschaftstests gab es an diesem Ergebnis auch nichts mehr zu rütteln und auch mein Arzt bestätigte mir nach einiger Zeit, dass ich bereits in der siebten Woche war. Das Baby entwickelte sich gut und alles schien in bester Ordnung zu sein. Wir entschieden, nicht mehr sehr lange zu warten, um es allen mitzuteilen und in der zehnten Woche, war es dann so weit. Phillip freute sich über allen Maßen und die Reaktionen in der Familie waren gespalten. Von „Naja, ihr müsst es ja wissen" bis helle Freude war alles dabei. Nur wenige Tage später bekam ich Blutungen und fuhr zitternd zum Arzt. Nach einer Untersuchung stand fest, dass unser Baby gestorben war. So wäre die Natur eben und wenn so etwas passierte, hätte es immer einen Grund. Ich solle nicht traurig sein und es weiter versuchen. Für den nächsten Tag bekam ich einen Termin zur Ausschabung und auch die Hormone würden sich dann schnell regulieren. Nach dem Termin im Krankenhaus erhielt ich noch einen Zettel von der Krankenschwester, mit dem wir zu einer Sammelbestattung eingeladen wurden, denn auch unser Baby würde dabei sein. Es gab einen Platz für Sternenkinder auf dem Friedhof und im November wäre die Bestattung. Ich war am Boden zerstört.

Bereits zwei Tage nach der Ausschabung stand Phillips Einschulung auf dem Programm und ich musste mich den ganzen Tag zusammenreißen, weil mir immer wieder die Tränen in die Augen stiegen. Phillip hatte sich so sehr auf sein Geschwisterchen gefreut und diese Enttäuschung war schon groß genug, als dass er heute keinen schönen Tag haben sollte. Auch meine Mutter war eingeladen und begann den Morgen der Einschulung bereits mit einer theatralischen Heulattacke, als sie auf meinen Papa traf. Obwohl sie schon viele Jahre getrennt und beide längst wieder neu verheiratet waren, legte sie schauspielerisch bei solchen Treffen immer wieder eine Schippe drauf. Es war ihr gleichgültig, , ob die neuen Partner daneben saßen und alles mit ansehen mussten. Mir erzählte sie, dass sie selbst auch viele Kinder verloren hatte und man das schon überlebt.

Auch der Anwesenheit von Papas Schwester begegnete sie mit völligem Unverständnis, obwohl mein Onkel ja Phillips Pate war. Ihrer Meinung nach hätte dieser Teil der Familie nicht das geringste auf derartigen Familienfesten zu suchen.

Seit sie ihre diversen Schönheitsoperationen hatte durchführen lassen, nutzte sie jede sich bietende Gelegenheit, ihre neuen Brüste nur knapp zu bedecken und jedem anderen Einblicke in ihr nagelneues Dekolleté zu bieten. Mir reichte es! Wenn ich es schaffen musste, mich zusammenzureißen, dann konnte ich dies erst recht von meiner Mutter erwarten, und hielt sie an, dass dies einzig Phillips Tag wäre und ich keinerlei Theater ihrerseits dulden werde.

Immer wieder versuchte sie, Phillip zu Übernachtungsbesuchen bei ihr zu überreden und besprach dies regelmäßig in unserer Abwesenheit mit ihm. Ich hatte bei Gott meine Gründe dafür, dies zu unterbinden, aber mir fiel es schwer, Phillip in kindgerechten Worten zu erklären, warum wir das nicht erlauben konnten. Phillip lebte eine glückliche Kindheit und Michaels Mutter, war eine liebevolle und warme Oma. Diese Art, mit Kindern umzugehen, wie meine Mutter es seit Jahrzehnten praktizierte, war nicht unsere Art und wir versuchten, Phillip so gut es uns möglich war, von allem Schlechten fernzuhalten. Es war nicht auszudenken, was sie mit seiner Seele und seiner Psyche, die wir so sehr pflegten und behandelten wie ein rohes Ei, in nur wenigen Tagen anrichten könnte. Ich hatte bei Simon so vieles falsch gemacht, aber das sollte mir eine Lehre sein und auch, wenn man bei weiteren Kindern immer wieder Fehler machen würde, war es mein oberstes Gebot, seine Seele zu beschützen. Ich war noch einmal mehr bestätigt in meiner Entscheidung, als sie mir sagte, dass der Junge einfach einmal für zwei Wochen zu ihr müsste, um anständig erzogen zu werden, nur weil sie mitbekam, dass er bockte. Phillip war zu jeder Zeit ein tolles Kind, welches man kein bisschen erziehen musste und mit dieser Aussage hatte sie es endgültig verspielt.

Phillip hatten wir erzählt, dass der Arzt sich nur verguckt hatte und leider doch kein Baby in meinem Bauch war. So konnte er auf den Arzt wütend sein, statt mit Gott oder dem Schicksal zu hadern. Ich hielt das für die bessere Idee. Nach der Einschulung folgte für mich eine tiefe Depression und ich weinte wochenlang. Michael versuchte alles, um mich aufzubauen, fuhr mich ans Meer, wir redeten viel und lenkten uns ab, aber ich brauchte einfach diese Zeit, um diesen unmenschlichen Schmerz zu überwinden und die Tränen liefen immer wieder erneut.

Dramatiken meines Lebens

Nachdem ich es akzeptiert hatte, versuchten wir es erneut, aber mit jedem Monat, der wieder in Enttäuschung endete, verlor ich meine Hoffnung darauf, noch einmal ein Baby zu bekommen. Als wir zu unserem Hochzeitstag im November allein für ein Wochenende nach Hamburg fuhren, ließen wir dort für kurze Zeit die Seele baumeln, besuchten den Dom, bummelten durch die Stadt, hielten inne in Cafés und versuchten unsere Zeit, bestmöglich zu genießen.

Ich war mir nicht mehr sicher, ob ich auf diese Beisetzung gehen wollte, denn ich hatte endlich begonnen, diesen schlimmen Schlag zu akzeptieren und die Angst davor, Wunden erneut aufzureißen, war zu groß. Letztendlich waren wir doch dort, um einen Abschluss zu finden. Die große, dunkelblaue Urne mit silbernen Sternchen wurde in der Mitte der Kapelle auf einem mit einem weißen Tuch behangenen Ständer aufgebaut. Links und rechts davon hatten sie riesige weiße Engelsflügel aufgestellt und davor ein Lichtermeer aus Teelichtern auf Tüchern drapiert. Alles wirkte liebevoll und herzlich arrangiert. Mit uns hatten sich noch einige andere Elternpaare in der Kapelle eingefunden und wir teilten diesen Schmerz und den unermesslichen Verlust gemeinsam. Nach der tränenreichen Beisetzung gingen Michael und ich in ein angrenzendes Café, um uns noch einmal kurz zu sammeln, bevor wir Phillip wieder bei Oma abholten.

Sie hatten den verstorbenen Kindern einen würdevollen Abschied bereitet und ich hatte nicht erwartet, dass alles mit so viel Liebe arrangiert sein würde.

Am 11. Dezember 2011 feierte Simon seinen 19. Geburtstag zum ersten Mal in seinem eigenen Zuhause in einem kleinen Partyzelt und wieder waren beide Familien und nun auch Melindas Mama eingeladen, die inzwischen eine Wohnung in der Nähe bezogen hatte. Simons Beziehung zu Christoph und dessen neuer Freundin war schon seit einer Weile angespannt und Christoph bot bereits bei seinem Eintreffen ordentlich Zündstoff, als er mitteilte, sowieso nicht lange bleiben zu wollen. Ich hatte bereits seit dem augenöffnenden Geburtstag vor einem Jahr den Kontakt zu Christophs Familie abgebrochen und kein Interesse mehr an Smalltalk oder sonstigem Kontakt. Dennoch lächelte ich Simon zuliebe freundlich und hielt mich zurück, als die beste Freundin von Christophs Schwester und Mutter von Tom sich neben mich setzte und in ein Gespräch verwickelte. Sie teilte mir mit, dass ich ja damals genau das Richtige gemacht hätte, als ich Simon bei seiner

Tante ließ, und ruhig ein bisschen dankbarer sein könnte. Das schlug dem Fass den Boden aus. Aber bevor ich mich aufregen konnte, bekam ich am Rande mit, wie Simon sein Tempo beim Trinken von Hochprozentigem anzog und ich gesellte mich zu ihm, um ihn ein wenig auszubremsen. Seine Grundstimmung war aggressiv und er ließ sich nicht davon abhalten, im selben Tempo weiterzumachen, denn Christoph hatte die Party inzwischen längst verlassen. Weinend erzählte er mir später, dass er damals nur wegen Tom in Bielefeld geblieben war und weil er ihn nicht allein lassen wollte. Wir machten uns auf den Heimweg und nicht einmal eine halbe Stunde später klingelte mein Telefon und eine völlig aufgelöste Melinda erzählte, dass Simon mit dem Auto losgefahren war und einen Unfall verursacht hatte. Er war im betrunkenen Zustand losgefahren, um seinen Vater zur Rede zu stellen und seine Fahrt endete jäh an der ersten Ampel, die er umgefahren hatte. Die Polizei war schnell vor Ort und sie hatten ihn mit aufs Revier genommen. Wir drehten sofort um und fuhren zum Polizeirevier, wo wir auf Simons Entlassung nach der Blutabnahme warteten. Er war noch immer aggressiv und ich kam nicht an ihn heran. Nach einem Wortgefecht und Handgemenge während voller Fahrt wollte er aus dem Auto springen. Michael stieg auf die Bremse und hielt an. Simon stieg aus dem Auto und legte sich auf die Straße. Er hätte keine Lust mehr und wolle sich jetzt überfahren lassen. Michael redete auf ihn ein und sagte ihm, dass er nun die Wahl hätte, wieder einzusteigen oder aber zurück ins Polizeirevier müsste.

Er stieg wieder ins Auto und wir fuhren schweigend weiter. Zurück bei ihm zu Hause, rannte er ins Haus und zerlegte seine Wohnung in Sekundenschnelle in einen Haufen Schutt und Asche, er rastete aus und war völlig außer Kontrolle geraten. Ich schubste ihn in eine Ecke im kleinen Flur, und schlug ihm ins Gesicht, um ihn zur Besinnung zu bringen, als er mir in den Bauch trat. So hätte das alles nicht enden dürfen und ich machte mir schwere Vorwürfe, dass ich Simon geschlagen hatte. Ich wusste mir nicht mehr zu helfen und hatte auch Angst, dass er in seiner rasenden Wut irgendjemanden oder am Ende noch sich selbst verletzt. Melindas Mama war noch da und so entschieden wir, dass es besser wäre, wenn wir uns zurückziehen, damit sich die Situation entspannen konnte. Ich war offenbar gerade absolut nicht die Richtige, um Simon zu beruhigen und hatte es wieder einmal mit ihm versaut.

Sein Tritt in meinen Bauch hing mir noch lange nach. Es war kein starker Tritt und nicht wirklich schmerzhaft, aber seelisch hatte es so viel angerichtet. Auch wenn wir nach der Fehlgeburt noch immer an einem Baby arbeiteten und ich nicht wusste, ob ich schwanger sein könnte, war es eher eine andere Tatsache, die mich quälte. Er trat mir in denselben Bauch, in dem ich ihn vor 19 Jahren getragen hatte und ich empfand es auch ein bisschen als Tritt in meine völlig verkorkste Mutterschaft.

Obwohl ich es einsah, dass wir beide nicht unschuldig an der neuen angespannten Situation waren, brauchten wir ein kleines bisschen Abstand, um uns zu sammeln.

Weihnachten und andere Katastrophen

Das Jahr endete, wie gewohnt, mit unserem hochheiligsten Weihnachtsfest und Silvester. Michael war ebenso ein Weihnachtsmensch wie ich und in den vergangenen Jahren hatten wir immer weiter eigene Rituale und Abläufe eingebaut, um einen größtmöglichen Zauber zu erschaffen. Schöne Momente! Irgendwann hatte ich mich darin verbissen, viele schöne Momente für meine Kinder zu erschaffen: diese Momente, an die man sich für immer erinnert und die einen durchs Leben tragen würden. Und so nutzten wir vor allem die Advents- und Weihnachtszeit, um möglichst viel Magie und Zauber in das Leben der ganzen Familie zu bringen. Angefangen bei selbstgebauten Adventskalendern, Backen von Weihnachtsplätzchen und dem Dekorieren eines Knusperhäuschens bis über magische Fabelwesen wie Weihnachtselfen und freche Wichtel, die unser Leben schon in der Adventszeit gehörig auf den Kopf stellen. Allerlei Unfug und magische Briefe zauberten schon beim Einzug der Wichtelfamilie direkt nach Totensonntag. Am Heiligen Abend sollte das Wohnzimmer immer verschlossen bleiben, denn wir wollten den Weihnachtsmann mit seinen Engeln und Wichteln auf keinen Fall bei der Arbeit stören. Die Gefahr, dass die Geschenke wieder mitgenommen würden, war viel zu groß. Erst wenn der Weihnachtsmann am Esszimmerfenster vorbei huschte, nachdem wir gegessen und ein Lied gesungen hatten, öffnete sich unsere große Schiebetür und die Augen glänzten wie an keinem anderen Tag im Jahr. Unsere Weihnachtsbäume waren immer so gigantisch, wie der Platz es hergab. In manchen Jahren entschied ich mich auch für gänzlich unperfekte Bäume, weil sie mir so leidtaten und niemand sie wollte. Aber kleine Bäume kamen für uns bis heute nie infrage und nur reich behangen, mit vielen Lichtern und Kerzenglanz, war ein Tannenbaum ein Weihnachtsbaum.

Am letzten Tag des Jahres blieben wir am liebsten unter uns und ließen zusammen mit Phillip das Jahr Revue passieren. Am reichlich gedeckten Esszimmertisch verbummelten wir den Abend bei Raclette, Salaten, Tischfeuerwerk, Spielen und am Ende dem heiligen Silvesterschatz. Der Silvesterschatz ist eine sehr alte silberfarbene Geldkassette meines Opas, die Papas Mama uns, gefüllt mit Geld, zu unserer Hochzeit geschenkt hatte. Am Jahresende schreibt jeder von uns einen Brief zum Abschied an das alte Jahr und mit Wünschen und Hoffnungen für das Neue. Diese werden im nächsten Jahr, am Silvestertag, von allen anderen gelesen und man kann schauen, was aus dem Aufgeschriebenen geworden ist. Dazu legen wir gepresste vierblättrige Kleeblätter aus den Töpfchen vom Tisch und die kleinen Glücksbringer aus dem Tischfeuerwerk. Danach ist der Silvesterschatz wieder für ein Jahr verschlossen und mit Wachs versiegelt.

Direkt zu Beginn des Jahres 2012 plagte mich wochenlang ein starker Husten. Es war keine dieser Erkältungen, wie man sie kennt, sondern es fühlte sich an wie der Endgegner aller Hustenmonster. Ich hustete im Sekundentakt und glaubte, mir die Lunge aushusten zu müssen oder zu ersticken. So ging es wochenlang und Michael brachte Phillip eines Tages über das Wochenende zu seiner Mutter, weil ich zu absolut nichts mehr in der Lage war und mich auskurieren musste. Aber es änderte sich nicht. Alles wurde noch deutlich schlimmer, als Michael aus dem heiteren Himmel schlapp wurde und hohes Fieber bekam. Er war eigentlich niemals krank und wenn er dann doch einmal krank wurde, konnte man immer sicher sein, dass es wirklich ernst war. Er war nie einer von den Männern, die jammernd nach ihrer Mama riefen, wenn sie einen Schnupfen hatten, sondern einer von denen, die lächelnd mit den Worten „alles in Ordnung" untergingen. Wir fuhren zum Arzt und nach einer genauen Untersuchung schickte er ihn ins Krankenhaus mit dem Verdacht auf Salmonellen. Dort angekommen, wurde er direkt auf die Intensivstation verlegt und weiter untersucht. Eine übereifrige Kardiologin, die erst vor kurzem für viel Geld teure, neue Gerätschaften angeschafft hatte, wusste sofort: Es ist das Herz! Wir hatten fürchterliche Angst.

Michael, der bis dato noch niemals in einem Krankenhaus gewesen war, war die ganze Sache mehr als unheimlich. In den folgenden Nächten versuchte ich, nicht an meinem Husten zu ersticken und bettete mich auf dem Sofa sitzend, um ein wenig Ruhe zu finden.

Tagsüber fuhr ich zu den strengen Besuchszeiten ins Krankenhaus und passte mit telefonischer Hilfe meiner Schwester auf, dass sie meinen lieben Mann nicht kaputt diagnostizierten. Es belastete ihn am meisten, dass er Phillip nicht sehen konnte, für den ein Besuch auf der Station strengstens verboten war. Diese Sorge um Michael und dass ich mich nicht um ihn kümmern konnte, gepaart mit meinen eigenen gesundheitlichen Problemen, war unerträglich. Nach einigen Tagen stellte sich heraus, dass es nur eine Lebensmittelvergiftung unbekannten Ursprungs war - und nicht das Herz - und er wurde entlassen.

Ich hatte mir inzwischen bei einer meiner zahlreichen Hustenattacken, einen innerlichen Bluterguss unter den Rippen zugezogen, mit dem ich unter heftigsten Schmerzen meinen Hausarzt aufsuchte. Eine Blutuntersuchung ergab, dass ich Keuchhusten hatte und es nichts mehr gab, was man tun konnte, um den Heilungsverlauf zu verkürzen. Mein Husten sollte noch ganze sechs Monate andauern, bis ich endlich davon geheilt war.

Ins Messer

Gegen Ende März 2012 stand Simons Gerichtsverhandlung wegen des Geburtstags-Schlamassels an. Wir fanden uns im Gerichtssaal ein und die Richterin, sowie die Jugendpflegerin trugen unter anderem vor, dass Simons schwierige Beziehung zu seiner Mutter, die ihn im Alter von elf Jahren verlassen hatte, nicht zuletzt für das Geschehene verantwortlich war. Mir gefror das Blut in den Adern. Ich wusste, dass ich viel falsch gemacht hatte, aber eine Mitschuld an dieser Situation hatte ich mit Sicherheit nicht. Sie hatten mich im Vorfeld der Gerichtsverhandlung zum Sündenbock gemacht und ich rannte geradewegs ins Messer. Mein größter Fehler war doch im Grunde, dass ich Simon nicht einfach zu einem Umzug gezwungen hatte.

Ich gratulierte Simon zum milden Urteil und war an diesem Tag nicht mehr daran interessiert, mich noch im Anschluss mit dieser Familie zu einer Tasse Kaffee zusammenzusetzen.

Ich war tief verletzt und voller Schuldgefühle; Michael fuhr mich nach Hause. Ich konnte nicht verstehen, was da jetzt geschehen war, denn die Wahrheit war doch eine ganz andere. Irgendwann versuchte ich, mich einfach damit zu trösten, dass es zumindest Simon zu einem milderen Urteil verholfen hatte. Ich zog mich für einige Wochen in mein Schneckenhaus zurück.

Die Familie wächst

Als sich bis April noch immer keine Schwangerschaft eingestellt hatte, beschloss ich, es gut sein zu lassen. Ich hatte ja zwei gesunde Kinder und das war so viel mehr als manch andere Menschen hatten. Dieses große Glück würden viele Menschen nie kennenlernen und diese Einsicht half mir, die Situation zu akzeptieren. Stattdessen entschieden wir, einen Hund zu kaufen und suchten eine Weile, bis wir einen kleinen niedlichen Jack-Russel-Mischling fanden, der sich direkt, wie ein Pfeil in mein Herz schoss. Er war noch ein kleiner Welpe und ab sofort hieß es, Tag und Nacht parat zu stehen, wenn der kleine Kerl sein Geschäft machen musste. Schon nach wenigen Wochen war er stubenrein und dieser quirlige, kleine Kerl brachte unser Leben ganz schön auf Trab. Er tröstete mich mit seiner verspielten Art über den Verlust meiner beiden Kinder hinweg, denn der Kontakt zu Simon lag nun auch auf Eis. Ich konnte nicht verstehen, wie er es zugelassen hatte, dass die Tatsachen so verdreht worden waren.

Nicht einmal zwei Monate später war ich schwanger und konnte es nicht fassen. Ich testete und testete. Jeden Tag wieder neu. Meine Schwangerschaftstests hatte ich in 50er Paketen gekauft und nach den erfolglosen Monaten hatte ich noch einige im Schrank. Nach ein paar Tagen ging ich wieder zum Arzt, der mir abermals gratulierte. Wir waren wieder schwanger und unser Baby war gesund! Meine Freude blieb verhalten. Es war noch nicht lange her, dass ich genau das schon einmal erlebt hatte und auch das Ende war mir noch sehr gut in Erinnerung. Ängstlich wartete ich die nächsten Wochen ab, bis ich in der elften Woche meiner Mutter am Telefon erzählte, dass es wieder funktioniert hatte. Mein Entbindungstermin sollte der 19. März 2013 sein. Es war ein schönes Datum, da es der Geburtstag von Papas Mama war und ich sah es als Geschenk. Mutter sagte nichts und gab mir meine Schwester, der ich sofort die überraschenden Neuigkeiten mitteilte. Meine Schwester lachte und wirkte überaus erleichtert, als sie mir mitteilte, dass sie ebenfalls schwanger sei, aber etwa drei Wochen weiter sei als ich. Sie hatte mir bisher nichts erzählt, weil sie um meine Situation wusste und lieber erst noch abwarten wollte.

Ich flippte aus vor Freude und nun musste alles gut gehen. Es war nicht auszudenken, wenn einer von uns in dieser wunderschönen Geschichte auf der Strecke bliebe.

Im Sommer 2012 beendete Simon erfolgreich seine Ausbildung zum Landschaftsgärtner und entgegen allen bösen Unkenrufen war er noch nicht Vater geworden. Ich war stolz auf ihn, denn er zog sein Ding durch und hatte sich eine anständige Basis für seine Zukunft geschaffen.

Während meine Schwester ihre Schwangerschaft in vollen Zügen genoss, kämpfte ich mit den bekannten Problemen. Zum einen waren auch nach fortgeschrittener Schwangerschaft nun diese Ängste da, dass doch noch etwas schief gehen könnte und zum anderen war ein alter Feind zurück - meine Stauungspapille. Wieder begann es mit harmlosen Sehstörungen und wieder ging ich nach einer Weile zum Augenarzt. Dieses Mal überließ ich nichts dem Zufall und suchte mir den besten heraus. Nach kurzer

Anamnese meiner Vorgeschichte entschied mein wunderbarer Augenarzt, erst einmal abzuwarten. Er strahlte nicht zuletzt aufgrund seines gehobenen Alters eine väterliche Ruhe und Sicherheit aus, die nur noch von seiner grenzenlosen Kompetenz in den Schatten gestellt werden konnte. Wann immer mein Neurologe mich beinahe panisch in ein Krankenhaus zu einer erneuten Hirnwasserpunktion schicken wollte, blieb mein Augenarzt noch entspannt und beruhigte mich mit den Worten „Wenn ich panisch werde, sollten sie es auch werden! Sehe ich etwa panisch aus?!" Alle zwei Wochen machte er Bilder von meinem Augenhintergrund und obwohl ihm diese teure Untersuchung in dieser Häufigkeit keine Krankenkasse bezahlte, hielt er daran fest. Und er sollte Recht behalten. Genau wie beim letzten Mal verschwanden beinahe über Nacht meine Sehstörungen und die Stauung der Papillen nach einigen Monaten, wie sie gekommen waren. Ich kann heute nicht in Worte fassen, wie dankbar ich ihm immer noch bin und hoffe, dass sein Sohn, der inzwischen die Praxis übernommen hat, es seinem Vater gleichtut.

Seit dem 6. Schwangerschaftsmonat plagten mich immer wieder heftige Schmerzen im Unterleib. Wir beeilten uns mit der Herrichtung des neuen Babyzimmers und hatten schon sehr zeitig alles fertig. Obwohl mit unserem Baby alles in Ordnung war, überkam mich immer wieder diese Angst, dass etwas nicht stimmen musste. Immer wieder suchte ich meinen inzwischen völlig genervten Arzt auf, der nach dem Rechten schauen sollte. Mal war es ein Harnwegsinfekt, ein anderes Mal waren es vorzeitige Wehen, ein weiteres Mal war ich bei Glätte vor unserer Bäckerei ausgerutscht und hatte mir den Oberschenkel in den Bauch gedrückt. Mein Gynäkologe war einfach nur noch genervt von mir und meiner ständigen Panik. Es war ihm völlig unverständlich, dass ich einfach nur Angst hatte, mein Baby wieder zu verlieren. Und mein Gefühl sollte Recht behalten, als ich zu Beginn der 34. Schwangerschaftswoche kein Wasser mehr halten konnte. Ich lag im Bett und drehte mich herum, als plötzlich ein Schwall Wasser meine Wäsche einnässte. Ich sprang auf und rief Michael, dass wir sofort ins Krankenhaus müssten, da etwas nicht stimme. Er schnappte sich Phillip und brachte ihn ins Auto, um ihn zu meiner Schwiegermutter zu fahren. Besorgt gab er Vollgas und brachte mich ins Krankenhaus. Nach einigen Untersuchungen und Tests durch die Hebamme war klar, dass ich einen hohen Blasensprung hatte, und sie erklärte mir, dass ich dort nicht bleiben könne, da es noch viel zu früh sei und mein Kind auf die Kinderstation müsse. Wir sollten auf direktem Wege die Klinik in Vechta ansteuern, wo mein Kind schon bald auf die Welt kommen sollte. Der Weg dorthin führte uns durch dichte Nebelschwaden und als wir die Stadt erreichten, begegneten wir an jeder Ecke verkleideten Menschen, die Karneval feierten. Im Krankenhaus angekommen und nach erneuten Untersuchungen, wurde ich vom Kreissaal mit der Anordnung, liegen zu bleiben, direkt in ein Zimmer verlegt. Am nächsten Morgen sollte die Geburt eingeleitet werden. Meine Mutter rief im Minutentakt an, aber wenn es einen

Menschen gab, mit dem ich jetzt absolut nicht sprechen wollte, dann war sie es. Ich hatte meine Schwester gebeten, unsere Mutter über alle relevanten Dinge zu berichten und sie bat sie, mich fürs erste in Ruhe zu lassen, da ich gerade eine sehr aufreibende Situation durchmachte. Ihre Horrorgeschichten waren jetzt zu viel des Guten und ich hatte einfach keine Nerven mir anzuhören, was sie alles an viel schlimmeren Situationen erlebt hatte. Ich fühlte mich miserabel und hatte unglaubliche Angst um unser Baby.

Am nächsten Morgen kam Michael sehr früh in die Klinik und die Geburt wurde eingeleitet. Ich hatte mir so sehr gewünscht, eines meiner Kinder ganz normal und natürlich und ohne Wehen-Tropf zur Welt zu bringen, aber das war für mich nicht vorgesehen.

Meine Mutter rief immer noch ständig an, aber ich hielt ausschließlich Kontakt zu meiner Schwester, die mir in der gesamten Schwangerschaft ohnehin die beste Stütze gewesen war. Nicht nur, dass sie in einer ähnlichen Situation war, sondern zudem, dass sie gelernte Krankenschwester war, hatte mich immer wieder beruhigt und geerdet. Die Stunden vergingen und die Kreißsäle waren völlig überlastet. So sah ich die Hebamme nur hin und wieder für einen kurzen Moment, bis zu dem Zeitpunkt, als die Geburt in Fahrt kam. Es dauerte nicht sehr lange, als unser kleiner Schnellstarter Max, in der 34. Schwangerschaftswoche, am 10. Februar 2013, das Licht der Welt erblickte und ihn direkt zwei Kinderärzte in Empfang nahmen. Nach einer kurzen Minute für mich wurde mir mein kleines

Würmchen von 45 cm und 2400 Gramm direkt wieder genommen und auf die Kinderstation gebracht. Michael bat ich, den kleinen Kerl keine Sekunde aus den Augen zu lassen und er begleitete Max zu seinen Untersuchungen. Die Hebamme war schon wieder weg, als ich mutterseelenallein, halb betäubt, noch gute zwei Stunden in meinem Bett lag und bitterliche Tränen weinte.

An diesem Abend sah ich mein Kind nur noch auf einem Foto, welches Michael mir später auf dem Handy zeigte, und kämpfte noch die ganze Nacht mit fürchterlichen Nachwehen. Michael rief am selben Abend bei meiner Mutter an, um ihr von ihrem Enkel und den dramatischen letzten Stunden zu berichten, was sie damit beantwortete, dass sie ja auch vorhin leckere Muscheln essen war. Diese Situation war dermaßen bizarr, dass Michael heute noch kopfschüttelnd davon erzählt.

Durch diese Stresssituation hatten sich erneut Angstzustände bei mir bemerkbar gemacht und als Michael am nächsten Vormittag eine halbe Stunde später kam als besprochen, saß ich weinend auf dem Bett und machte ihm Vorwürfe. Ich war einfach nicht in der Lage, selbstständig zu meinem Kind zu gehen und hielt diesen Weg einmal quer durch das ganze Krankenhaus für unüberwindbar. Mir war schwindelig, mein Blutdruck explodierte in die Höhe und ich fühlte mich ausgemergelt und schwach. Unser kleines Würmchen lag in einem kleinen Bettchen inmitten vieler anderer Frühchen und wirkte so klein und zerbrechlich. Sie hatten ihm ein rosafarbenes Namensschild gegeben und eine orangefarbene Mütze aufgesetzt. Ich weiß heute nicht, warum mich das so sehr störte, aber es sollte doch wohl möglich sein, unserem kleinen Jungen ein blaues Schildchen an sein Bett zu hängen. An seinem Körper hingen Schläuche und Kabel und in seiner Hand steckte eine im Vergleich zu seinen winzigen Fingern, riesige Infusionsnadel. Ich konnte diesen Anblick kaum ertragen und setzte mich auf einen Stuhl neben seinem Bett. Er wirkte so zerbrechlich, dass ich eine Weile brauchte, Mut zu fassen, ihn auf diesem Stuhl in den Arm zu nehmen. Mir war noch immer schwindelig und viel lieber hätte ich mit ihm in meinem Bett gekuschelt, aber das war nicht möglich. Meine Schwiegermutter und Schwägerin, kamen mit Phillip ins Krankenhaus und statt dass er sein kleines Brüderchen kennen lernen konnte, war nur ein kurzer Blick durch die Scheibe möglich. So hatte ich mir das alles nicht vorgestellt. Traurig beobachtete ich andere Mamas, die ihre Babybettchen über den Flur in ihre Zimmer schoben. Sie hatten alle Zeit der Welt, sich kennenzulernen und warteten nur auf den einen Termin beim Fotografen für Neugeborene. Unsere Termine waren im Vier-Stunden-Rhythmus getaktet, denn wir mussten uns an die Versorgungszeiten halten. Dazwischen war es nicht gestattet, die Frühchen-Station zu betreten. Max hatte Anpassungsschwierigkeiten, konnte seine Temperatur noch nicht gut halten und auch die Nahrungsaufnahme wurde immer wieder zum Problem, so dass hin und wieder noch eine Sonde gelegt werden musste. Zum

Schluss hatte sich noch eine Gelbsucht eingestellt und mein Baby wurde durch die Fototherapie noch unerreichbarer für mich. Nach 4 Tagen wurde ich ohne mein Kind entlassen. Immer noch erschöpft und völlig fertig, fuhr ich am nächsten Tag ganz in der Frühe zu meinem Hausarzt, der mir irgendwas zur Beruhigung geben sollte. Mein Blutdruck war noch immer jenseits von Gut und Böse und wir mussten irgendwie die nächsten Tage oder vielleicht Wochen durchhalten. Jeden Tag fuhren wir zum Krankenhaus und blieben den ganzen Tag auf dem Klinikgelände, um weiter im Vier-Stunden-Takt unser Baby zu versorgen. Ich war am Ende, hatte psychisch und körperlich noch immer mit den Nachwirkungen der Geburt zu kämpfen, wollte so gerne liegen und ausruhen, es war kalt und dieses Leben schien erbarmungslos. Manchmal legte ich mich ins eisige Auto, um ein paar Minuten die Augen zu schließen und aß meine homöopathischen Beruhigungspillen wie Bonbons in der Hoffnung auf Wirkung. Meine Mutter ließ sich kein einziges Mal im Krankenhaus blicken, denn sie sah nicht ein, den weiten Weg von fast zwei Stunden auf sich zu nehmen, ohne dass sie das Kind auf den Arm nehmen dürfe. Nach einer weiteren Woche wurde Max entlassen und wir konnten ihn endlich mit nach Hause nehmen. Phillip hatten wir nichts davon gesagt, denn wir hatten Sorge, dass im letzten Moment wieder etwas dazwischenkommt und er enttäuscht sein würde. Er betrat das Wohnzimmer, während Max in seiner Wiege lag und ruhig schlief. Phillip brach in Tränen aus, als er seinen kleinen Bruder dort so liegen sah und seit diesem Zeitpunkt, ließ er ihn bis heute nie wieder aus den Augen. Da Michael schon bald wieder arbeiten musste, bat ich meine Mutter dringend, für ein paar Tage herzukommen, weil es mir noch schlecht ging und mich überfordert fühlte. Ich steckte noch immer so tief in meinen Ängsten, dass ich sogar meine Mutter anflehte, die ich inzwischen am liebsten von hinten sah. Aber sie kam nicht. Sie sah es gar nicht ein, hierher zu kommen und sagte mir, dass ich es schon schaffen würde. Ich hätte nur ein Kind bekommen und solle mich nicht so anstellen, denn sie hätte schon viel Schlimmeres mitgemacht. Obwohl sie keine weiteren Verpflichtungen hatte und ihr Mann unter der Woche nicht da war, wollte sie einfach nicht.

Es folgten Wochen der Regeneration und es dauerte eine Weile, bis ich wieder zu Kräften kam. Mein Hausarzt schaute zwei Mal in der Woche bei mir vorbei, nahm Blut ab und kümmerte sich um mich. Unsere Hebamme besuchte uns jeden zweiten Tag, wog Max und kümmerte sich nicht zuletzt auch um mich und meine Seele. Das war mir in den letzten Wochen verwehrt geblieben, denn im Krankenhaus lief man als Frühchen-Mutter nur am Rande. Jedes Gramm, welches Max zunahm, war ein Grund zur Freude und erleichterte uns ungemein. Er schlief ab sofort Tag und Nacht in meinem Arm und ich konnte und wollte ihn nicht ablegen. Irgendwann hatten wir dann eine kleine Ecke auf dem Sofa für ihn eingerichtet, wo er ab und zu unter meiner Beobachtung schlafen konnte und neben unserem Bett, hatten wir einen Babybalkon aufgebaut. Simon und

Melinda kamen uns nach dieser langen Zeit der Funkstille besuchen, als wir wieder zu Hause waren und dieser kurze Moment, als meine drei Jungs zusammen auf dem Sofa kuschelten, war Frieden pur.

Weil ich zu viel Angst hatte, mit dem kleinen Würmchen in die obere Etage zu gehen, um ihn tagsüber zu versorgen, stellte Michael mir eine mobile Wickelstation mit ausreichend Wechselwäsche ins Wohnzimmer. Wieder unterstützte er mich, wann immer er konnte und auch wenn ihm die vergangenen Wochen ebenso zugesetzt hatten, war er wieder stets darauf bedacht, mich wieder auf die Beine zu bekommen und hielt mir den Rücken frei.

Meine Schwester wartete inzwischen auch sehnsüchtig auf die Geburt und eigentlich wäre sie ja auch früher dran gewesen, wenn Max sich nicht vorgedrängelt hätte. Sie hatten uns kurz besucht und sie konnte nicht erwarten, endlich auch ihr kleines Baby im Arm zu halten. Sie hatte direkt nach Max Geburt begonnen, kleine Kleidung in Größe 44 für ihn zu besorgen, denn unsere Ausstattung begann bei Größe 50 und war viel zu groß für ihn. Was ihre eigene Babyausstattung anging, war sie völlig tiefenentspannt, denn auch, wenn das Baby auf der Welt sei, könne ihr Freund noch die fehlenden Dinge besorgen. In diesen Dingen waren wir grundverschieden, denn ich war ein Planungsmensch und jemand, der nichts dem Zufall überließ. Wichtige Dinge gab ich niemals aus der Hand und erledigte sie selbst, denn nur so wüsste ich, dass sie genau so erledigt sein würden, wie ich es mir vorstellte. Außerdem habe ich bis heute diesen ständigen Drang zum Perfektionismus und gehe dabei immer wieder über meine Grenzen.

Ich prophezeite ihr schon seit längerem, dass ihr Baby am 5.3. auf die Welt käme, denn ich fand, dass dies ein schönes Datum wäre. Es dauerte nach ihrem Besuch nur noch wenige Tage, als meine süße, kleine Nichte Greta, am 5.3.2013, gesund und munter auf die Welt kam. Alles war gut gegangen und keiner war von uns auf der Strecke geblieben. Wir waren erleichtert und glücklich. Während der gesamten Schwangerschaft hatten wir täglich Kontakt und dies sollte sich auch für viele Jahre nicht ändern. Unserer Beziehung als Schwestern tat diese neue Art der Verbundenheit unglaublich gut und wir wuchsen ein gutes Stück enger zusammen - ganz zum Missfallen unserer Mutter.

Nervenbündel

Im Alter von 5 Wochen entdeckte ich in Max' Leiste eine kleine Beule und zeigte sie unserem Kinderarzt. Wie befürchtet, hatte er beidseitige Leistenbrüche und sollte beim Chirurgen vorgestellt werden. Den Termin dort hatten wir eine Woche später im selben Krankenhaus, in dem er geboren wurde. Nur einen Tag vor diesem Termin bildete sich eine größere Beule und wir suchten erneut den Kinderarzt auf, der uns umgehend ins

Krankenhaus schickte. Sein Darm hatte sich verklemmt und Max wurde noch am selben Abend notoperiert.

Wieder bekam ich Angstzustände und dieses Bild meines nackten Babys auf dem Arm des Anästhesisten, der seine Wirbelsäule nach einer geeigneten Stelle für die Betäubung abtastet, hatte sich augenblicklich in mein Gehirn gebrannt. Wir blieben einen Tag im Krankenhaus und durften dann mit unserem frisch operierten Baby zurück nach Hause. Alles war gut gegangen und Max hat keine Schäden zurückbehalten, aber mich hatte dieser erneute Schock wieder um Wochen zurückgeworfen und ich verzog mich wieder in mein Schneckenhaus.

Die nächsten Wochen vergingen, unser Leben beruhigte sich wieder und es dauerte etwas, bis wir uns im Alltag auf zwei Kinder eingestellt hatten. Michael hatte inzwischen einer Haushaltshilfe zugestimmt, da meine Angstzustände noch immer großer Bestandteil meines täglichen Lebens waren und ich erst einmal das Wichtigste auf die Reihe bekommen musste - meine Kinder. Alles andere stand weit hinten an und war nicht wichtig. Durch die Haushaltshilfe hatte ich die Gewissheit, dass zumindest einmal in der Woche ein Großputz stattfand, denn immer nur das Nötigste zu reinigen, war irgendwann nicht mehr ausreichend. Meine Mutter nahm dies selbstverständlich als Anlass, mir einmal mehr zu erklären, wie unfähig ich war, denn sie hatte ja schließlich vier Kinder und immer alles im Griff. Derartige Aussagen brachten in mir immer wieder das Blut zum Kochen, denn den Müll, den sie da redete, glaubte sie anscheinend selbst inzwischen.

Simon beendete in diesem Sommer erfolgreich seine Ausbildung und ich war nicht dabei, um ihn zu beglückwünschen oder mit ihm zu feiern, denn der Kontakt lag mal wieder auf Eis. An den Grund dafür kann sich heute keiner mehr von uns erinnern, aber wir befanden uns an einem Punkt, wo schon kleinste Worte oder Gesten gegenseitig missverstanden wurden und zu einem völligen Erliegen unserer Beziehung führten. Es gab derartig viele Spannungen zwischen mir, die alles aufarbeiten, klären und in gesunde Bahnen lenken wollte, und ihm, der genau das Gegenteil bevorzugte.

Max war ein Schreikind und es gab Tage, an denen er von morgens bis abends nur schrie. Eines Abends drückte ich ihn fest an mich, während ich ihn schaukelte. Ich saß im Bett und weinte vor lauter Verzweiflung, weil er einfach nicht aufhörte zu schreien. Er hatte doch alles, war satt und sauber und im Grunde war doch alles in Ordnung. Ich sagte Michael, dass wir am nächsten Tag zur Schrei-Ambulanz müssten, da ich nicht wüsste, wie lange ich das noch aushalten würde. Ich glaubte, dies sind die Momente, wo schon so manchen jungen Eltern die Nerven durchgegangen waren und die in ihrer Hilflosigkeit schreckliche Dinge taten.

Am nächsten Tag hatte sich die Lage vorerst beruhigt und Michael kaufte eine elektrische Schaukel für Max. Ab sofort konnten wir wieder friedlich am Tisch miteinander Essen und auch die Hausarbeit gelang mir wieder zunehmend. Diese Schaukel hatte unser Leben gerettet und wurde absolut pfleglich behandelt. Zusätzlich hatten wir Max bei einem Osteopathen vorgestellt, der seine blockierte Halswirbelsäule wieder richtete.

Am 16. Juni 2013 wurde Max in unserer Stammkirche getauft und meine Schwester übernahm seine Patenschaft. Bei diesem Kind schien göttlicher Segen mehr als notwendig, denn er hatte längst gezeigt, was er auf dem Kasten hatte und uns schwante, dass Max noch einiges zu bieten hatte.

Meine Schwester und ich versuchten, uns mindestens einmal monatlich zu treffen - nicht zuletzt, damit die Babys miteinander aufwachsen konnten und sich niemals fremd würden. Im Sommer legten wir sie zusammen auf unserer Terrasse in den Laufstall und spannten einen Insektenschutz darüber, auf den Krabbeldecken war immer Platz für zwei und wir kauften uns gegenseitig Kleidung und Spielsachen, wenn uns etwas Passendes in die Hände fiel. Wir waren füreinander da, konnten uns alles erzählen und waren unsere eigene kleine Familie.

Phillip kam im Sommer ins dritte Schuljahr und hatte zunehmend Probleme mit Mitschülerinnen, die ihn auf jegliche Art und Weise mobbten und schikanierten. Aufgrund verschiedener gesundheitlicher Probleme kam es am Ende der Kindergartenzeit zu seinem Übergewicht, welches wir schon seit langem erfolglos zu bekämpfen versuchten. Verschiedene Allergietests und

Krankenhausaufenthalte brachten zwar Ergebnisse, aber keinen Durchbruch in der Gewichtsabnahme. Wir versuchten, ihn immer wieder zu stärken und ich hoffte irgendwann einfach, dass sich diese Probleme mit dem Wachstum eines Tages von allein erledigen würden. Seine überaus freundliche, aber auch altkluge Art, war zwar für die Erwachsenen ganz entzückend, kam aber bei Gleichaltrigen absolut nicht an und war einmal mehr ein Grund für heftige verbale Attacken gegen ihn. So sagte eine Mitschülerin zu ihm auf dem Pausenhof „Jemandem wie Dir sollte man den Kopf abschlagen!" Ich war vollkommen entsetzt und wandte mich immer wieder an die Schule, die dieses Problem regelmäßig unter den Teppich kehrte. Gespräche mit den Eltern verstrichen fruchtlos, denn deren Kinder machten ja so etwas nicht und wenn es doch so sein sollte, dann wäre es ja kein Wunder.

Kein Wunder? Was sollte das bedeuten? Diese Frage wurde mir damit beantwortet, dass es ja kein Wunder wäre, wenn andere Kinder Phillip mobben, denn er wäre ja so anders und hätte auch nicht einmal an der Radtour der Klasse teilgenommen.

Ich hatte keine Worte mehr für eine derartige Unverschämtheit und fragte mich, ob ich wirklich die Einzige auf diesem Planeten bin, die sich solche Dinge nicht herausnimmt. Phillips Selbstbewusstsein wurde durch diese sozial verkrüppelten Mitschülerinnen noch für lange Zeit nachhaltig erschüttert.

Seine Leistungen in der Schule waren durch die Bank außerordentlich gut und schon von Anfang an war Phillip eher der Denker als der Macher. Wir versuchten, ihn mehr im Kontakt zu seinen alten Freunden aus Kindergartenzeiten zu bestärken und die Beziehungen zu ihnen aufrecht zu erhalten. Spätestens nach dem Wechsel in die weiterführende Schule würden die Karten neu gemischt.

Paranoia

Meine Schwester und ich besuchten Mutter zusammen mit unseren Familien. Sie hatte sich wieder mächtig aufgebrezelt und ließ keine Gelegenheit aus, sich zu präsentieren. Max war müde und überdreht, als ich ihn auf dem Arm schaukelte und mich mit ihm auf das Sofa legen wollte. Meine Mutter kam angerannt wie eine durchgedrehte Irre, riss mir mein Kind aus dem Arm und schmiss sich auf das andere Sofa. Es dauerte nur Sekunden und ich wusste nicht, wie mir geschah, als sie wieder mit meinem Kind auf der Brust da lag und ihr Mann mit träumendem Blick daneben saß. Michael schaute mich entsetzt an, denn er ahnte, dass dies Konsequenzen haben würde, als ich wütend aufstand und mir mein Kind wiederholte. So nicht! Sie hätte mich einfach fragen können, ob sie ihn halten darf, aber auf diese Art und Weise verletzte sie nie wieder meine Privatsphäre. Die Besuche dort waren sowieso immer äußerst unangenehm, denn regelmäßig wurde sogar kontrolliert, ob ich auch wirklich auf die Toilette ging oder nicht doch im Haus herumschnüffeln würde. Bei einem dieser Besuche fiel mir auf, dass auf Mutters Schrank viele Familienfotos standen. Von meinen Geschwistern als Kinder und als Erwachsene, Familienbilder, Kinderfotos meiner Nichten und meines angeheirateten Neffen, der befreundeten Familie meiner Schwester und sogar von fremden Leuten, die ich nicht einmal kannte. Aber es war kein einziges Foto von mir oder meinen Kindern zu finden. Nicht einmal ein Hochzeitsfoto oder ein Kinderfoto von mir. Ich sprach sie offen darauf an und sie wirkte irritiert und schien nicht zu wissen, was ich von ihr wollte. Schließlich sei ich doch erwachsen genug, um zu wissen, dass ich dazu gehörte!?

Giftkelch

Kurz vor Pfingsten 2013 und viel zu vielen schlaflosen Nächten, in denen ich Simon vermisste, wurde es Zeit, diesem Wahnsinn ein Ende zu bereiten. So konnte es nicht weitergehen und diese krankmachenden Familienstrukturen mussten unterbrochen werden. Meine Mutter hatte keinen Kontakt zu meiner Oma, und ich hatte, wenn überhaupt, nur einen Schlechten zu meiner Mutter. Alle Kinder aus allen Generationen unserer Familie, hatten keinen Kontakt zu ihren Eltern. Ich liebte mein inzwischen erwachsenes Kind doch immer noch genau so wie damals und es war meine

Aufgabe als Mama, diesen Schritt auf ihn zuzugehen und für eine stabilere Beziehung zu sorgen. Ganz genau so, wie ich es mir damals immer von meiner Mutter für mich gewünscht hatte.

Dieser Giftkelch durfte nicht mehr weiter gereicht werden. Es zog sich durch alle Generationen wie ein Fluch. Alle Mütter in der Familie hatten gestörte oder keine Beziehungen zu ihren Kindern. Schuld daran waren in meinen Augen einzig die Mütter und ich wollte das ein für alle Mal beenden.

Ich rief Simon an und lud die beiden zum ungezwungenen Grillen an Pfingsten ein. Es war eine bedrückende Situation, da wir uns lange nicht gesehen hatten und wir beide lernen mussten, uns wieder zu verstehen. Michael, der dies natürlich schnell bemerkte, nahm das Zepter an sich und plauderte in seiner gewohnt lockeren Art einfach los, um das Eis zu brechen.

So weiterzumachen, wie es einmal aufgehört hatte, machte keinen Sinn. Immer wieder versuchte ich, all das erlebte mit Simon aufzuarbeiten, begann Gespräche, die er nicht führen wollte und auf die er abweisend reagierte. Aber wir befanden uns auf einem guten Weg und ich habe es bis heute nicht aufgegeben, diese Gespräche immer wieder, wohl dosiert, in winzigen Stückchen weiterzuführen. Es war ein ständiges und vorsichtiges Ausloten von Nähe und Distanz, denn wäre ich zu weit gegangen, wäre dieser Kontakt schnell wieder in der Eiszeit gelandet.

Simons Beziehung zu Melinda war stabil und sie gab ihm Halt und Selbstbewusstsein, während beide Stück für Stück erwachsen wurden. Sie bestritten ihr Leben gemeinsam und arbeiteten weiter an ihrer Zukunft.

Nachdem meine Mutter erneut aus reiner Eifersucht die Beziehung zwischen meiner Schwester und mir zu torpedieren versucht hatte, brach ich den Kontakt nun endgültig zu ihr ab. Erneut hatte sie uns wechselseitig Lügengeschichten erzählt und nachdem ich sie zur Rede gestellt und sie alles abgestritten hatte, hatte ich endgültig genug von ihren Spielchen. Sie hatte wieder einmal einfach aufgelegt und damit das Telefongespräch beendet. Das tat sie allzu gerne, um das letzte Wort zu haben, aber dieses Mal sollte es das letzte Mal gewesen sein.

2014

2014 startete wie gewohnt turbulent, als wir bei einem augenärztlichen Kontrollbesuch erfuhren, dass bei Max der Verdacht auf ein Glaukom bestünde und es in spätestens sechs Monaten kontrolliert werden sollte. Seine großen Augen waren in der Tat immer wieder ein Thema und erhielten jede Menge Bewunderung. An eine Erkrankung dachte ich nie und war nach eigenen Recherchen regelrecht erschrocken über das, was ich da las. Nachdem ich Kontakt zu einer Spezialklinik in Magdeburg aufgenommen und die zuständige Ärztin per E-Mail-Kontakt erreicht hatte, vereinbarten wir dort einen Termin, denn wir wollten kein weiteres halbes Jahr verlieren. Und auch der Kontakt zu einer anderen Augenklinik in Ahaus bestätigte mir, dass man keine Zeit verlieren dürfe, falls es sich tatsächlich um ein Glaukom handelte. Dort bekamen wir noch in derselben Woche einen Termin und Max wurde eingehend mit den neuesten Untersuchungsmethoden auf den Kopf gestellt. Max hatte kein Glaukom, aber sollte vorsichtshalber in dreimonatigen Abständen zur Kontrolle kommen, allein schon, weil er als Frühchen geboren war und eine regelmäßige Überprüfung sinnvoll sei. Uns fiel ein riesiger Stein vom Herzen und bis heute sind regelmäßige Augenarztkontrollen fester Bestandteil unserer Jahresplanung, allerdings konnten sie inzwischen auf zwei Mal jährlich reduziert werden. Den Termin in Magdeburg mussten wir nicht mehr in Anspruch nehmen.

Im Laufe des Jahres beschäftigte ich mich viel mit alternativen Heilmethoden, Homöopathie, Selbstversorgung, allerlei Öko-Kram und stellte auch zunehmend unsere Welt und dessen Entwicklung in Frage. Die Babys entwickelten sich gut, Mein Kontakt zu Simon stabilisierte sich und Phillip hatte sein letztes Schuljahr in der Grundschule gestartet. Seine Noten ließen schon lange nur den einen Schluss zu, nämlich dass er im nächsten Jahr auf das Gymnasium wechseln sollte. Unser Zuhause war in den vergangenen Jahren immer öfter zu einem Treffpunkt für die ganze Familie geworden und ich genoss jedes Zusammentreffen bei leckerem Grillen oder Kaffee und Kuchen.

Mein Papa lebte noch immer mit seiner koreanischen Frau zusammen und es schien, als fristete er nur noch sein Leben. Arbeiten, schlafen, Bier trinken und rauchen waren zu seinem Lebensinhalt geworden und ich sorgte mich immer wieder sehr um ihn. Ihn belasteten zunehmend die Schmerzen in seiner Hüfte, die er nach seiner inzwischen dritten Prothese noch immer mit sich herumtrug. Manchmal wirkte es, als hätte er sich aufgegeben. Seine Ehe lief in seinen Augen gut, denn seine Frau bediente ihn von vorne bis hinten und las ihm sämtliche Wünsche von den Augen ab. Diese Art zu leben, war und ist für mich nicht zu verstehen. Allerdings änderte ich mit der Zeit meine Sichtweise darauf, denn es oblag nicht mir zu beurteilen, wie er zu leben hatte. Vielmehr ist es wichtig, dass beide glücklich sind, und daran gibt es keine Zweifel. Die Sorge vor einem zu frühen Tode bleibt jedoch, denn diese Art zu leben, wird zwangsläufig dazu führen.

In den vergangenen Jahren führten wir immer wieder viele Gespräche über alles, was geschehen war. Papa versicherte mir oftmals unter Tränen, dass er sich in der Ehe mit Mutter irgendwann selbst verloren hätte und es ihm unfassbar leidtäte, mir nicht geholfen zu haben. Wann immer ich an mir selbst und meinen Erinnerungen zweifelte, wenn meine Mutter einmal mehr die Tatsachen verdreht hatte, holte ich mir von Papa die Bestätigung darüber, wie es wirklich gewesen war. Sie war geschickt darin, die Erinnerungen ihrer Kinder zu manipulieren. Das ging so weit, dass man immer wieder selbst an seinen Erfahrungen mit ihr zweifelte. Auch sein Leben war durch meine Mutter nachhaltig verkorkst worden.

Familienurlaub

Im Sommer 2015 hatten wir uns kurzfristig entschieden, in den Urlaub zu fahren und es sollte an die Ostsee gehen. Bereits nach kurzen Recherchen hatte Michael eine kleine Finn-Hütte auf Rügen gefunden. Auf eine Insel? Ohne mich! Was, wenn die Insel überschwemmt würde? Was, wenn die Brücke einstürzte und wir nicht mehr zurückkämen? Brücken waren mir ja schon lange unheimlich und ich lehnte Rügen kategorisch ab. Aber Michael wäre nicht Michael, wenn er nicht auch dieses Mal wieder die richtige Worte fand, um mich ein klein wenig zu schubsen und meinen Mut zu etwas Neuem anzustacheln. Mit einem dennoch mulmigem Gefühl im Bauch, stimmte ich am Ende zu und wir planten unseren Sommerurlaub nun auf Rügen, der auch zwei Wochen später starten sollte. So ein Familienurlaub mit zwei Kindern, und vor allem einem Kleinkind, hat ja schon so ein bisschen was von einem Umzug. Max war gerade zweieinhalb Jahre alt und so nahmen wir beinahe den gesamten Hausstand mit, als wir uns in unser Ferienhäuschen auf Rügen aufmachten. Als wir nach etlichen Staus und knapp sechs Stunden Autofahrt für die nur vier kalkuliert waren, bei sengender Hitze die

Rügenbrücke erreichten, stockte mir der Atem und mit geschlossenen Augen und vollkommen auf meine Atmung konzentriert ließ ich mich von Michael auf die andere Seite fahren. Wir erreichten Rügen, als ich meine Augen wieder öffnete und hatten noch etwa eine Stunde Fahrt bis zum Mönchgut. Allmählich setzte die Dunkelheit ein, als auch unsere Mägen zu knurren begannen. Angekommen bei unserer Hütte, die wir uns doch etwas anders vorgestellt hatten, luden wir unsere Koffer aus und Michael machte sich direkt auf den Weg zur Nahrungssuche, denn irgendwo müsste doch eine Imbisstube zu finden sein. Angespannt und müde von der viel zu langen Autofahrt, enttäuscht von diesem winzigen Zwergenhäuschen, in dem wir gelandet waren, hungrig und verzweifelt, begann ich zu weinen. Der erste Urlaubstag war vorbei, ich hatte keine Ahnung, wo wir waren und alles schien gerade fürchterlich zu sein, als ich es nicht einmal schaffte, Max' Reisebettchen aufzubauen, ohne sämtliche Möbel aus der Schlafkammer rauszuwerfen. Es gab nur winzige Einzelbetten, denen aufgrund der sehr geringen Deckenhöhe auch noch die Beine abgesägt worden waren, und ein alter Teppich, mit dem die Schlafräume ausgelegt waren, muffte nach Stockflecken und alten Socken.

Als Michael dann auch noch ohne Essen zurückkam, weil sämtliche Lokale bereits geschlossen hatten, konnte ich den aufgestauten Wutausbruch nicht mehr zurückhalten und war mir sicher, dass ich sofort am nächsten Tag nach Hause wollte. Die Situation beruhigte sich erst, als wir unsere mitgebrachten Ofenbrötchen aufgebacken und verspeist hatten. Erschöpft gingen wir schlafen und hofften auf den nächsten Tag.

Die Sonne strahlte über Rügen, als wir am Morgen aufwachten und einen vagen Eindruck über die unendliche Schönheit dieser Insel bekamen. Wir erkundeten unsere Umgebung mit dem Auto und zu Fuß, als wir nach unserem Strandbesuch mit anschließender Dusche und folgendem Abendessen glücklich zurück in unser Haus kehrten. Diese Kontraste zwischen Ursprünglichkeit, DDR und modernen Touristenpromenaden waren atemberaubend. An diesem Tag hatte sich dieses Fleckchen Erde für immer ein Plätzchen in meinem Herzen gesichert. In den nächsten Tagen entdeckten und erkundeten wir weiter und fanden versteckt ein kleines Café direkt am Rande der Insel. Die kleine und älteste Kirche Rügens direkt daneben, rundete die perfekte Idylle ab. Die gesamte Atmosphäre barg alle Voraussetzungen für einen ewigen Happyplace in meinem Herzen. Die Kinder vertrugen sich, die Sonne schien, vor mir standen eine Tasse leckerer Kaffee und ein Stückchen Sanddorntorte, mein lieber Mann lächelte mich zufrieden an und der Wind wehte eine leichte Brise über die Insel. Als wir dort so saßen, liefen mir die Tränen über das Gesicht, denn sollte es wirklich den perfekten Moment im Leben geben, dann war es dieser, denn eine solch tiefe Zufriedenheit, gepaart mit unermesslichem Glück, hatte ich zuvor niemals erlebt.

Glückliche Momente konnte ich bis heute nur für wenige Sekunden genießen und sie wurden umgehend von Ängsten überschattet. Wer solch großes Glück im Leben hätte, müsste zwangsläufig eines Tages den Preis dafür bezahlen, denn im Leben ist nichts umsonst. Ich wusste, wie es da unten in der Einsamkeit aussieht und wenn es einen Ort gab, an den ich nie wieder wollte, dann war es dieser. Inzwischen war mein Leben mit meinen Kindern und meinem wundervollen Mann so wunderschön, glücklich und kostbar, dass ich viel zu verlieren habe.

Familiengeschichten

Phillip hatte vor den Sommerferien seine Grundschulzeit beendet und wechselte wie erwartet nach unserem Urlaub auf das Gymnasium. War er in der Grundschule inzwischen einer von den Großen, stellte ich an seinem ersten Schultag schluckend fest, dass er nun wieder einer von den Kleinen war. Selbstbewusst ging er über den Schulhof und ich war besorgt, dass all die großen und so erwachsen wirkenden Schüler die Kleinen einfach umrennen.

Aber dem war nicht so. Endlich war Phillip wieder mit seinen alten Freunden zusammen und wir hatten im Vorfeld dafür gesorgt, dass sie in eine Klasse kamen. Schnell blühte er auf und hatte wieder Freude an der Schule. Obwohl er sich zunehmend zu einem Nerd entwickelte, fand er sich im Kreise seiner Freunde offenbar in bester Gesellschaft wieder und das Wetteifern um die besten Noten begann. Während ich damals schon mit einer ‚Drei' oder ‚Vier' in Mathe bestens zufrieden und glücklich war, war eine ‚Zwei' für Phillip schon eine beinahe indiskutable Beleidigung und er war unzufrieden mit seiner Leistung. Das hatte er garantiert nicht von mir.

Max war nun zweieinhalb und bekam einen Kindergartenplatz als U3-Kind in einer Regelgruppe und wir gewöhnten ihn ganz langsam und allmählich an seinen neuen Alltag. Im Gegensatz zu meinen anderen beiden Kindern hatte Max zu keinem Zeitpunkt Angst und ging sehr viel selbstbewusster an die Sache heran. Seine ständige Furchtlosigkeit war es auch, die mir zunehmend Sorge bereitete. Er sah einfach keine Gefahren und hatte sich dadurch schon oft in besorgniserregende Situationen manövriert. Er war ein wilder, ungestümer und energischer Hitzkopf, der uns regelmäßig in Schockzustände versetzte, wenn er mal wieder kopfüber ging und ich war permanent damit beschäftigt, Schaden von ihm abzuwenden. Es verging kaum ein Monat, wo er nicht eine Platzwunde, Beulen oder andere Blessuren davongetragen hatte. Ich fragte mich manches Mal, was Gott mir damit sagen wollte, als er uns dieses wilde Kind geschickt hatte, wo ich doch von Angst zerfressen war.

Ich brachte ihn täglich mit sehr gemischten Gefühlen in den Kindergarten und hoffte einfach, dass alles gut gehen würde.

Außer zu meiner Schwester, hatte ich in den vergangenen Jahren keinen Kontakt zum Rest meiner Geschwister und hatte nur am Rande mitbekommen, dass die Ehe meines Bruders mit seiner koreanischen Frau bereits geschieden worden war. Die beiden gemeinsamen Töchter blieben bei seiner Exfrau und ihr Sohn war in den vergangenen Jahren immer wieder schwierig gewesen. Ich kannte kaum Hintergründe und meine Mutter war auch nie interessiert daran, mich in diese Familie zu integrieren. Sie hatte meine Nichten immer wieder unter ihre Fittiche genommen und auch der koreanische Sohn meiner Schwägerin hatte für eine kurze Zeit bei ihr gewohnt und sie brüstete sich zu gerne damit, ihn auf die richtige Bahn geführt zu haben.

Im November 2015 bekam ich eine Nachricht von meiner Schwester, die mir das Blut in den Adern gefrieren ließ. Der Junge hatte sich das Leben genommen und der Anblick in den frühen Morgenstunden muss grauenhaft gewesen sein, als meine Schwägerin ihn gefunden hatte. Er hatte sich aus Liebeskummer am Geburtstag seiner Exfreundin vergiftet und jede Hilfe kam zu spät. Ich nahm Kontakt zu meinem völlig zerstörten Bruder auf - nicht zuletzt, um in Erfahrung zu bringen, ob er meine Familie und mich überhaupt bei der Beisetzung dabeihaben wollte. Er hatte sehr an diesem Jungen gehangen. Sein Tod traf ihn wie ein Blitz und er erwartete unsere Teilnahme regelrecht. Eine Absage würde er nicht akzeptieren. Die anstehende Beerdigung riss meine Mutter an sich und überging meine Schwägerin wie auch meinen Bruder in niederträchtigster Weise. Sie hatte mit dem freien Redner die Rede besprochen und ließ sich huldigen und loben, wie sehr sie und ihr Mann sich um diesen Jungen gekümmert hatten. Kaum ein Wort über seine völlig zerstörte und trauernde Mutter und kein Wort über meinen Bruder. Ausschließlich sie und ihre Bemühungen kamen zur Erwähnung und sie nickte jedes dieser Worte mit rührseligem Blick immer wieder ab, bevor sie sich umsah und nochmals in die Trauergesellschaft nickte. Meine Schwester und ich saßen in der letzten Reihe und schauten uns immer wieder entsetzt an. Es war einfach ekelhaft und ich schämte mich in Grund und Boden. Als meine Schwägerin auf dem Weg zum Grab immer wieder zusammensackte, ignorierte sie das gekonnt, denn dies war nicht Teil ihrer Inszenierung.

Obwohl wir schon lange keinen Kontakt mehr hatten, sandte Mutter mir ein paar Tage später aus heiterem Himmel eine SMS: RIP! Nur diese drei Buchstaben. Ich war erschrocken, aber ich wusste, dass es nur wieder eines ihrer perfiden Spielchen sein konnte. Später erfuhr ich, dass sie behauptet hatte, mich mit Papas Schwester zusammen in einem braunen Kombi vor dem Haus meiner Schwägerin gesehen zu haben. Wir hätten meine Mutter ausspioniert und beobachtet. Sie musste inzwischen völlig ihren Verstand verloren haben.

Mein Bruder hat seinen Platz bis heute nicht gefunden. Trotz seiner anständig absolvierten Ausbildung als Industriemechaniker wirkt er noch immer wie ein ruheloser Geist, der ständig auf der Suche ist. Genau wie bei mir waren Drogen zu einem seiner größten Probleme geworden und es sollten noch einige Jahre vergehen, bis er sie in den Griff bekam. Die falschen Frauen, sein unerschütterlicher Optimismus, eines Tages einfach mit einer guten Idee reich zu werden und irgendwann auch seine Gleichgültigkeit, standen ihm bis heute im Weg, sein Leben zu meistern. Inzwischen bemüht er sich, sucht Kontakt zu seinen Kindern und verbringt Zeit mit ihnen. Leider wohnt er aber auch inzwischen wieder bei Mutter.

Als ich gegen Ende des Jahres erfuhr, dass meine Mutter an Kehlkopfkrebs erkrankt war, wurde meine Welt noch ein weiteres Mal aus den Fugen gehoben und ich suchte den Kontakt zu ihr. Ich war bereit, ihr alles zu verzeihen, wenn ich nur bei ihr sein könnte, um ihr beizustehen. Egal, was sie bisher getan hatte, ich liebte sie noch immer, denn sie war nun einmal meine Mutter. Wie gewohnt, wies sie mich ab, bezeichnete mich als Aasgeier und behauptete, mir würde ihr Tod nicht schnell genug gehen. Auch bei einem Anruf von Michael machte Mutters Mann noch einmal deutlich, dass zu mir kein Kontakt erwünscht war. Ihr Mann hatte niemals viel zu melden und er war einfach nur in Papas Rolle geschlüpft, um sich ebenso schikanieren und manipulieren zu lassen. Er tat und sagte, was sie wollte und seine eigene Meinung, hatte er spätestens mit Beginn der Ehe abgelegt. Sie behandelte ihn wie ihr persönliches Hündchen und er stand hechelnd vor ihrem Stuhl und erhoffte sich Streicheleinheiten. Ich brauchte eine Weile, um diesen finalen Schlag ins

Gesicht zu verdauen, aber ich hatte es endlich verstanden.

Ich kam in meinem Leben immer wieder an diesen Punkt, wo mir eine Mutter fehlte, die mich an die Hand nahm, tröstete oder aufmunterte, eine, die meine Erfolge mit mir feierte oder sich freute und mir Geborgenheit schenkte. Ich hatte mich schon von klein auf abgestrampelt, damit sie mich liebte, und tat alles dafür, um ihr zu gefallen. Auch als Erwachsene wünschte ich mir eine Mutter, die das Wohl der anderen über ihr eigenes stellte und eine liebevolle Oma war, der ich gerne meine Kinder anvertraute. Meine Mutter war dies zu keinem Zeitpunkt und ich verstand, dass es nicht meine Mutter war, die ich vermisste, sondern eine Mutter.

Wer weiß, wie lange sie noch hätte, aber statt die Dinge ins Reine zu bringen, versprühte sie weiter ihr Gift und gab noch einmal richtig Gas. Ich hatte nie erwartet, dass sie zu Kreuze kriechen würde, aber hatte mir so sehr ein ehrliches Gespräch gewünscht und vielleicht ein Bedauern darüber, dass sie auch Fehler gemacht hatte. Dies allein hätte völlig ausgereicht, um so viele tiefe Wunden auf beiden Seiten heilen zu lassen.

Ich brauchte eine Weile, um das alles zu verdauen und es war wohl Schicksal, dass es gerade der Kehlkopf gewesen war, den es getroffen hatte. Ihre Stimme, mit der sie zeitlebens so viele beleidigende oder schlimme Dinge gesagt hatte, sollte nun verstummen. Vielleicht hatte sie die Menschen auch einmal zu viel mit angeblichen Krebserkrankungen belogen, wenn sie wieder eine Schönheitsoperation hatte durchführen lassen. Und dennoch sorgte sie für den Fall ihres Ablebens noch dafür, am Ende das letzte Wort zu behalten, in dem sie mich schon jetzt notariell von ihrer Beerdigung auslud. Für die Zeit nach ihrem Tod stehen bereits seit einigen Jahren gepackte Kartons für meine Geschwister und mich bereit und ich weiß schon jetzt, dass ich meinen nicht öffnen werde, denn es wird nichts Liebevolles darin zu finden sein.

Alles, was in der Vergangenheit geschehen war, sorgte dafür, dass ich kein Vertrauen mehr in die Menschen und am Ende nicht einmal mehr in mich selbst hatte. Ich war ein unsicherer und völlig verängstigter Mensch geworden, aber je mehr ich dagegen ankämpfte, desto schlimmer wurde es. Ich sah immer diese Familien, deren Mütter alles mit Leichtigkeit wuppten, Vollzeitjobs hatten und dennoch ein sauberes Haus und gut zufriedene Kinder. Ich schaffte dies auch manchmal, aber es kostete mich unglaublich viel Kraft und erforderte tägliche Kämpfe gegen meine Ängste. Michael hatte in den vergangenen Jahren eine Engelsgeduld mit mir und arbeitete stetig daran, mein volles Vertrauen zu gewinnen. Es dauerte viele Jahre, bis ich verstanden hatte, dass er nur und ausschließlich mich liebte, kein Interesse an anderen Frauen hatte und die Familie für ihn an oberster Stelle stand. Er hatte es gerade in unseren Anfangsjahren niemals leicht mit mir und rückwirkend könnte man meinen Zustand mit einem geprügelten Hund vergleichen, der direkt zuschnappt, sowie sich ihm eine Hand nähert.

Mein Freundeskreis bestand inzwischen ausschließlich aus Menschen, deren Seelen ebenso kaputt war wie meine. Sie alle hatten eine schlimme Vergangenheit und ich hatte einen Hang dazu, genau diese Menschen in mein Herz zu schließen. Sie wussten, wie es wäre und wie man sich fühlte, wenn man einsam war und nicht mehr vertraute, weil man ausgenutzt, geschlagen, betrogen und belogen wurde. Diese Menschen hatten meine Freundschaft verdient und enttäuschten mich nicht.

Altern ist kein Spass

2016 suchte ich nach längerer Zeit meine Oma wieder auf, nachdem ich sie lange vermisst hatte. Sie war inzwischen von der ersten Etage ins Erdgeschoss desselben Hauses gezogen, da die Wohnung günstiger und einfacher zu erreichen war. Sie war alt geworden und schien viel kleiner geworden zu sein, als sie ohnehin schon immer war. Ihr Gesicht war eingefallen und wirkte krank. Mit einer Stola behangen öffnete sie uns die Tür. Es brach mir augenblicklich das Herz, als sie so wackelig dastand und gänzlich ihren Glanz verloren hatte. Sie bat uns herein und ich ahnte, was in den vergangenen Jahren passiert war. Von den englischen Stilmöbeln gab es nur noch einen kleinen Sekretär und die restlichen Möbel waren gegen billigste Discounterware ausgetauscht worden. Eine kleine Kommode, von der die Tür danebenstand und die Schubladenblende herausgebrochen war, diente allenfalls noch als Ablagefläche für in Tüten gesteckte Kontoauszüge. Der schöne Esstisch, an dem die Familie einmal zum Essen versammelt war, stand aus Platzgründen nur noch in der Ecke an der Wand im Wohnzimmer und fristete sein Dasein als Omas Ablage für ausgebreitete und nach Dringlichkeit sortierte Rechnungen. Ihr Balkon, der früher einmal so schön bepflanzt und dekoriert war, wurde allenfalls noch zur Mülltrennung genutzt. Omas Landhausküche passte nicht in den kleinen Raum und sie hatte die vorhandenen alten und abgewohnten Küchenmöbel übernommen. Ihre teuren Polstermöbel gab es nicht mehr und es war nur noch Platz für ein kleines Zweiersofa vor dem alten Fliesentisch. Es roch nicht mehr nach Blumenkohl, sondern nach kaltem Rauch und stinkenden alten Teppichen, die sie auch von der Vormieterin übernommen hatten. Hier wurden schon lange keine Gäste mehr bekocht und der defekte Backofen, hatte auch schon seit Ewigkeiten keinen Kuchen mehr gebacken. Es war erbärmlich und ich riss mich zusammen, nicht augenblicklich in Tränen auszubrechen. Nachdem wir uns gesetzt hatten, erfuhr ich, dass von all dem vielen Geld nichts mehr vorhanden war, weil sämtliche Werte in den Luxus und Lebensunterhalt ihrer Söhne geflossen waren. Mutters ältester Bruder hatte seine Ehe vor die Wand gefahren und kam der Unterhaltspflicht seinen Söhnen gegenüber niemals nach, bis meine Cousins ihr Recht vor Gericht eingeklagt hatten. Oma gab ihm das gesamte Geld und finanzierte ihm zusätzlich ein neues Auto. Mein anderer Onkel, der noch immer am Rockzipfel meiner Oma hing, hatte in den vergangenen Jahren die Qualität seiner Psychospiele gesteigert und terrorisierte sie Tag und Nacht mit Anrufen im Minutentakt. Während wir dort saßen, mussten wir wegen seiner Anrufe ganz still sein, denn würde er dahinterkommen, dass sie Besuch hatte, geschweige denn, dass ich dort war, würde die Taktzahl seiner Anrufe sich steigern, so dass keinerlei Konversation mehr möglich wäre. Er war eifersüchtig auf jeden, der Kontakt zu seiner Mutter hatte, aber ganz besonders auf mich. Weil er sich immer wieder schlecht benommen und im Haus randaliert hatte, erteilte der Vermieter ihm eines Tages Hausverbot und meine Oma stellte ihm fortan täglich das von ihm bei ihr bestellte Essen vor die Tür. Er wohnte zwei Straßen entfernt und holte es sich ab, wenn er hungrig wurde. Regelmäßig betrank er sich und in diesen Momenten eskalierte die Situation nur allzu häufig und er schmiss das frisch gekochte Essen in den Vorgarten. Meine Oma kam nicht mehr zur Ruhe und ich hatte ihr schon des Öfteren angeboten, doch in unseren Ort zu ziehen. Hier auf dem Land wäre es ruhig und sie könne ihren Lebensabend mit ihrem Mann sorglos in meiner Nähe verbringen. Ich würde mich um sie kümmern und ihr die beschwerlichen Dinge des Lebens abnehmen. Sie lachte nur und teilte mir mit, dass sie noch sehr gut allein zurechtkäme und ja auch noch ihren Mann an ihrer Seite hätte. Außerdem könne sie meinen Onkel nicht allein lassen. Besorgt äußerte ich, dass er sie allerhöchstens eines Tages ins Grab bringen würde und es endlich Zeit wäre, dass er ein eigenständiges Leben führte.

Auf dem Heimweg weinte ich bittere Tränen, denn ich konnte nicht glauben, was ich da erlebt hatte. Ich wollte ihr helfen und rief sie am folgenden Tag an, um mit ihr über eine Haushaltshilfe, vermittelt über einen Sozialdienst, zu sprechen. Sie hätte Hilfe bei Einkäufen und der Haushaltsführung und ihr Leben würde etwas leichter werden. Sie wiegelte energisch ab und warnte mich, mich in ihr Leben einzumischen. Sie käme noch bestens alleine zurecht. Es quälte mich, aber ich konnte es nicht ändern, denn wenn ich versuchen würde, mich einzumischen, bräche auch dieser Kontakt ab und ich hätte sie vielleicht für immer verloren.

Der Frühling kam und ich beschloss, Omas Balkon zu verschönern, ganz so, wie sie es von früher gewohnt war. Ich besorgte Blumenkästen und Geranien, ein paar Dekoartikel, Pflanzregale, ein buntes Vogelhäuschen und eine Tomatenpflanze, als wir eines Tages mit einem frisch gebackenen Kuchen bei ihr aufschlugen, um sie zu überraschen. Sie freute sich wahnsinnig und man sah ihr an, dass sie mit allem ein wenig überfordert war.

Beim Betrachten alter Fotos tranken wir Kaffee und unterhielten uns eine Weile. Dieses Gespräch war offen und ehrlich wie nie zuvor. Sie erzählte mir über ihre Kindheit und die Ehe mit meinem Opa, die für sie die

Hölle gewesen war. Flüsternd sprach sie davon, dass Opa sie während ihrer Ehe immer wieder vergewaltigt hatte und er nicht so ehrenwert war, wie er in meiner Erinnerung lebte. Sein Tod, war eine Befreiung für sie und die Umstände der Eheschließung damals waren eher zweifelhaft. Sie ging nicht ins Detail, sprach von Kungelei und dass keine Frau ihn haben wollte, da er diese Lungenerkrankung hatte und auch noch arbeitsunfähig und schon damals hoch verschuldet gewesen sei.

Mein Onkel hatte den Trubel am Telefon mitbekommen, rief ab sofort minütlich an und terrorisierte sie und uns den ganzen weiteren Nachmittag. Ich sagte ihr, dass sie doch das Telefon einfach leise stellen und ignorieren sollte, aber das wagte sie sich nicht, denn dann könnte es passieren, dass er käme und er hätte doch Hausverbot. Es war zum Verzweifeln. Er hatte ihr Leben inzwischen komplett unter seine Kontrolle genommen, ging bis heute keiner Arbeit nach und sein gesamter Lebensinhalt bestand aus billigem Whiskey und dem Terror an meiner Oma. Die Anrufe bei ihr endeten nie und manchmal rief er sie sogar mitten in der Nacht an und riss sie aus dem Schlaf. Diese Frau fand keine Ruhe mehr und ich befürchtete, dass sie eines Tages einfach tot umfallen würde vor lauter Stress. Ihr Mann hielt sich zurück - genau so, wie ich es von Männern in unserer Familie gewohnt war. Er hatte nichts zu sagen und es schon lange resigniert aufgegeben, seine Stimme zu erheben. Mein Onkel durfte sich alles erlauben und meine Oma nahm ihn in Schutz, putzte regelmäßig bei ihm und schaffte tütenweise leere Flaschen aus seiner Wohnung.

Schuppen von den Augen

Mich beschäftigte seit einiger Zeit wieder die Frage nach meiner Herkunft, denn inzwischen hatte selbst ich begriffen, dass mein Vater kein blonder, hellhäutiger Mann gewesen sein konnte und auch meine Kinder wurden zunehmend für Südländer gehalten. Erst jetzt düngte es mir, dass vielleicht alles eine Lüge gewesen war. Das Märchen vom Spanienurlaub, nach dem ich nie wieder hell geworden war, hatte ich bisher nicht in Frage gestellt. Es war so in meinen Grundfesten verankert, dass ich die Richtigkeit nie angezweifelt hatte. Inzwischen denke ich, dass diese Naivität kaum zu überbieten war. Ich recherchierte in der Vergangenheit und fand in den sozialen Netzwerken Brigitte, die alte Freundin meiner Mutter, wieder und fragte sie, ob sie irgendetwas über meinen Vater wüsste, denn sie standen sich ja einmal sehr nahe. Sie verneinte, aber ich solle doch meine Mutter einmal fragen, denn sie müsste es doch noch am besten wissen. Ich erklärte ihr, dass ich das komplett vergessen könne und Mutter mir niemals die Wahrheit sagen würde, dabei hätte ich doch immer so gerne wenigstens ein Foto gesehen, aber sie hätte ja keines. Brigitte stockte kurz und sagte mir, dass Mutter doch natürlich ein Foto meines Vaters hatte und sie sich genau daran erinnern konnte, wie sie es ihr gezeigt und gesagt habe, dass dieser Mann mein Vater sei. Etwas erstaunt, fragte ich sie nach Erinnerungen zu Details und sie beschrieb mir sehr genau ein bestimmtes Foto, von dem ich wusste, dass ich es irgendwann an mich genommen hatte als Mutter mich rausgeworfen hatte. Es lief mir eiskalt den Rücken herunter und schlagartig öffneten sich meine Augen. In Sekunden war alles so deutlich, denn dieser Mann war mir tatsächlich wie aus dem Gesicht geschnitten und ich fragte mich, wie ich so blind sein konnte. Es war Milan. Milan war mein Vater und das sah doch jeder Blinde. Seine buschigen Augenbrauen, die ich bei mir immer sehr schmal zupfte, weil sie mich so störten, seine Augen, seine Nase und die gesamte Mundpartie. Ja, Mutter hatte immer recht gehabt, als sie sagte, ich solle einfach in den Spiegel schauen. Diese Ähnlichkeit brauchte keinen Vaterschaftstest.

Ich stand kurz vor meinem vierzigsten Geburtstag, als mir klar wurde, dass meine Mutter mich mein Leben lang belogen und diese Lüge weitergelebt hatte. Sie hatte meine Erinnerungen an die Kindheit zu löschen versucht und neu zu überschreiben. Mein komplettes Leben wurde in Sekunden auf den Kopf gestellt und ich hatte vollständig die Erdung verloren. Ich weinte und schrie, während ich sämtliche Schränke, Schachteln und Regale ausräumte, um dieses Foto zu finden. Michael stand hilflos daneben und er wusste, dass ich keine Ruhe geben würde, bis ich dieses Foto gefunden hätte, als er in den Keller ging, um weitere Kisten hochzuholen, die in Frage kämen. Nach Stunden des Suchens saß ich am

Ende weinend in einem völlig chaotischen Haus, in Bergen von Fotos, Büchern und Schachteln und dem gesuchten Foto in der Hand.

Ich hatte ihr mein Leben lang alles verziehen und bettelte um ihre Liebe, sie schlug und folterte mich, beleidigte und demütigte mich, aber ich liebte sie immer weiter, ohne jemals zu hinterfragen, weshalb sie mich so sehr hasste.

In diesem Moment wurde mir alles so sonnenklar und ich wusste, mit diesem Hochverrat hatte sie geschafft, dass sie endgültig für mich gestorben war. Allerdings sollte sie vorher noch wissen, dass ich ihre Lüge durchschaut hatte. In einer E-Mail teilte ich ihr mit, dass ich wisse, wer mein Vater sei und sie wenigstens dieses eine und letzte Mal ehrlich sein sollte. Sie lachte mich für meine blühende Fantasie aus und sie hätte mir immer gesagt, wer es gewesen sei. Aber ich sei ja schon immer nicht ganz gescheit gewesen.

Sie verhöhnte mich noch und versuchte wieder, meinen Verstand zu manipulieren.

Verunsichert von dieser Aussage, vereinbarte ich einen Termin bei einer Hypnosetherapeutin, die versteckte Erinnerungen hervorholen sollte. Zu Beginn der Sitzung sollte ich mich an einen sicheren Ort meiner Kindheit zurückdenken, den Platz, an dem ich mich immer geborgen gefühlt hatte. Ich überlegte einige Minuten, bis mir Tränen aus meinen geschlossenen Augen liefen, weil es einfach keinen gab.

Nach der Hypnose war ich der Meinung, dass alles für die Katz gewesen war und ich das viele Geld zum Fenster herausgeworfen hatte. Ich würde die Wahrheit nie erfahren und hatte keine Ahnung, was ich sonst noch anstellen sollte. Innerhalb der nächsten Tage wurde ich immer wieder von kleinen Erinnerungsfetzen heimgesucht. Stück für Stück bildeten sich alte Erinnerungen zurück, die ich an bereits vorhandene anknüpfen konnte, bis sich das Puzzle vollständig zusammengesetzt hatte. Erst jetzt fiel mir wieder ein, dass ich Milan damals als meinen Papa bezeichnet hatte und meine Mutter es irgendwann verboten hatte. Außerdem erinnerte ich mich an ein Kindergartenfest, bei dem ich mit meiner Mutter gewesen war und sie fragte, warum denn Papa nicht wie alle anderen Väter mitgekommen wäre. Es gab keine Zweifel mehr und ich musste Milan finden. Immer wieder gab ich Suchanzeigen in verschiedenen Netzwerken auf, es kamen viele Hinweise, sie brachten am Ende aber keine Erfolge. Meine Erinnerungen waren zu spärlich und alles, was ich wusste, war vielleicht längst überholt, da inzwischen über 30 Jahre vergangen waren. Diese Suche kostete unglaublich viel Kraft, so dass ich einige Wochen unter schweren Migräneattacken litt und die meiste Zeit nur noch liegen konnte. Es war besser, diese Sache vorerst zur Seite zu legen, um wieder zu Kräften zu kommen.

Dieses neue Wissen über meine Herkunft erklärte nun auch, weshalb ich mich immer so anders gefühlt hatte. Ich gehörte niemals so richtig irgendwo dazu, hatte oft völlig andere Ansichten und eine extrem ausgeprägte Eigenschaft, wie sie nirgends sonst in meiner Familie zu finden war. Ich war eine altmodische Werteverfechterin und wurde in der Vergangenheit immer wieder für diese Eigenschaft belächelt. Erst seit ich Michael kannte, kam diese Tugend zum Tragen, da er ebenso tickte wie ich. Auch mein zeitweise doch extremes Temperament kennt man häufig von Menschen aus dem südländischen Raum. Als wir eines Abends zusammen mit meiner Schwester an unserem Esstisch saßen, lachte sie nur und sagte, dass diese Herkunft nun wirklich alles erklären würde.

Geschwister

Meine Schwester und ihr Freund wollten ein Haus kaufen und schauten sich schon eine Weile nach dem passenden Objekt um. Da Bad Salzuflen nicht gerade für günstigen Wohnraum steht, dauerte es eine Weile bis sie das passende gefunden hatten und dies war auch ausschließlich über Kontakte möglich geworden. Es war ein kleines und altes Häuschen aus der Fünfzigern und sie begannen direkt mit der Sanierung, denn sie wollten in diesem Jahr auch noch heiraten und dort eine Hochzeits-Baustellenparty feiern.

Ja, das war meine Schwester. Sie hatte diese unglaubliche Gelassenheit und plante Anlässe nur grob. Während ich, in Schweiß gebadet, bis zur letzten Minute in Vorbereitungen meiner Feiern steckte und kleinste Details im Voraus plante, hatte meine Schwester allenfalls gerade entschieden, was es überhaupt zum Essen geben sollte. Erstaunlicherweise tat es ihren Feiern niemals einen Abbruch und sie entwickelten sich in gewohnter Manier zu Selbstläufern. Auf diese Weise wurde nun auch ihre Hochzeit geplant und im November war es bereits so weit. Sie trug ein wunderschönes Kleid und hatte mich zu ihrer Trauzeugin auserkoren, was mich umso stolzer machte. Noch niemals war ich eine Trauzeugin oder Patentante geworden und dass gerade meine Schwester mich fragte, wo sie doch viele Freundinnen hatte, die sich darum gerissen hätten, freute mich einmal mehr. Sie hatte mir schon das größte Geschenk gemacht, indem ich meiner Nichte eine richtige Tante sein konnte, statt eine die man nur einmal im Jahr sieht. Zu den Töchtern meines Bruders war kein Kontakt möglich gewesen und wenn sich doch eine Gelegenheit ergab, grätschte meine Mutter dazwischen.

Meine Schwester hatte ihre Hochzeitslocation aufgebaut und etwas dekoriert. Es wirkte schon ein wenig skurril, als diese schick gekleideten Menschen einschließlich meiner Schwester in ihrem weißen Brautkleid in einem nackten Rohbau feierten. Aber sie war zufrieden und auch meinem handwerklich geschickten Schwager schien es zu gefallen. Unsere Leben unterschieden sich in vielen Dingen gewaltig, aber dann gab es wieder diese Situationen, die uns zeigten, dass unsere Seelen vereint waren. Meine Schwester und ich konnten mit Blicken kommunizieren und oft kauften wir am selben Tag dieselben Dinge ein, obwohl wir vorher nicht darüber gesprochen hatten. In Gesprächen antworteten wir zeitgleich mit exakt denselben Worten und in derselben Tonlage oder lachten über Situationen, in denen sonst niemand lachte. Obwohl sie einige Jahre jünger war, übernahmen wir für uns gegenseitig bis heute immer wieder die Mutterrolle, passen aufeinander auf und können streiten, ohne uns danach wochenlang aus dem Weg zu gehen. Wir akzeptieren, dass unsere Meinungen auch mal unterschiedlich sein können und lieben uns trotzdem immer weiter.

Meinen jüngeren Bruder sah ich immer als verloren gegangen an, denn er war noch immer in den Fängen unserer Mutter und es schien, als bliebe dies auch für immer so. Er hatte eine Ausbildung zum Krankenpfleger gemacht und konnte unserer Mutter während ihrer Erkrankung Hilfestellung geben. Auch er war in Drogenprobleme gerutscht und hat seinen Platz bis heute nicht so richtig gefunden. Er selbst bezeichnet sich bis heute als beziehungsunfähig. Meine Schwester hatte Kontakt zu ihm und manchmal erzählte sie mir, was er so macht. Ich wäre so gerne auch Teil seines Lebens gewesen und es schmerzte mich, aber unsere Mutter verhinderte dies noch immer erfolgreich. Er kannte ausschließlich ihre Geschichten und ich bekam nie eine Chance, meine Sicht der Dinge zu erzählen. Ich traf ihn auf der Hochzeit unserer Schwester, wo er nur kurz zu Gast war und versuchte mit ihm zu sprechen, aber er drehte sich um und wollte nichts von mir wissen. Ich kannte solche Situationen schon lange und musste es akzeptieren.

Im Februar 2017 bezog meine Schwester mit ihrer Familie ihr gemütliches, frisch renoviertes Häuschen, in dem es genau wie in unserem Haus noch immer reichlich zu tun gab. Diese alten Häuser muss man wirklich lieben, denn die Arbeit hört niemals auf und man findet immer wieder reichlich Baustellen, die es anzugehen gilt.

Ein gutes Jahr

Im Sommer 2017 entschied ich, mir einen neuen Job zu suchen, denn die Arbeit im Nagelstudio setzte mir zunehmend gesundheitlich zu. Es waren immer noch die Spätfolgen meines Autounfalls, die meiner Halswirbelsäule zu schaffen machten. Durch die ungünstige Haltung bei meiner Arbeit hatten sich in den vergangenen Jahren zahlreiche Beschwerden eingestellt und ich wollte meinen Kundenstamm etwas reduzieren. Ich bewarb mich in einer Wohngemeinschaft für Senioren. Das Konzept wirkte überzeugend, denn hier sollte der Mensch im Mittelpunkt stehen und man würde Zeit für die Bewohner haben. Gemeinsames Kochen, basteln, Besuche auf dem Wochenmarkt oder Gesellschaftsspiele neben leichten Pflegetätigkeiten klang nach einem Traumjob, der wie geschaffen für mich war.

Nach den Sommerferien begann ich motiviert und bester Dinge meine neue Arbeit. In den ersten Tagen konnte ich nachts nicht schlafen und machte mir große Sorgen, dass ich verschlafe oder zu spät kommen könnte. Ich hatte lange keinen Job mehr außer Haus und diese Situation war ungewohnt und erforderte auch zu Hause eine große Portion an Organisation und Disziplin. 9 Tage arbeiten und 7 Tage frei, das klang jedoch sehr verlockend und es würde sich alles schon schnell einspielen. Auch meine Nagelstudiotermine konnte ich perfekt mit meinem Dienstplan abstimmen und müsste diese Arbeit nicht komplett aufgeben. Die ersten Monate liefen gut, auch wenn sich schnell herausstellte, dass der neue Job nicht so golden war, wie er glänzte. Tatsächlich bestand die Hauptaufgabe darin, ständig Einkäufe zu machen - gerne auch in der Freizeit, weil es während der Dienstzeit aufgrund von Unterbesetzung nicht möglich war, einige schwerst Pflegebedürftige zu versorgen, Wäsche für acht Personen zu waschen, zu kochen und den gesamten Wohnbereich inklusive der Bewohnerzimmer und Bäder zu reinigen und noch einzukaufen. Es fielen reichlich Überstunden an und ich entschied zu Beginn des neuen Jahres, mein Nagelstudio komplett aufzugeben, denn diese Doppelbelastung bei einem Job, der mich so sehr vereinnahmte, wurde auf Dauer zu viel. Für mich stand und steht meine Familie zu jeder Zeit an erster Stelle, was mir die Entscheidung leichter machte, mich nach zehn Jahren von meinem Nagelstudio und all meinen liebgewonnenen Kunden zu trennen. Mit den Kollegen lief es relativ gut, auch wenn sich einige faule Eier schnell herauskristallisiert hatten. Mir sollte es egal sein und ich machte einfach meinen Job, denn dafür war ich hier. Eine dieser Kolleginnen erinnerte mich stark an meine Mutter und mein Gefahrenradar war voll ausgeschlagen, nachdem ich zum ersten Mal mitbekommen hatte, dass sie hinter meinem Rücken über mich redete. Sie selbst hatte nicht viel vorzuweisen, konnte eigentlich nichts, außer über alles und jeden zu reden, machte ihre Arbeit nicht anständig und ihre Lieblingsbeschäftigung bestand darin, einkaufen zu gehen. Nebenbei ließ sie sich von Bewohnern Geld zustecken.

Zu Hause verlief alles weiterhin harmonisch und wir bereiteten uns in alter Manier auf das Weihnachtsfest vor. Dieses Weihnachtsfest ging bis heute in das Schönste aller Zeiten in unsere Familiengeschichte ein. Papa und seine Frau, mein pflegebedürftiger Onkel, meine Schwester und ihre Familie, Schwiegermutter und Schwägerin, Simon mit seiner Melinda und wir feierten zusammen mit Tänzen nach Weihnachtsrock in der Küche und mit leckerem Essen, unter dem glänzenden Weihnachtsbaum mit einem wahnsinnigen Berg an Geschenken diesen unvergleichlichen Heiligen Abend. Alle vertrugen sich und waren bester Laune, die Kinder waren glücklich und die Erwachsenen selig. Noch heute denke ich sehr glücklich an dieses Fest zurück, denn es könnte niemals mehr ein Besseres geben.

Meine Schwester und ich wechselten uns seit der Geburt der Kleinen mit den Weihnachtsfesten ab und hatten als Ritual einer große Christbaumkugel eingeführt, auf der jedes Jahr, alle Anwesenden unterschreiben sollten. In diesem Jahr reichte der Platz auf der Kugel kaum aus.

Trümmerhaufen

Als ich im März 2018 wegen einer Knieoperation ins Krankenhaus musste und einige Wochen ausfiel, nutzte eine Arbeitskollegin aus der Senioren-WG die Gelegenheit, im Team und bei den Bewohnern Stimmung gegen mich zu machen. Was genau hinter meinem Rücken abgelaufen war, erschloss sich mir nicht ganz, aber die Stimmung war, als ich nach meiner Genesung den Wohnbereich betrat, mehr als mies. Zu meiner Beruhigung tratschten alte Leute gern und es war nur eine Frage der Zeit, bis ich im Bilde war. Sie hatte erzählt, dass ich überhaupt nicht krank war und nur blau machen wollte, und außerdem hätte ich eine andere Kollegin rausgemobbt, daher hatte man auch nicht für mich gesammelt, um mir einen Blumenstrauß zukommen zu lassen.

Die Kollegin, die uns verlassen hatte und in einen anderen Wohnbereich gewechselt war, war viel mehr ihr Opfer gewesen und sie hatte es geschickt so gedreht, dass ich nun die Dumme gewesen war.

Meine Oma hatte inzwischen deutlich abgebaut und einige Untersuchungen beim Arzt hatten ergeben, dass sie an Lungenkrebs erkrankt war, den sie auf keinen Fall behandeln lassen wollte. Auch wenn ich immer wieder drängte, musste ich letztendlich akzeptieren, dass sie sich dieser Tortur nicht mehr aussetzen wollte. Die Vermieter hatten ihnen die Wohnung gekündigt, weil mein Onkel wiederholt randaliert hatte. Sie konnte sagen, was sie wollte, aber ich würde jetzt einen Betreuer für sie bestellen, denn so ging es nicht weiter. Sie brauchten Hilfe und wenn sie von mir keine nahmen, dann müsste es eben auf andere Weise sein. Schon bald würden sie aus der Wohnung fliegen und der Gedanke, dass meine Oma am Ende in einer Obdachlosenunterkunft landen könnte, war unerträglich. Der Wohnungsmarkt in Bielefeld war platt und ich konnte nichts Bezahlbares für sie finden.

Als der Brief vom Gericht wegen einer möglichen Betreuung bei ihr eintraf, wütete sie und schimpfte mich aus. Ich sei eine Verräterin und keine Familie würde seine eigene Verwandtschaft ans Messer liefern. Wieder erklärte ich ihr, dass ich es gut mit ihr meinte und ihr helfen wollte, aber sie schimpfte weiter und legte auf.

Am späten Abend rief der ältere meiner Onkel sturzbetrunken bei uns an und drohte mir, er würde ich fertig machen und mir meine Kinder wegnehmen lassen, wenn ich meine Oma nicht in Ruhe ließe, denn er wisse, wo ich wohnte. Er hatte sein Leben selbst nicht auf die Reihe bekommen, zwei Ehen vor die Wand gefahren, sich nicht um seine Kinder gekümmert und auch seine eigene Mutter hatte trotz ihrer schlimmen Situation keinerlei Hilfe von ihm erhalten. Nach weiteren Anrufen ging Michael ans Telefon und klärte deutlich, dass er seine Anrufe unterlassen sollte. Er rief nie wieder bei uns an.

Ich stellte meine Oma zur Rede und fragte sie, weshalb sie unsere Telefonnummer weitergegeben hatte. Wir stritten uns böse am Telefon und wieder legte sie auf. Wenn ich gewusst hätte, dass dies unser letztes Gespräch gewesen sein sollte, hätte ich ihr so vieles gesagt, aber mich bestimmt nicht mit ihr gestritten.

Eine Woche später wollte ich noch einmal versuchen die Wogen zu glätten und rief erneut bei ihr an, als ihr Mann ans Telefon ging und mir aufgelöst erzählte, dass meine Oma im Krankenhaus läge und es nicht gut aussähe, denn mein Onkel hätte sie umgestoßen. Er konnte mir nicht genau erzählen, was geschehen war und so beendete ich das Gespräch und rief im Krankenhaus an.

Der behandelnde Arzt teilte mir mit, dass meine Oma schon in wenigen Stunden nicht mehr ansprechbar sei und ich besser sofort kommen sollte, denn es würde zu Ende gehen.

Ich verstand die Welt nicht mehr, weinte und schrie gleichzeitig und rief aufgelöst bei Michael im Büro an. Er machte sofort Feierabend, holte mich ab und wir fuhren nach Bielefeld in dasselbe Krankenhaus, in dem ich geboren worden war. Meine Oma lag auf der Intensivstation und quälte sich fürchterlich vor Schmerzen. Ich verstand noch immer nicht, was eigentlich plötzlich passiert war und der Arzt erklärte mir, dass mein Onkel sie vor der Haustür umgeschubst hätte und sie einen Oberschenkelhalsbruch erlitten hatte, der aber operiert worden war und gut verheilte. Problematisch wäre aber der Lungentumor, der sie schwächte und sich jetzt schnell ausbreitete. Man würde in den nächsten Stunden die Schmerzmittel erhöhen und sie würde dann nicht mehr aufwachen. Ich stand an ihrem Bett, fühlte mich wie ein kleines Mädchen und weinte bitterliche Tränen. In einem ihrer lichten Momente erkannte sie mich und sprach meinen Namen. Ich fragte sie, ob es in Ordnung ist, dass ich da bin und sie nickte. „Oma, sind wir wieder gut miteinander?" Sie bejahte und schloss wieder erschöpft die Augen. Nach einer Weile sah sie mich wieder an, stöhnte vor Schmerzen, wurde unruhig und sagte mir, dass sie so große Angst hätte. Ich holte den Arzt, und bat ihm, ihr mehr Schmerzmittel zu geben, denn ich wollte nicht, dass sie sich so sehr quälen musste. Mir schnürte es die Luft ab und ich wollte nicht akzeptieren, was hier geschah. Ich verabschiedete mich, küsste sie und streichelte ihre Hand. Morgen würde ich wiederkommen, falls sie es bis dahin noch schafft. Ich wusste, dass mein Cousin aus Hamburg am selben Abend noch vorbeischauen wollte, weil ich ihn informiert hatte und er auch sehr an ihr hing.

Meine Tante, die inzwischen seit einigen Jahren mit ihrem Mann in einer Einöde in Norwegen wohnte, hatte seit Jahren keinen Kontakt zu Oma, aber ich informierte sie über den Zustand ihrer Mutter, damit sie sich vielleicht noch verabschieden konnte. Sie beschimpfte mich am Telefon und warf mir vor, dass ich sie nicht schon vor Monaten über Omas Zustand informiert hatte, denn es wäre ihr recht gewesen, das zu erfahren. Es war nicht meine Aufgabe und meine Oma wusste bis zum Schluss genau, was sie wollte und was nicht. Ich tat, was ich konnte, aber ihre Tochter zu informieren, mit der sie zerstritten war und die den Kontakt abgebrochen hatte, stand nicht auf meinem Plan.

Am nächsten Morgen fuhren wir wieder früh in die Klinik und sie hatten Oma inzwischen in ein kleines Einbettzimmer verlegt, wo sie in Ruhe ohne den Trubel einer Intensivstation sterben konnte. Sie atmete schwer und ich hatte ihr im Krankenhausgarten eine duftende Rose abgepflückt, die ich ihr unter die Nase hielt, während ich ihr leise Lieder von ihrem geliebten Roger Whittaker abspielte. Ich legte meinen Kopf neben ihren auf das Kissen, streichelte ihre kleine Hand, die so viel gearbeitet hatte und sprach mit ihr wie früher. Es würde vielleicht das allerletzte Mal sein. Meine Cousine, die Tochter meiner Tante, kam und wollte für ihre Mutter Fotos von meiner sterbenden Oma schießen, aber ich war mir sicher, dass sie das niemals erlaubt oder gewollt hätte. Es war beschämend, wie diese Familie sich aufführte und einmal mehr wurde mir klar, wie kaputt diese Leute alle waren. Bevor wir nach Hause fuhren, kämmte ich ihr dünnes weißes Haar und öffnete das Fenster ein Stück. Ich schaute hinaus und da draußen tobte die unruhige Stadt, während ich traurig hier oben im siebten Stock stand und den nahenden Tod meiner geliebten Oma erwartete. Sie klammerte am Leben und ließ nicht los, denn sie hatte noch immer ihren Mann, den sie zurückließ und von dem sie mir immer sagte, dass sie niemals so glücklich gewesen war wie mit ihm. Ich versprach ihr, dass wir uns um ihn kümmern würden und sie in Ruhe gehen darf. Und auch mein Onkel würde schon zurechtkommen. Mein Mitleid mit ihm hielt sich in Grenzen, denn es kam am Ende so, wie ich es schon lange befürchtet hatte - er hatte ihren Tod auf dem Gewissen.

In den frühen Morgenstunden des 4.Oktober 2018, verließ meine liebe Oma für immer unsere Welt und mit ihrem Tod schloss sich das längste Kapitel meines Lebens.

Nachdem Oma verstorben war, hatte meine Tante sich von Norwegen auf den Weg nach Bielefeld gemacht, um das Erbe auszuschlagen. Der Ältere meiner Onkel nistete sich direkt nach Omas Tod bei ihrem Mann ein, schickte ihn regelmäßig los zum Bier kaufen und verprasste seine schmale Rente. Wir kamen telefonisch nicht mehr an ihn heran, denn es wurde direkt am 4. Oktober sämtliche Telefonnummern geändert und man schottete ihn regelrecht von uns ab. Es wurden in dieser Zeit etliche Verträge mit Telefon- und Mobilfunkanbietern inklusive Internet geschlossen und alles Mögliche für die Beerdigung geordert, was sie den alten und völlig überschuldeten Mann haben unterschreiben lassen. Ein paar Tage später rief meine Tante wieder in unfreundlichem Ton an und teilte mir mit, dass Omas Leichnam noch nicht freigegeben werde, da die Todesursache weiterhin unklar war. Schließlich wäre es Mord oder zumindest Todschlag gewesen und erst nach Klärung durch die Gerichtsmedizin und die

Kriminalpolizei könnte Oma eingeäschert werden. Sie würde sich jetzt um alles kümmern und ich solle mich heraushalten.

Diese merkwürdigen und völlig unpassenden Reaktionen bei beinahe allen Familienmitgliedern schafften es immer wieder, dass ich mich schuldig fühlte.

Mach's gut, Oma

Michael setzte uns ins Auto und fuhr mit uns an den Rhein, wo wir ein paar Tage mit meiner Schwester und meiner Nichte verbrachten. Wir hatten uns ein gemeinsames Ferienhaus genommen und es war die beste Gelegenheit, meine geschundene Seele zu verarzten. Die Gegend war uns nicht unbekannt, denn nachdem Michael dort schon einige Ferien in seiner Kindheit bei seinem Onkel verbracht hatte, hatte er uns dort schon vor einigen Jahren in einem Kurztrip alles gezeigt. Es war ein goldener Herbst, das Wetter war ausgezeichnet, die Weinreben trugen bunte Farben und der Rhein floss wie schon seit Jahrhunderten durch das Tal. Unser Ausflug und das Verweilen an der Abtei St. Hildegard brachte mir für einen kurzen Moment das, was ich jetzt so sehr brauchte – Frieden, inneren Frieden und unendliche Ruhe. Dieser Ort musste heilig sein, denn er streichelte meine Seele und erdete mich wieder auf die Dinge, die am wichtigsten sind: meine wunderbare Familie, die mich immer wieder aufbaute und mich auf Händen trug. Ich war die Prinzessin unter meinen Männern, die mich zwar oft viele Nerven kosteten, aber mich einfach durch schwere Zeiten trugen, wenn es notwendig war.

Gestärkt von diesem kleinen Urlaub, fuhren wir zurück, denn Omas Beerdigung stand noch an.

Die Beisetzung war am 18.Oktober 2018 und nur durch eigene Recherchen, hatte ich diesen Termin herausbekommen. Es war im Grunde noch schlimmer, denn keines ihrer Kinder hatte sich mit dem Pastor für die Rede zusammengesetzt. Sie hatten diesen 80 Jahre alten und dementen Mann damit allein gelassen. Meine Tante war inzwischen schon wieder abgereist und blieb nicht einmal bis zur Beerdigung. Ein Gespräch mit dem Pastor bestätigte mir, was ich vermutet hatte, denn er hatte keinerlei Infos über meine Oma. Ich sprach mit ihm und erzählte ihm von Omas Leben, ihren beiden Geschwistern, die auch schon vor einigen Jahren verstorben waren, wie ihre Eltern sich in den Kriegsjahren getrennt hatten und sie beim Vater aufwuchs, bis dieser im Krieg dienen musste und sie zu Pflegeeltern kam. Ihre Mutter hatte nach der Trennung ihre Familie verlassen und die Pflegeeltern hatten sie liebevoll versorgt und bis ins hohe Alter sprach sie davon, was sie ihnen zu verdanken hatte. Ich sprach über ihre erste Ehe mit Opa und all ihre Kinder, Enkel und Urenkel. Ich erzählte ihm, wie sie mich vier Jahre lang großgezogen hatte und wie schwierig es oft mit meinem Onkel für sie gewesen war. Sie hatte immer gesagt, dass man sich ruhig streiten könne, denn wichtig wäre es, sich am Ende wieder zu vertragen. Vielleicht hat auch sie am Ende gemerkt, dass diese ewigen Kontaktabbrüche nicht der richtige Weg sind. Am Ende las er noch mein Gedicht vor, welches ich zum Abschied für sie geschrieben hatte.

Vor vielen Jahren an diesem Ort, lernten wir uns kennen.

Grad geboren, winzig klein, schlich ich mich in Dein Herz hinein.

Ich blieb bei Dir, vier Jahre lang und wuchs ganz gut heran.

An Deiner Hand zum Weihnachtsmarkt und an ganz tolle Orte.

Salinen schauen, Kinofilme und zum Schluss ein Eis.

Mein Kinderherz das schlug für Dich - Wenn auch still und leis.

Die beste Oma nur für mich - drum lass ich Dich jetzt nicht im Stich.

Das Schicksal führte Dich oft fort - weit, weit weg von Ort zu Ort.

Am Ende kamst Du doch zurück und gingst nie wieder von hier fort.

Und Jahr für Jahr zog in das Land, Dein Körper wurde schwach und krank.

Nun sind wir wieder an dem Ort,

wo ich vor vielen Jahren,

mich schlich in Dein Herz hinein.

Doch Du musst mich verlassen.

Ich sitz bei Dir, halt Deine Hand,

im siebten Stock und will nicht gehen.

Die Stadt lebt weiter, schnell und laut.

Doch meine Welt bleibt stehn.

Ich sprech mit Dir, ich liebe Dich

Und kämme Dir Dein Haar.

Ich streichel und ich küsse Dich,

so wie es immer war.

Doch dieses letzte Mal im Leben ist besonders schwer.

Mein Leben begann an diesem Ort und Deines nahm ein Ende.

Meine Liebe dauert fort….

Ich falte meine Hände.

Wir gingen auf diese Beerdigung und das konnte uns kein Mensch auf der Welt verwehren. Meine Kinder und ich ließen Luftballons mit Briefen für Oma auf dem Friedhof in den Himmel steigen. Michael und ich hatten uns besprochen, wie wir mit Omas Mann verfahren werden, denn ich hatte meiner Oma und auch ihm versprochen, dass wir uns um ihn kümmern und ihn nicht im Stich lassen würden. Es konnte nicht sein, dass mein Onkel die Situation dieses alten Mannes jetzt dermaßen ausnutzte, statt ihm aus seiner Misere und der noch immer drohenden Räumungsklage herauszuhelfen.

Wir streuten Oma nach der Beerdigung Glitzerstaub in ihr Urnengrab und ich war mir sicher, dass ihr das gefallen würde.

Ich nahm Omas Mann an die Seite und fragte ihn nochmal deutlich, ob er mit zu uns kommen wollte, oder ob er weiter mit meinem Onkel in seiner Wohnung bleiben möchte. Er teilte mir mit, dass er sehr erleichtert war, uns zu sehen und er Bielefeld am liebsten schon gestern verlassen wollte.

Nach der Beerdigung schnappten wir ihn und setzten ihn in unser Auto, bevor wir zu ihm nach Hause fuhren und er seine Tasche packte. Michael tauschte das Türschloss, damit die Wohnung in seiner Abwesenheit niemand mehr betreten konnte. Mein Onkel tobte vor Wut, als wir ihn herausbaten. War er vorhin noch auf Rentner-Kosten wegen eines gebrochenen Fußes mit dem Taxi gefahren, konnte er nun wutentbrannt ohne Gehhilfen aus dem Haus rennen, um den Bus noch zu bekommen.

Entsetzt musste ich feststellen, dass meine Tante einen ganzen Stapel Papiere mit nach Norwegen genommen und eine übereifrige und neugierige Nachbarin aus dem Haus Omas sämtliche Kleidung bereits entsorgt hatte. Ich hätte ihre Kleidung so gerne noch einmal in den Händen gehalten, daran gerochen und sie gestreichelt. Traurig und wütend darüber, wie diesem Mann, der diesen bösen Menschen nichts entgegenzusetzen hatte, hier in den vergangenen zwei Wochen mitgespielt worden war, verließen wir Bielefeld.

Einige Tage später hatte die Situation auf der Arbeit sich weiter aufgebauscht und eine Dienstbesprechung wurde angesetzt, um mir mal richtig einzuschenken. Ich hatte mir nichts zuschulden kommen lassen und ging gelassen vor meinem Spätdienst zur Besprechung. Ich war doch etwas neugierig und umso erstaunter über das, was ich nun hören musste. Ich würde nie einspringen, nicht tauschen und Nachtdienst würde ich auch nicht machen. Man schrie mich wutentbrannt an und ich merkte, dass sie mir eigentlich gar nichts vorwerfen konnten, denn dass ich keinen Nachtdienst machen musste, war schon seit einiger Zeit besprochen und geklärt. Ich hatte große Probleme mit Nachtdiensten, die ich gesundheitlich nicht gut packen konnte. Meine Kollegin nahm diese Nachtdienste mit Kusshand, weil sie gut bezahlt wurden und ihr mehr Freizeit verschafften. Ich übernahm im Gegenzug zu einer Nacht, zwei Tagdienste für sie. Nun stellte sie es komplett anders dar.

Nach diesem Spätdienst habe ich meine Arbeitsstelle nie wieder betreten. Am nächsten Tag meldete ich mich krank und versuchte, in den nächsten Tagen mit meiner Vorgesetzten eine Lösung zu finden. Dies war nicht möglich und ich kündigte diesen Job mit 86 Überstunden, die sicher nicht zustande kamen, weil ich nie eingesprungen war.

Ich hatte mein Nagelstudio für diesen Job aufgegeben und nun hatte ich ihn verloren. Ich hatte mich schwer getan mit der Kündigung, aber ich konnte diese Menschen einfach nicht mehr ertragen und hatte es in den vergangenen Jahren erfolgreich geschafft, mich von toxischen Menschen fernzuhalten. In der kommenden Zeit fühlte ich mich schrecklich, denn nun hatte die Kollegin genau geschafft, was sie wollte. Ich war gegangen. Statt zu kämpfen, hatte ich mich wieder in mein Schneckenhaus zurückgezogen und meine Wunden geleckt. Ich war es einfach leid zu kämpfen, denn diese Menschen hatte es schon viel zu lange in meinem Leben gegeben. Ich hatte einfach keine Kraft mehr, meine Oma war gerade erst gestorben und dieser alte Mann, für den ich händeringend eine Seniorenunterkunft suchte, lebte noch in unserem Haus.

Vier Wochen später und gerade im letzten Moment vor der Räumungsklage, bekam ich die Zusage für eine hübsche Seniorenwohnung, mit Terrasse und Einbauküche, die baulich an das Pflegeheim angeschlossen war. Das war Rettung in letzter Minute, denn seinen Hausrat konnten wir nicht bei uns lagern. Mit Hilfe einiger Freunde schafften wir es pünktlich, Wohnung und Keller zu räumen und gereinigt an die Vermieter zu übergeben. Sein Mittagessen bekam er im Pflegeheim in der Gesellschaft anderer Senioren und seine Einkäufe und das Herrichten der Tabletten erledigten wir fortan. Als wir nach einiger Zeit erhebliche Defizite in der Körperpflege bemerkten, engagierten wir einen Pflegedienst. Ich selbst konnte und wollte es nicht übernehmen, denn ich ekelte mich vor ihm. Zu sehr ist mir noch sein Neffe in Erinnerung, von dem er heute noch immer so spricht, als wäre er ein Geschenk Gottes gewesen. Er führt heute ein ruhiges und entspanntes Leben - genau so, wie ich es damals auch für meine Oma angedacht hatte und vielleicht wäre sie dann immer noch am Leben. Ich hatte mein Versprechen gehalten.

Michael kümmerte sich seit Wochen schon um diesen riesigen Schuldenberg und einen Haufen Papiere, den Oma hinterlassen hatte. In den vergangenen Jahren hatte sie nur noch verzweifelt finanzielle Löcher gestopft, damit ihr nicht alles um die Ohren flog. Nach und nach wurde uns klar, dass sie schon länger mit all dem überfordert gewesen war und unsere Hilfe einfach nicht annehmen konnte oder wollte. Mein lieber Mann hatte Wochen damit verbracht, Gläubiger anzuschreiben, Raten zu vereinbaren, Versicherungen zu kündigen und vor allem die Bestatterin zufriedenzustellen, die am Ende auch nicht unerheblich viel Geld haben wollte. Es waren keinerlei Werte mehr vorhanden. Das Geld vom Hofverkauf war komplett verprasst, Omas Schmuck war auf seltsame Weise verschwunden, Zinnbecher und Zinnteller gab es keine mehr und selbst ihre Schallplattensammlung war nicht mehr da. Sie hatte in den vergangenen Jahren in bitterlicher Armut gelebt, obwohl sie ihr Leben lang so hart gearbeitet hatte. Ihr gesamtes Geld hatte sie in ihre Söhne gesteckt, für Versicherungen und Kredite. Mir selbst war es am Ende ausschließlich wichtig, dass die Beerdigung bezahlt würde, denn nur so könnte Oma in Frieden ruhen.

Sie hatte im Leben sicher nicht alles richtig gemacht und auch mich nicht immer gut behandelt, vor allem, wenn ich an die Situation im Babybett zurückdenke. Aber das zählte für mich am Ende nicht mehr.

Obwohl ich meine Arbeitsstelle verloren hatte, war ich glücklich darüber, dass wir Omas Leben irgendwie sauber zu einem Abschluss gebracht hatten.

Doch ich war ausgelaugt, kaputt und einfach nur müde. Ich machte mir noch immer Vorwürfe wegen dieses Streits mit Oma und fragte mich, ob sie mir wirklich vergeben hatte. Die vergangenen Wochen hatten deutliche Spuren hinterlassen und es wurde einmal mehr Zeit, mich in mein Schneckenhaus zu verkriechen.

Ein neues Jahr

Das nahende Weihnachtsfest war besonders für unsere Kinder eine willkommene Ablenkung und ein Abschluss für dieses fürchterliche Jahr. Wir feierten mit Schwiegermutter, Schwägerin und unserem neuen Opa ruhig und friedlich dieses Weihnachtsfest.

Das neue Jahr begann ruhig, wir alle hatten uns allmählich an die neue Situation gewöhnt und die Dinge hatten sich eingespielt. Allmählich bereiteten wir uns auf Phillips Konfirmation im Mai und Max' Einschulung vor, die nach den Sommerferien auf dem Plan stand. Mir war wieder mulmig bei dem Gedanken, ihn in die Welt der großen Kinder zu schicken, doch im Gegensatz zu meinen anderen Kindern, würde er sich wehren können und dies auch tun, wenn es nötig wäre. Für mich war er noch immer der kleine, winzige Spatz, auf den ich besonders gut aufpassen musste, obwohl er sich inzwischen nichts gefallen und erst recht nicht die Butter vom Brot nehmen ließ.

Phillip hatte sich schon lange auf seine Konfirmation gefreut und wir hatten im Vorfeld den Kauf seines Anzugs bei einem Herrenausstatter zelebriert. Es war ein besonderer Anlass und erforderte auch eine gründliche Vorbereitung und unsere volle Aufmerksamkeit. Phillips Wesen hatte sich in den Jahren nie verändert und er war noch immer ein sehr pflichtbewusster, fleißiger und überaus vernünftiger Junge, dessen Charaktereigenschaften sich mittlerweile zu Tugenden entwickelt hatten. Inzwischen wussten die gleichaltrigen Kinder diese Eigenschaften zu schätzen und das Blatt hatte sich gewendet. Man lud ihn gern zu Partys ein und nicht zuletzt durch sein Theaterhobby war er inzwischen in der ganzen Stadt bekannt wie ein bunter Hund. Mir liefen vor Stolz die Tränen, als er, in seinem Anzug gekleidet, im Kreise seiner besten Freunde in die Kirche schritt. So groß war er schon und bald wäre er erwachsen und würde seiner eigenen Wege gehen. Für nachmittags hatten wir eine große Kaffeetafel aufgebaut und feierten mit der ganzen Familie diesen Tag, während auf dem Bildschirm eine Bildershow ablief, die Michael und ich zusammengestellt hatten. Unser Briefkasten platzte aus allen Nähten. Etliche Menschen, von denen wir nicht unerheblich viele gar nicht kannten, hatten ihm Karten und Glückwünsche zukommen lassen. Dieses Kind war einfach unglaublich.

Meinen Geburtstag im Juni feierten wir gemütlich mit Familie und Freunden in unserem Garten. Kaffee, Kuchen, Grillen, Lagerfeuer und Phillips inzwischen perfektionierte Gitarrenmusik ließen den Tag schnell vergehen. Wir waren zufrieden und auch Michaels Beine, die am Abend übersäht von Insektenstichen waren, sorgten uns nicht. Merkwürdig war es schon, denn er wurde bisher eher selten gestochen und erst recht nicht, wenn ich in der Nähe war. Mich in ihrer Nähe zu haben, ist für die ganze Familie der zuverlässigste Insektenschutz. Denn Mücken finden mich ganz ausgesprochen bezaubernd.

Einige Tage später fühlte sich Michael miserabel und schwach. Er schwitzte stark, bekam Temperatur und verbrachte seine Tage hauptsächlich schlafend. Schnell kamen Gelenkschmerzen hinzu und ich sorgte mich zunehmend, als ich ihn zum Arzt brachte. Einige Blutuntersuchungen zeigten sämtliche Entzündungswerte in stark erhöhtem und besorgniserregendem Bereich. Nach Ratlosigkeit seitens des Arztes wurde er weiter überwiesen und man sagte ihm, dass es neben Leukämie und Rheuma auch alles andere sein könne und man müsse jetzt systematisch weitersuchen. Vorsichtshalber würde er vorerst ein Antibiotikum bekommen, um der Entzündung, wo immer sie auch sein mag, entgegenzuwirken. Die folgenden Wochen und Monate waren fürchterlich. Er nahm Schmerzmittel wie Bonbons und durchgehend sein Antibiotikum. Unseren Sommerurlaub hatten wir gecancelt und planten nun ein paar Tage an der Nordsee für die Kinder. Das wäre nicht so weit entfernt und wir könnten jederzeit zurück, wenn Michaels Zustand sich verschlechtern würde. Er schwitzte noch immer stark und hatte große Schmerzen in seinen Armen und Beinen. Der Urlaub war eine Qual für ihn, aber er sagte kein Wort, weil er die Kinder nicht enttäuschen wollte. Alles fiel ihm schwer und ich litt still mit, da mich sein Zustand so sehr quälte und ich nicht wusste, wie ich ihm Linderung verschaffen konnte. Wieder zurück zu Hause verschlechterte sich sein Zustand weiter und der Termin beim Facharzt rückte näher. Nach weiteren Untersuchungen konnte Leukämie ausgeschlossen werden und viel mehr sah man in der Gesamtheit seiner Beschwerden eine Polymyalgie, welche die Gefäße in seinem Körper entzündet hatten - vermutlich ausgelöst durch diese Insektenstiche. Einen Termin bei einem Rheumatologen bekamen wir erst wieder in einigen Wochen.

Ich war hilflos und weinte oft, denn der Gedanke, dass mein lieber Mann immer kränker würde und er am Ende sogar sterben könnte, weil niemand herausgefunden hatte, was ihm fehlte, war unerträglich. Sein Gewicht sank täglich und inzwischen waren 15 Kilo verloren gegangen. Eigentlich war dies ein Grund zur Freude, aber in diesem Fall beängstigend.

In meiner Hilflosigkeit vereinbarte ich für ihn Termine bei einer Heilpraktikerin und beim Osteopathen, denn die Naturheilkunde hatte mich noch nie im Stich gelassen. Trotz vieler Mittelchen und einer Entgiftungskur änderte sich sein Zustand nicht relevant und auch die Hoffnung auf einen eingeklemmten Nerv zerschlug sich beim Osteopathen schnell.

Immer wieder sprachen wir auch beim Hausarzt vor und Michael bekam am Ende hochdosiertes Kortison, welches seine Beschwerden schnell verbessern und die Zeitspanne bis zum Termin beim Rheumatologen überbrücken sollte.

Bereits am nächsten Tag war er wie ausgewechselt und der Arzt sah dies als deutlichen Beweis für eine Polymyalgie. Er müsse weiter Kortison einnehmen und eine Heilung könne viele Monate andauern. Auch der Termin beim Rheumatologen bestätigte diese Diagnose und seine Genesung schritt ganz langsam und sachte voran.

Auf der Einschulungsfeier riss er sich zusammen und lächelte seinen Schmerz weg, doch ich wusste genau, wie es in ihm aussah. Max kam in die Schule und es war sein großer Tag, den ihm niemand verderben sollte. So war seine Einstellung zu allem, denn die Kinder gingen immer vor und standen an erster Stelle. Dies hat sich niemals geändert und das wird es auch in hundert Jahren nicht.

Wir zogen das durch und sorgten dafür, dass Max seinen schönen Tag bekam. Seine selbstgebastelte Schultüte, seine nagelneue Schultasche und die typische Zahnlücke machten ihn zu einem richtigen und stolzen Schulkind. Er hatte sich eine tolle Gartenparty gewünscht und wir hatten über verschiedenen Spielstationen im Garten viele Girlanden, Luftballons und Lampions aufgehängt. Am Ende des Tages bedankte er sich mit glänzenden Augen für diese schöne Party. Dies waren am Schluss doch immer die Momente, für die sich einfach alles lohnte.

Michael war so zerbrechlich geworden und meinen Mann so zu sehen, brach mir täglich wieder das Herz, war er doch eigentlich der stärkere von uns und mein Fels in der Brandung. Dieser unerschütterliche Baum, der mich mit seinen starken Ästen umarmte und an den ich mich lehnte, wenn mir alles zu viel wurde oder mir diese Welt zu rau war. Ich wusste nicht mehr, wie es war, wenn ich die Starke sein musste, denn zu gerne hatte ich diese Position in den vergangenen Jahren an ihn abgegeben. Die Rollen bei uns waren schon immer klar definiert und meine Aufgabe war es in den vergangenen 16 Jahren nicht gewesen, stark zu sein. Was würde ich bloß ohne ihn und seine grenzenlose Liebe tun? Er machte mich in unseren gemeinsamen Jahren zu einer besseren Version von mir selbst und ich lernte ein Leben fernab von Hass, Gewalt, Narzissmus und Erpressungen kennen. Ohne ihn wäre ich heute nicht der Mensch, der ich bin und ein Leben ohne ihn würde mich endgültig zerstören. Einmal mehr wurde mir bewusst, an welch seidenem Faden Glück hängen kann und ich fühlte mich darin bestätigt, dass alles im Leben seinen Preis hatte und es von jetzt auf gleich vorbei sein kann.

Ich versuchte, Michael so viel wie möglich abzunehmen, auch wenn er bereits nach sechs Wochen wieder arbeiten gegangen war. Er hatte noch immer Schmerzen und nur sehr langsam wurde es besser.

Ich tat mich schwer damit, meinen neuen Job als Inklusionskraft für einen Jungen in einer Grundschule des Nachbarortes anzutreten, da ich befürchtete, dass Michael noch nicht so weit war, wieder einen geregelten Alltag zu stemmen. Nach einigen Gesprächen entschieden wir, dass ich es einfach versuchen würde, und es stellte sich als beste Entscheidung heraus, denn dieser neue Job war einfach perfekt. Ich hätte immer zeitgleich mit meinen Kindern schulfrei, wäre mittags da, wenn sie nach Hause kämen und auch in den Ferien wäre ich nie wieder auf den guten Willen meiner Kollegen angewiesen. Darüber hinaus stellte sich die Arbeit mit Kindern als so wertvoll und erfüllend heraus. Ich konnte aktiv etwas tun, kleinen Menschen den Start in die Welt erleichtern und spezialisierte mich auf Kinder mit Migrationshintergrund. Wahrscheinlich durch mein eigenes Aussehen, konnte ich schon immer sehr gut mit anderen Kulturen umgehen. Sie akzeptierten mich einfach.

Die Herbstferien planten wir wieder am Rhein, denn wo könnte man sich besser erholen als dort? Michael war noch immer nicht genesen, aber es ging ihm deutlich besser, als wir uns wieder auf den Weg Richtung Süden machten. Das Wetter war im Gegensatz zum vergangenen Jahr überaus mies und Regenschirme waren unsere ständigen Begleiter. Seit meiner Knie-Operation waren anstrengende oder lange Wege eher schwierig geworden, aber ich wollte unbedingt zur alten ursprünglichen Klosterruine auf dem Berg, der nur per pedes zu erreichen war. Wir wanderten durch Matsch und Regen auf einem rutschigen Trampelpfad den beschwerlichen Weg hinauf zur Ruine. Einige Male wollte ich aus Angst, mit dem Knie auszurutschen, umdrehen, aber wieder war es Michael, der mich zum Weitermachen ermunterte und aufforderte, einfach eine kurze Pause zu machen, bevor wir weitergingen. An seinen Arm geklammert, setzten wir unseren Weg Stück für Stück fort und erreichten schließlich völlig erschöpft, aber sehr stolz, die Klosterruine Disibodenberg.

Im Gegensatz zu meinen vergangenen Urlauben konnte ich diese nun endlich genießen, denn mir wurde von Seiten meiner Arbeitsstelle kein schlechtes Gewissen mehr gemacht und es kamen keine Anrufe, mit denen mir mitgeteilt wurde, dass ich wiederholt meinen Urlaub unterbrechen und einspringen muss.

Ein turbulentes Jahr neigte sich dem Ende zu und wir hofften einfach auf weitere Genesung und ein besseres neues Jahr, denn wenn wir eines inzwischen gelernt hatten, dann war es, dass es nach jeder Talfahrt immer wieder mit Schwung aufwärts gehen musste.

Wir genossen unsere magische Adventszeit, in der unser Wichtel Nils mit seinem Elf Fips jede Menge Blödsinn angestellt und unser Haus gewaltig auf den Kopf gestellt hat. Die Kinder waren gespannter auf die morgendlichen Briefe als auf den Inhalt des Adventskalenders und die weihnachtliche Zeit verlief magisch und spannend. Den ersten Weihnachtstag verbrachten wir bei meiner Schwester im Kreise der ganzen Familie und verabschiedeten uns im Anschluss bis zum neuen Jahr.

Ich bekomme eine Tochter

Das Jahr endete mit einer Überraschung, denn Simon teilte mir mit, nach zehn Jahren Beziehung seine Melinda heiraten zu wollen und Ende Juli sollte die standesamtliche Trauung stattfinden, direkt gefolgt von der kirchlichen Hochzeit am 1. August.

Ich war glücklich über seinen Lebensweg, den er aus eigener Kraft beschritten hatte: seine Ausbildung, seine Liebe zu Melinda, die noch immer hielt, und seine bestandene Meisterprüfung. Simon hatte das alles so viel besser gemacht als Christoph und ich, denn auch er hatte seine Geschichte und wusste, wie es war, ein instabiles Elternhaus zu haben. Er hatte seine eigene Basis geschaffen und damit ein stabiles Fundament für alles, was da noch kommen wird. Nun wollte er heiraten und mein Mama-Herz platzte vor Stolz. Ich bekam endlich meine Tochter! Aber da war es wieder. Dieses Gefühl, das mich fragte, ob ich überhaupt stolz sein dürfte und ob es überhaupt mein Verdienst war. Nein, es war nicht mein Verdienst - aber es war auch nicht Christophs Verdienst. Es war ganz allein Simons Verdienst, der es niemals genauso machen wollte wie seine Eltern. Wir dienten allenfalls als schlechtes Beispiel. Niemand von uns hatte es richtig gemacht und wir alle hatten ihm etwas mitgegeben, Gutes und Schlechtes. Simon hatte mir bei einem unserer letzten Treffen gesagt, dass nicht mehr wichtig ist, was war, sondern nur noch das zählt, was jetzt ist und es fühlte sich für mich an wie ein „Verzeihen". Auch wenn mir diese Aussage unglaublich guttat, bleibt noch zurück, dass ich selbst mir das Gewesene nicht verzeihen kann. Ich hätte es anders machen und eine bessere Mutter für ihn sein müssen, denn er war ein Kind, welches ebenso auf seine Eltern vertraut hat wie ich auf meine. Man kann viele Dinge auf verschiedene Arten falsch machen, aber am Ende bleibt dennoch die Gemeinsamkeit, dass es falsch war. Auch für mich kam dieses Leben ohne Gebrauchsanweisung, ich hatte selbst nie gelernt, wie man eine gute Mama ist und habe dennoch versucht, eine zu sein. Ich habe ihn nie geschlagen und ihn immer gestärkt, ich habe alles getan, was in meiner Macht stand, damit es ihm gut ging, doch ich war sechzehn und ohne jeden Halt, als er auf diese Welt kam. Ich hatte diese Idee der glücklichen Familie und wollte auch alles besser machen als meine Eltern, aber mir fehlte die Weitsicht. Ich hatte ihm nichts zu bieten außer meine Liebe. Habe ich Christoph jahrelang für den Schuldigen gehalten, ist mir heute klar, dass er ebenso jung war wie ich und einfach ein anderes

Lebensmodell verfolgte als ich. Es war einzig seine abfällige und verachtende Art, mit anderen Menschen umzugehen, die mir noch heute ein Dorn im Auge ist.

Die Dinge ordnen sich

Zu Beginn des neuen Jahres brach eine weltweite Pandemie aus, die unser aller Leben von heute auf morgen herunterfuhr. Im März gab es einen Lockdown und sämtliche Geschäfte, bis auf Lebensmittelmärkte, hatten von jetzt auf gleich geschlossen.

Zu dieser Zeit meldete sich auch der jüngste meiner Brüder bei mir, um mir zu sagen, dass er endlich verstanden hätte, was all die Jahre ablief und er nun wüsste, dass unsere Mutter die Schuldige am Scheitern unserer Familie sei. Ich blieb skeptisch, aber wollte ihm eine Chance geben, denn er hatte eine offene Tür noch mehr verdient als jeder andere, er war mein Bruder.

Mutter hatte es sich bei ihm endgültig verscherzt und ausschlaggebend war schlicht eine Möhrenlasagne. Ja, richtig! Eine Möhrenlasagne. Manchmal reicht ein winziger Tropfen, der ein Fass zum Überlaufen bringt oder aber die Augen öffnet. Hatte er doch noch bis Ende zwanzig bei ihr gelebt, war es ihr offenbar bis dahin noch nicht aufgefallen, wie sehr er Möhren hasste. Eine solche Kleinigkeit führte dazu, dass er alles Gewesene hinterfragte und ihm einiges klar wurde. Der Versuch seinerseits, eine logische Erklärung oder Antworten auf die plötzlich aufgetauchten Fragen zu bekommen, erstickte Mutter in bekannter Manier, in Spott und Hohn und fand in seiner erwachten Art auch direkt mich als Schuldige für alles.

Unnütz zu erwähnen, dass ich meinen Bruder seit der Hochzeit meiner Schwester weder gesehen noch mit ihm gesprochen hatte, denn er hatte mich ja abgelehnt.

Erstaunlicherweise genoss ich diese Wochen des Lockdowns, der erzwungenen Ruhe und des zu-Hause-bleibens sehr und bastelte oder spielte täglich mit den Kindern, mistete die Schränke und die Garage aus und tat alles, was ich schon lange einmal machen wollte und was in den vergangenen Wochen liegengeblieben war. Keine Termine, zu denen ich mich zwingen musste, keine Arbeit, die mir oft zu viel wurde, und keine verhassten Autofahrten, die schon lange ein Problem waren. Diese Welt da draußen machte mir immer nur Angst und ich hasste es, unser Haus zu verlassen.

Ich musste zu Hause bleiben und tat der Welt auch noch einen Gefallen damit. Es war großartig! Wir renovierten, Phillip wechselte mit seinem Zimmer ins Erdgeschoss und wir hatten jede Menge zu tun. So war es seit Jahren oft gewesen. Immer wenn mich etwas beschäftigte und ich nicht darüber nachdenken wollte, überlud ich mich mit Arbeit und überschritt regelmäßig meine Grenzen bis zur vollkommenen Erschöpfung. Nebenbei stimmte ich mich psychisch auf die nahende Hochzeit ein, denn ich würde bald wieder auf all diese Menschen treffen, die ich am liebsten nie wiedersehen wollte. Meine

Angstzustände und der Schwindel nahmen wieder zu - wie immer, wenn sich etwas veränderte in meinem Leben. Mein ganzer Körper verkrampfte dauerhaft und dies führte zu einer Verschlimmerung meiner Symptome. Wenn dies der Fall war, konnte nichts auf der Welt das verändern, denn das vegetative Nervensystem machte einfach, was es wollte. Ich ging schon seit einigen Wochen wieder zur Therapie und habe mich dieses Mal für eine tiefenpsychologische Behandlung entschieden, da ich glaube, dass meine Probleme viel weiter zurück liegen als ich bisher dachte. Meine Therapeutin ist eine ältere Dame und die Gespräche mit ihr tun mir gut. Ob sie mir am Ende tatsächlich helfen kann, wird sich zeigen.

Endlich wollte ich auch mein rätselhaftes Übergewicht klären und hatte nach einigen Recherchen einen Verdacht, der sich nach dem Besuch von zwei unabhängigen Phlebologen endlich bestätigen sollte. Ich litt seit Simons Geburt unter einem sich über die Jahre immer mehr verschlimmernden schmerzhaftem Lipödem. Viele Besuche beim Hausarzt und noch mehr Fehldiagnosen später, hatte ich endlich meine Erklärung für dieses viele Fett an meinem Körper. Ich ernährte mich stets gesund, schlug nur selten über die Stränge und es gab keinen logischen Grund für dieses fürchterliche Gewicht. Endlich hatte ich es schwarz auf weiß. Ich konnte nichts dafür! Bestärkt von dieser neuen Erkenntnis versuchte ich ein letztes Mal, etwas von dem nicht erkrankten Fett zu verlieren, denn es war ein Unterschied, ob ich 50 oder 20 Kilo abnehmen musste, und das motivierte mich. Ich verlor zum ersten Mal in meinem Leben recht schnell 7 Kilo, aber statt mich zu freuen, verunsicherte mich die neue Situation und ich fühlte mich nackt und geschwächt, so dass ich vorerst einfach versuche, auf dem Stand zu bleiben, bis ich weiter abnehme. Mein Fett war in den vergangenen Jahren scheinbar so etwas wie mein Schutzpanzer geworden, den ich nun allmählich verlor. Das machte mir wieder Angst und ich konnte mit der neuen Situation deutlich schlechter umgehen als ich vermutet hätte, denn ich wollte doch immer schlank sein.

Unter der Haube

Die Hochzeit rückte näher und nach einem erneuten Gespräch mit meiner Therapeutin sprach ich mit Simon, um ihn darauf vorzubereiten, dass es jederzeit sein könnte, dass ich fluchtartig den Raum verließ oder die Trauung nicht bis zum Schluss verfolgen könnte und erklärte ihm die Gründe dafür. Hinzu kam die Sorge, dass ich den beiden ihren Tag vermiesen könnte, indem ich einfach umkippe oder sonst irgendwie für Unruhe sorgen könnte.

Mein Blutdruck war seit einigen Wochen viel zu hoch und obwohl Michael sagte, dass dies nach der Hochzeit schlagartig vorbei wäre, konnte ich mir das nicht vorstellen.

Das Gespräch mit Simon, seine Reaktion und sein Verständnis für mich nahm mir gewaltig den Druck und ich wurde etwas entspannter. Ich trug ein schwarzes Bahnenkleid, sonnengelbe Schuhe und eine passende gelbe Tasche, als wir uns auf den Weg zu einem der wichtigsten Termine meines Lebens machten. Simon trug eine sandfarbene Hose, ein dunkelblaues Jackett und das schönste Lächeln auf dieser Welt, als er mich vor dem Standesamt umarmte und küsste. Ein gutaussehender, starker Mann, der mitten im Leben stand und der es allen gezeigt hatte.

Melinda trug ein apricotfarbenes Kleid mit Spitzenärmeln und Simons Augen leuchteten wie die schönsten Sterne, die ich je gesehen hatte, als er sie im kleinen, rustikalen Heimathaus vor den Standesbeamten führte. Durch die Pandemie mussten Familienfeiern kleiner ausfallen und leider wurde auch die kirchliche Hochzeit auf den nächsten Sommer verschoben. Aber das alles spielte heute keine Rolle. Trotz meiner gesundheitlichen Situation blieb ich fest entschlossen und eisern, diesen Tag bis zum Ende durchzuhalten. Auf gar keinen Fall würde ich ihn heute enttäuschen wollen und wenn es das Letzte wäre, was ich tat. Diese ganzen Leute, die ich so sehr verabscheute, würden nichts daran ändern, dass ich seine Mama war, und ich blendete sie einfach aus, denn mein Fokus war ausschließlich auf mein Kind gerichtet. Sie hatten im Garten ihrer Mietwohnung ein großes Zelt aufgebaut und ihre Trauzeugen und Melindas Mama hatten wundervolle Arbeit geleistet, dieses Zelt zu einem kleinen Palast zu verwandeln. Wunderschöne Blumendekorationen aus Kornblumen und Baumscheiben, ein roter Teppich, Laternen, hübsch eingedeckte Tische und eine perfekte Organisation machten diese Feier, wie sie nicht besser hätte sein können. Die Sonne gab alles und strahlte bei über dreißig Grad mit dem Brautpaar um die Wette. Ich blieb den ganzen Tag in sicherer Entfernung und beobachtete Simon aufmerksam und ununterbrochen. Hin und wieder kam er zu mir, umarmte und küsste mich, um im Anschluss wieder glücklich tanzen zu gehen. Auch Melinda setzte sich immer wieder zu uns, um sich auszuruhen und sich zu erkundigen, ob alles in Ordnung wäre. Sie hatte Christoph im Vorfeld schon gewarnt und ihn erfolgreich eindringlich gebeten, mich in Ruhe zu lassen und mich nicht zu provozieren. Ich genoss jede Sekunde, denn an diesem Tag war mir so vieles klar geworden und es war mir egal, was die anderen taten. Heute waren nur Simon, Melinda und ihr großer Tag wichtig und ich spürte einfach nur großes Glück und unendliche Liebe.

Die vorherige Sorge, auf diese Menschen zu treffen, verwandelte sich in Mitleid, nachdem ich sie mir im Trubel der Hochzeit noch einmal mit Abstand betrachtet hatte. Keiner von ihnen war wirklich glücklich und jeder einzelne kämpfte ebenso mit seinen Dämonen wie ich, während sie noch immer mit dem Finger auf mich zeigten.

Epilog

Katja traf ich ebenfalls auf der Hochzeit wieder und sie kam allein. Sie hatte Rainer damals verziehen, aber nicht mir. Nachdem er sie fortlaufend mit verschiedenen Frauen weiter betrogen hatte, folgte die Trennung. Die Kinder waren inzwischen groß und sie hatte mit ihnen eine Wohnung bezogen. Das Haus wurde verkauft und ihre Ehe war endgültig gescheitert.

Christoph hatte inzwischen drei Kinder mit drei Frauen, war geschieden und obwohl er mal wieder eine neue Freundin hatte, war er niemals angekommen. Sein Lebensmodell hatte ihn offensichtlich nicht glücklich gemacht, er ging inzwischen stramm auf die Fünfzig zu, lebte allein, aber noch immer in seinem Elternhaus. Er war nie selbstständig geworden, konnte sich weder etwas zu essen kochen noch war er in anderen lebenspraktischen Dingen versiert. Stattdessen sprach er allzu gerne dem Alkohol zu, was ihn noch vor einiger Zeit häufig ermunterte, mich auch mal mitten in der Nacht anzurufen, um mir zu sagen, dass alles ja hätte so schön werden können. Seit seiner Ausbildung war er noch immer beim selben Arbeitgeber und das ist wohl das einzige, wofür ich vor ihm den Hut ziehen musste. Ich fragte mich, weshalb ich damals so sehr um ihn getrauert und auf ihn gewartet hatte. Er hatte bei Simon ebenso versagt wie ich und es gab keine Veranlassung für ihn, sich selbst auf dieses Podest zu stellen.

Seine Schwester blieb dennoch nur Simons Tante, auch wenn sie sich so sehr bemüht hatte, in den Mutter-Status zu rutschen. Ja, sie hatte viel für ihn getan und dies auch die meiste Zeit gut gemacht, doch die Mittel, mit denen sie gegen mich arbeitete und derer sie sich bediente, blieben bis heute zweifelhaft und schäbig. So gehörte auch sie nicht auf dieses Podest. Sie redeten über mich, erfanden Geschichten, zogen mich durch den Dreck und dennoch stand ich heute hier und feierte mit dem Brautpaar dieses Fest. Um mich herum hatte ich all diese Menschen, die ich liebte, meine Familie, meinen Papa, meine Schwester und sogar mein Bruder war endlich wieder in der großen Familie angekommen.

Am Ende betrachtete ich mich selbst und zog ein erstaunliches Resümee.

Keiner dieser Menschen hatte es in den vergangenen Jahren geschafft, mich zu brechen. All die Verzweiflung, die Schläge, der Hass oder Missbrauch hatte mich zeitlebens geschwächt. Die tiefe Erschütterung, als ich verstand, dass Menschen, denen ich so sehr vertraute, mich hintergingen und meine Gutgläubigkeit ausnutzten, hatten mein Vertrauen in Menschen zerstört.

Aber sie hatten nicht mit Michael gerechnet, der all diese Wunden in mir bis heute immer wieder heilt. Inzwischen reicht bereits ein Pflaster, wo vor Jahren noch eine Operation am offenen Herzen notwendig war. Im Gegensatz zu ihnen allen war ich angekommen und die Menschen, die ich liebte, fanden den Weg zu mir zurück.

Ich hatte wieder eine gemeinsame Spur mit Simon gefunden und ich spürte seine Liebe wieder, die ich so lange vermisst habe. Meine Schwester wurde zu einem der loyalsten Menschen meines Lebens und auch meine Brüder fanden zurück zu mir und genossen ihre zurückgewonnene Familie. Phillip und Max waren zwar völlig unterschiedlich, aber beide auf ihre Art wundervolle Kinder. Phillip ist inzwischen ein Einser-Schüler und besucht die 12. Klasse und Max steckt in seinem letzten Grundschuljahr. Es sind empathische und höfliche Kinder, die es gelernt haben, ‚Bitte' und ‚Danke' zu sagen. Die Beziehung zu meiner Schwägerin verbesserte sich über die Jahre grundlegend und inzwischen können wir uns ganz gut leiden. Trotz allem war auch diese Beziehung immer ehrlich, denn wir haben uns nie etwas vorgespielt.

Die Beziehung zu meiner Mutter hat leider niemals existiert und in einem sehr emotionalen Gespräch mit meiner Therapeutin sagte ich, dass ihr Tod eines Tages, wie eine Befreiung für mich sein werde, denn dann wüsste ich, dass ich nicht mehr auf Liebe, Zuneigung oder Antworten hoffen muss. Bis zu ihrem Tod, es wird dennoch immer die Hoffnung bleiben, denn diese stirbt ja bekanntlich zuletzt.

Mein Leben verlief nicht schnurgerade, so wie es im Idealfall sein kann und ich habe so vieles mitgenommen. Dennoch gab es auch immer wieder besondere

Menschen. Diese wundervollen Perlen, die ich niemals vergessen habe, Menschen, die mir auch immer wieder Hoffnung gemacht oder mich getröstet haben. Menschen, die für mich da waren.

Ich habe nur dieses eine Leben und muss das Beste daraus machen. Michael kam als Geschenk des Himmels in mein Leben und ich sehe seine Liebe als die Belohnung für das Überleben bis zu diesem Tag, als ich ihn im Krankenhaus zum ersten Mal traf. Er glaubt an mich und unterstützt mich in allem, was ich beginne - und sei es noch so ungewöhnlich. Unser Haus ist liebevoll eingerichtet und von Zeit zu Zeit explodiere ich kreativ, baue, werke oder kleckse mit Farbe herum, um meine Seele zu streicheln. Mit seiner liebevollen, augenzwinkernden und friedlichen Art wischt er jeden Farbklecks hinter mir auf, räumt mein Werkzeug zurück in die Garage und setzt sich zu mir in mein kreatives Chaos. Er ist glücklich, wenn ich es bin, und so geht es mir auch bei ihm. Das erträumte Haus am Waldrand mit weißem Zaun ist heute ein Haus am Ortsrand mit einer kleinen, roten Mauer. Bereits am Tag nach der Hochzeit lief mein Blutdruck wieder in Spur und auch damit sollte Michael Recht behalten.

Ich weiß nicht, ob ich immer so glücklich bleiben werde, denn das Leben verändert sich täglich und Menschen entwickeln sich weiter. Aber ich habe mein Leben lang daran gearbeitet, dieses Generationengift aus Narzissmus, Boshaftigkeit und Lügen zu unterbrechen und nicht weiterzugeben. Ich hoffe sehr, dass es mir gelungen ist. Vielleicht ist genau dies am Ende meine Bestimmung.

Schöne Momente für meine Kinder zu schaffen, an die sie sich gerne zurückerinnern, und die sie durch das Leben tragen. Mich immer daran zu erinnern, was es anrichten kann, ein zerrüttetes Fundament zu haben, auch wenn ich weiß, dass wir alle unsere Fehler haben und machen.

Ich möchte nicht verbittert sein und trotz allem, hasse ich niemanden. Auch meine Mutter nicht. Auch sie ist ein Mensch, der es vielleicht einfach nicht besser wusste oder konnte und auch sie hat ihre Geschichte, die diesen Menschen aus ihr gemacht hat. Und ihr Leben kam ebenso wie meines ohne Gebrauchsanweisung. Ich werfe ihr am Ende nicht die Dinge vor, die sie getan hat, sondern bedauere die, die sie nicht getan hat.

Zum Schluss bleibt mir nur noch der Dank, an all die Menschen in meinem Leben, die es niemals gut mit mir meinten, denn sie haben dafür gesorgt, dass ich mein heutiges Glück zu schätzen und zu schützen weiß, während ich strahlend und voller Liebe in meinem Herzen hier meinen Platz gefunden habe.